한 권으로 끝내는

Jump Up
TOEIC

Jump Up TOEIC
Basic

발행인	허문호
발행처	YBM

편집	윤경림, 김준하
디자인	김혜경
마케팅	정연철, 박천산, 고영노, 박찬경, 김동진, 김윤하

초판발행 2013년 11월 22일
6쇄발행 2016년 2월 19일
개정판 10쇄발행 2023년 10월 2일

신고일자 1964년 3월 28일
신고번호 제 300-1964-3호
주소 서울시 종로구 종로 104
전화 (02) 2000-0515[구입문의] / (02) 2000-0554[내용문의]
팩스 (02) 2285-1523
홈페이지 www.ybmbooks.com

ISBN 978-89-17-22594-5

TOEIC is a registered trademark of Educational Testing Service in the United States of America and other countries throughout the world. This product is not approved or endorsed by ETS.

저작권자 © 2016 임지완, 임정섭

이 책의 저작권은 저자에게 있으며, 책의 제호 및 디자인에 대한 모든 권리는 출판사인 YBM에게 있습니다. 서면에 의한 저자와 출판사의 허락 없이 내용의 일부 혹은 전부를 인용 및 복제하거나 훼손하는 것을 금합니다.

낙장 및 파본은 교환해 드립니다.
구입철회는 구매처 규정에 따라 교환 및 환불처리 됩니다.

Preface

토익 시험을 준비하시는 모든 분들께

매월 많은 분들이 토익 시험을 치고 있습니다. 취업을 위해, 졸업을 위해, 승진을 위해, 기타 시험 응시 자격을 위해 등등, 어떤 이유로 토익 시험을 준비하건 한 가지 공통 관심사는 '어떻게 하면 빨리 목표 점수를 달성할 수 있을까'일 것입니다.

미국의 유명한 언어 학자인 스티븐 크라센(Stephen Krashen)은 아주 흥미로운 이론을 제시하고 있습니다. 바로 'i+1' 이론입니다. 여기서 i는 학습자의 현재 수준이고, 1은 이해 가능한 학습 자료(comprehensive input)입니다. 본인의 수준에 맞게 이해 가능한 자료를 투입할 때, 학습 효과가 가장 좋다는 것입니다. 자신에게 이해 가능한 자료를 투입하면 i가 커지게 되고, 다시 1을 투입해 i를 계속 키워가는 학습 방식을 말합니다. 시중에 나와 있는 많은 책들과는 달리, 본 교재는 크라센의 이론을 근거로 단계별 학습에 초점을 두고 제작되었습니다. 무엇보다 학습자들이 흥미를 느끼고 다음 페이지로 술술 넘어갈 수 있는 교재를 만들고자 노력했습니다.

이 책의 LC 구성은 이런 점을 염두에 두고 단계별로 난이도를 조절했습니다. 처음에는 받아쓰기와 짧은 문장으로 정답을 찾는 연습을 한 다음, 점차 난이도를 높여 실전 수준의 문제까지 다룰 수 있게 구성하였습니다. 또한 모든 문장들은 시험에 자주 등장하는 어휘와 표현들로 이루어졌기 때문에 가장 정확하고도 확실한 시험 준비가 될 것입니다.

RC의 구성은 문법과 회화는 별개가 아니라 같은 것이라는 생각에 기초하여 집필하였습니다. 영어회화 책 2~3권을 통째로 외우고 나도, 막상 회화 책대로 상황이 펼쳐지는 순간은 거의 없기 때문에, 새로운 상황에 대비해서 영작을 하려면 문법과 어휘 공부는 필수입니다. 시중의 거의 모든 토익책들과 인터넷 정보들이 파트별 요령을 소개하고 있지만, 이러한 '요령들'을 실제에 적용하지 못하면 소용이 없습니다. 그것은 바로 '기본 실력'의 차이라는 것입니다. 이 책은 토익의 '기본 실력'을 확립시켜 줌과 동시에 실제 시험장에서도 쉽게 적용되는 '요령'도 겸비할 수 있도록 구성하였습니다.

'10권의 책을 한 번씩 보는 것보다 한 권의 책을 10번 보는 게 더 효과적'이라는 점을 명심하세요. 이 책의 내용은 10번을 봐도 질리지 않도록 모든 문제와 내용이 토익 시험과 직결되는 사항들입니다. 토익 점수에 대한 '절실함'을 공부의 에너지로 삼아 공부한다면, 모든 것을 할 수 있습니다. 이 책을 가지고 공부하는 모든 분들의 건투를 빕니다!

2016년 임지완, 임정섭 드림

Contents

LISTENING COMPREHENSION

청해 기초다지기 12

PART 1
Unit 1   한 사람 등장 사진 18
Unit 2   두 사람 이상 등장 사진 26
Unit 3   사물 / 배경 사진 34
Part 1 Review Test 42

PART 2
Unit 4   Who / What 의문문 46
Unit 5   When / Where 의문문 54
Unit 6   Why / How 의문문 62
Unit 7   일반 / 선택 의문문 70
Unit 8   간접 / 부정 의문문 78
Part 2 Review Test 86

PART 3
Unit 9   일반 업무 / 사무실 90
Unit 10   주문 / 구매 98
Unit 11   여행 / 여가 / 교통 106
Unit 12   기타 일상 생활 114
Part 3 Review Test 122

PART 4
Unit 13   전화 메시지 126
Unit 14   광고 134
Unit 15   안내 방송 142
Part 4 Review Test 150

READING COMPREHENSION

문법 기초다지기 — 154

PART 5&6

Unit 1	명사	160
Unit 2	대명사	172
Unit 3	형용사	184
Unit 4	부사	196
Unit 5	동사	208
Unit 6	수일치	220
Unit 7	시제	232
Unit 8	수동태	244
Unit 9	부정사	258
Unit 10	동명사	270
Unit 11	분사	282
Unit 12	전치사와 접속사	292
Part 5&6 Review Test		304

PART 7

Unit 13	편지 / 이메일 / 광고	310
Unit 14	문자메시지 / 온라인 채팅 / 공지 / 회람	324
Unit 15	이중 지문 / 삼중 지문	338

Final Test — 364

Features

LC

콕콕 찍어 주는 출제 포인트
각 파트별로 출제 비중이 높은 문제 유형과 수험자가 가장 유의해야 할 듣기 포인트를 짚어줍니다.

문제 분석
TOEIC을 처음 접하는 학습자들이 본격적인 학습에 앞서 시험 문제를 쉽게 분석하고 접근할 수 있도록 시험지에 제시되는 질문과 보기, 풀이법을 자세하게 설명했습니다.

문제 풀이 감 잡기
함정 피하기 문제, T/F 문제 등 가벼운 문제 풀이를 통해 실제 시험 문제에 적응할 수 있도록 준비하는 단계입니다.

빈출 표현 익히기
TOEIC LC 빈출 어휘와 문장을 엄선하여 복습하고 암기할 수 있도록 고안되었습니다. 각 Unit에서 꼭 알아야 하는 빈출 어휘와 문장을 익혀 고득점을 향한 발판을 다집니다.

청취 집중 훈련
시험에 자주 나오는 파트별 중요 문제 유형을 집중적으로 훈련하면서 기초를 탄탄히 하는 단계입니다. 초급자들이 문제 풀이 기술도 익히고 듣기 실력도 높일 수 있도록 고안되었습니다.

실력 점검 문제
실제 시험 문제를 풀어보는 코너입니다. 각 Unit에서 학습했던 부분을 문제 풀이를 통해 점검할 수 있도록 출제했으며 조금 어려운 문제들도 아울러 접하면서 실전 감각을 익힐 수 있습니다.

RC

콕콕 찍어 주는 출제 포인트
각 파트별로 출제 비중이 높은 문제 유형과 수험자가 가장 유의해야 할 문법 포인트를 짚어줍니다.

핵심 포인트 공부하기
군더더기를 빼고 TOEIC을 처음 접하는 학습자들이 알아야 할 문법 포인트의 맥을 짚어줍니다.

Tip
초보자가 놓치기 쉽거나 함정에 빠지기 쉬운 문법 포인트를 점검합니다.

Check-up Step 1, 2
파트 5&6 문제를 풀면서 기초 실력을 점검하며 문제 풀이에 적응하는 단계입니다.

빈출 표현 익히기
TOEIC RC 빈출 어휘와 문장을 엄선하여 복습하고 암기할 수 있도록 고안되었습니다. 각 Unit에서 꼭 알아야 하는 빈출 어휘와 문장을 익혀 고득점을 향한 발판을 다집니다.

실력 점검 문제
실제 시험 문제를 풀어보는 코너입니다. 각 Unit에서 학습했던 부분을 문제 풀이를 통해 점검할 수 있도록 출제했으며 조금 어려운 문제들도 접하면서 실전 감각을 익힐 수 있습니다.

Final Test

시험장에서 본인의 성적을 가늠해 볼 수 있도록 실제 TOEIC 시험과 가장 유사한 문제들을 풀어봄으로써 실전 감각도 익히고 학습 성취도도 가늠해 볼 수 있습니다.

What is TOEIC?

TOEIC은 Test of English for International Communication의 약자로 영어가 모국어가 아닌 사람들을 대상으로 의사소통 능력에 중점을 두고 일상 생활 또는 국제업무 등에 필요한 실용영어 능력을 평가하는 시험입니다.

토익의 시험 구성

구성	파트	파트별 내용		문항 수	시간	배점
Listening Test	1	사진 묘사		6	45분	495점
	2	질의 응답		25		
	3	짧은 대화		39	100	
	4	짧은 담화		30		
Reading Test	5	단문 빈칸 채우기(문법/어휘)		30	75분	495점
	6	장문 빈칸 채우기		16		
	7	독해	단일 지문	29	100	
			이중 지문	10		
			삼중 지문	15		
Total	7개 파트			200문항	120분	990점

시험 진행 일정

시 간	내 용
09:30 ~ 09:45 (15분)	OMR 답안지 배부 및 답안지 작성에 관한 Orientation
09:45 ~ 09:50 (5분)	수험자 휴식시간
09:50 ~ 10:05 (15분)	1차 신분증 검사 (감독교사)
10:05 ~ 10:10 (5분)	문제지 배부 및 파본 확인
10:10 ~ 10:55 (45분)	듣기 평가 (Listening Test)
10:55 ~ 12:10 (75분)	독해 평가 (Reading Test) *정확한 신분확인 및 대리응시 등 부정행위 방지를 위해 2차 신분확인 실시

※ 위 일정은 고사장에 따라 약간의 차이가 있을 수 있습니다.

접수

접수 방법		상세 내용
정기접수	방문	- 해당 회차 접수 기간에 지정된 접수처(서울, 부산, 대전, 대구, 광주)에서 신청서 작성하고 접수 - 응시료: 44,500원 - 준비물: 반명함 사진
	인터넷	- 미리 공지된 시험 일정에 따라 토익 홈페이지(www.toeic.co.kr)에서 진행. 원하는 고사장 선택하고 신용카드, 실시간 계좌이체, 인터넷 뱅킹 등으로 결제 후 접수 - 응시료: 44,500원
특별 추가접수	방문	불가능
	인터넷	특별 추가 접수기간 확인 후 토익 홈페이지에서 접수

※ **시험 취소**: 인터넷 취소는 인터넷 접수일부터 시험 시행 직전 수요일 또는 목요일 오전 8시까지, 방문 취소는 방문 접수일부터 시험 시행 1일 전(토요일) 낮 12시까지, 우편 취소는 방문 접수일부터 시험 시행 1일 전 소인까지 유효하며 환불 금액은 기간 경과에 따라 차등 적용합니다.

시험 준비

시험 당일 준비물 규정 신분증(주민등록증, 운전면허증, 기간 만료 전의 여권, 공무원증), 필기구(연필, 지우개), 수험표

입실 시간 9시 20분까지 입실 (9시 50분 이후에는 입실 절대 불가)

입실 안내 시험 당일 해당 고사장 중앙현관에 성명순(가나다순) 명단이 부착되어 있으며 본인의 이름에 해당하는 고사실 확인 후 입실

성적표 확인 및 수령

성적발표 시험 시행일로부터 19일째 되는 날 오후 3시

성적조회 TOEIC 홈페이지(www.toeic.co.kr)나 ARS 060-800-0515에서 조회 가능

성적표 수령 우편 수령 – 성적 발표 후 약 7~10일 소요
온라인 발급 – 인터넷 출력을 통해 성적 유효 기간 내 최초 1회 무료로 발급

LC

청해 기초다지기

미국식 발음 vs. 영국식 발음 비교 체험

토익 시험의 Listening은 미국, 캐나다, 영국, 호주 네 나라의 성우가 녹음하게 되는데, 캐나다는 미국식 발음과, 호주는 영국식 발음과 크게 차이가 없습니다. 따라서 미국식과 영국식의 두 가지 발음만 신경 써서 학습하면 됩니다.

1 모음 a

미국식 발음에서는 모음 a가 들어간 음절에 강세가 있는 경우, [애]로 발음하는 반면, 영국식 발음에서는 [아]로 발음할 때가 많습니다.

	branch	class	path
미국식	[브랜취]	[클래씨]	[패씨]
영국식	[브란-취]	[클라-씨]	[파-씨]

2 모음 o

미국식 발음에서는 o를 [아]로 발음하는 반면, 영국식 영어에서는 [오]로 발음합니다.

	box	office	copy
미국식	[박씨]	[아피스]	[카피]
영국식	[복씨]	[오피스]	[코피]

3 자음 r

일반적으로 미국식 발음에서는 r을 항상 발음하는 반면, 영국식 발음에서는 r/re로 단어가 끝나거나 r/re 다음에 자음이 오는 경우에는 발음을 하지 않습니다.

	enter	there	bird
미국식	[엔터r]	[데어r]	[버-r드]
영국식	[엔터]	[데어]	[버-드]

4 자음 t / d

미국식 발음에서는 모음과 모음 사이에 오는 t나 d를 우리말의 [ㄷ]나 [ㄹ]로 발음하는 경우가 많은 반면, 영국식 영어에서는 t/d를 그대로 발음합니다. 모음과 자음 l 사이에 t/d가 올 때도 동일한 현상이 자주 발생합니다.

	computer	ladder	little
미국식	[컴퓨-러r]	[래러r]	[리들] [리를]
영국식	[컴퓨-터]	[래더]	[리틀]

혼동하기 쉬운 유사 발음

영어에는 우리말에 없거나 구분이 명확하지 않은 유사 발음이 많은데, 토익 LC에서는 이러한 발음들을 이용한 오답들이 자주 출제됩니다.

1 [l] vs. [r]

[l]은 혀를 뻗어서 윗니 뒤쪽에 대면서 발음합니다. [r]은 혀를 안쪽으로 살짝 말되 입 천장에 닿지 않게 해서 발음합니다.

[l]	lead [liːd] 인솔하다	light [lait] 전등	glass [glæs] 유리잔
[r]	read [riːd] 읽다	right [rait] 바로, 우측으로	grass [græs] 잔디

2 [p] vs. [f]

[p]는 우리말의 'ㅍ' 소리에 해당하며, 입술을 붙였다가 공기를 터뜨려서 발음합니다. [f]는 우리말에 없는 소리로, 입술을 약간 벌린 채, 윗니를 아랫입술에 살짝 대고 그 사이로 공기를 내보내면서 발음합니다.

[p]	pile [pail] 더미; 쌓다	pull [pul] 당기다	copy [kápi] 사본; 복사하다
[f]	file [fail] 파일; 철하다	full [ful] 가득한	coffee [kɔ́ːfi] 커피

3 [b] vs. [v]

[b]는 우리말의 'ㅂ' 소리에 해당하며, 입술을 붙였다가 터뜨리면서 발음합니다. [v]는 우리말에 없는 소리로, 윗니를 아랫입술에 살짝 대고 그 사이로 공기를 내보내면서 발음하되, 목이 떨리는 소리여야 합니다.

[b]	globe [gloub] 지구본	base [beis] 기초	curb [kəːrb] 연석
[v]	glove [glʌv] 장갑	vase [veis] 꽃병	curve [kəːrv] 곡선; 휘다

4 [s] vs. [θ]

[s]는 우리말의 'ㅅ' 소리에 해당하는 소리로, 혀가 윗니 뒤쪽에 닿지 않게 하면서 발음하되, 강하게 숨이 새나오도록 합니다. [θ]는 우리말에 없는 둔탁한 소리로, 입술을 약간 벌린 상태로 윗니와 아랫니 사이로 혀를 살짝 내밀어 발음하되, 가볍게 숨이 새나오도록 합니다.

[s]	sink [siŋk] (부엌의) 싱크대	pass [pæs] 통과하다, 건네다	sought [sɔːt] 찾았다
[θ]	think [θiŋk] 생각하다	path [pæθ] 길	thought [θɔːt] 생각했다

아는 만큼 들리는 발음 규칙

영어에는 다양한 소리 규칙들이 있습니다. 이를 이해하고 들으면 어렵게만 느껴지던 토익 LC가 한결 쉬워집니다.

1 끝 자음과 첫 모음이 만났을 때

앞 단어가 자음으로 끝나고 뒤에 오는 단어가 모음으로 시작하면, 끝 자음과 첫 모음이 연결되어 한 단어처럼 발음됩니다.

take off	테이크 어프 ➡ 테이꺼프
half an hour	해프 언 아워 ➡ 해퍼나워
a lot of	어 랏 오브 ➡ 얼라럽

2 동일하거나 유사한 발음의 자음끼리 만났을 때

동일하거나 유사한 발음의 자음이 연달아 오면 앞의 자음을 발음하지 않고 뒤의 자음만 한 번 발음합니다.

dark color	다크 컬러 ➡ 다컬러
last Tuesday	래스트 튜즈데이 ➡ 래슷튜즈데이
convenience store	컨비니언스 스토어 ➡ 컨비니언스또어

3 자음 세 개가 연속으로 나올 때

우리말에도 발음하기 힘든 단어가 있듯, 영어에도 발음하기 힘든 소리가 있게 마련입니다. 한 단어 내에 자음 세 개가 연속으로 나오는 경우, 자음들을 하나하나 분명히 발음하기 어렵습니다. 따라서 발음 편의상 중간 자음이 탈락되거나 약화됩니다.

department	디팔트먼트 ➡ 디팔먼트
appointment	어포인트먼트 ➡ 어포인먼트
empty	엠프티 ➡ 엠티

4 d나 t가 모음과 모음 사이에 올 때

t나 d가 모음과 모음 사이에 올 때는 [트]나 [드]로 발음하지 않고 [ㄹ]처럼 발음합니다.

automatic	오토매틱 ➡ 오로매릭
medical	메디컬 ➡ 메리컬
get on	게드온 ➡ 게런

5 t가 단어의 끝에 올 때

t가 단어의 끝에 올 경우에는 주로 [ㅌ]를 발음하지 않고 생략한다.

don't know	돈ㅌ 노우 ➡ 돈노우
next month	넥스ㅌ 먼ㅆ ➡ 넥스먼ㅆ
must not	머스ㅌ 낫 ➡ 머스낫

6 n과 t가 만났을 때

n과 t가 만나 nt가 되면 t발음을 생략한다.

center	센터 ➡ 쎄너
Internet	인터r넷 ➡ 이너넷
in front of	인 프런ㅌ 어브 ➡ 인 프러너브

7 끝자음 d와 t가 y를 만났을 때

끝자음 d가 y 앞에 올 경우에는 [쥬]처럼, 끝자음 t가 y 앞에 올 경우에는 [츄]처럼 발음된다.

would you	우ㄷ 유 ➡ 우쥬
told you	토울ㄷ 유 ➡ 토울쥬
meet you	미ㅌ 유 ➡ 미츄

8 and의 다양한 발음

and는 [앤드]로 또박또박 들리는 경우 보다는 바로 앞 단어의 끝자음과 연음이 되거나 약화되어 발음되는 경우가 많습니다.

read and write	리ㄷ 앤 라이ㅌ ➡ 리댄 라이ㅌ
go and get	고우 앤 겟 ➡ 고은겟
wait and see	웨잇 앤 씨 ➡ 웨이랜씨

PART 1

Unit 1   한 사람 등장 사진
Unit 2   두 사람 이상 등장 사진
Unit 3   사물 / 배경 사진

Part 1   Review Test

UNIT 1 한 사람 등장 사진

★ 콕콕 찍어 주는 출제 포인트

Part 1 사진 문제에서 가장 출제 비중이 높은 유형은 인물 묘사다. 특히 한 사람이 등장하는 경우에는 무엇보다 인물의 동작에 주목해야 한다. 인물의 동작은 현재 진행형인 〈be동사+-ing〉 형태로 나타내므로 동사에 집중하는 연습을 해보자. 또한 의복의 착용 상태나 주변의 사물도 언급될 수 있으므로 사진을 주의 깊게 관찰해야 한다.

 사진 분석  P1-U01-1

아래 사진을 보면서, 오른쪽에 있는 문장을 들어보세요.

1 사람의 전체 동작을 먼저 보자.

- 여자가 컴퓨터로 작업하고 있다.
  The woman **is working** on the computer.

- 여자가 컴퓨터를 사용하고 있다.
  The woman **is using** a computer.

2 손동작과 시선 등 부분 동작을 살펴보자.

- 여자가 키보드를 치고 있다.
  The woman **is typing** on the keyboard.

- 여자가 모니터를 보고 있다.
  The woman **is looking** at the monitor.

3 착용 상태나 주변 사물을 확인하자.

- 여자가 헤드셋을 착용하고 있다.
  The woman **is wearing** a headset.

- 벽에 달력이 붙어 있다.
  There is a **calendar** on the wall.

어휘 work 일하다 use 사용하다 type (컴퓨터 자판을) 치다 look at ~을 보다 monitor 모니터 wear 착용하다 calendar 달력 wall 벽

필수 동작 익히기 🎧 P1-U01-2

시험에 자주 등장하는 한 사람의 동작 관련 표현들입니다. 빈칸을 채우면서 익혀 보세요.

1. The man is _____ the wall. 남자가 벽에 페인트칠을 하고 있다.

2. The woman is _____ a copy machine. 여자가 복사기를 사용하고 있다.

3. He is _____ heavy machinery. 그는 중장비를 다루고 있다.

4. She is _____ on the phone at the desk. 그녀는 책상에서 통화하고 있다.

5. The waiter is _____ the customers. 웨이터가 손님들의 시중을 들고 있다.

6. The man is _____ into a microphone. 남자가 마이크에 대고 말하고 있다.

7. The woman is _____ for some groceries. 여자가 식료품을 사고 있다.

8. He is _____ at the gym. 그는 체육관에서 운동하고 있다.

9. The mechanic is _____ a car. 정비사가 차를 수리하고 있다.

10. The woman is _____ water into a cup. 여자가 컵에 물을 따르고 있다.

정답
1 painting 2 using 3 operating 4 talking 5 serving
6 speaking 7 shopping 8 exercising 9 repairing 10 pouring

어휘
paint 페인트칠하다 copy machine 복사기 operate 작동시키다, 다루다 heavy machinery 중장비 serve 시중들다
customer 손님 shop for ~을 사다 groceries 식료품 exercise 운동하다 gym 체육관 mechanic 정비사
repair 수리하다 pour A into B A를 B에 붓다

UNIT 1. 한 사람 등장 사진

리스닝 감 잡기 🎧 P1-U01-3/4

1

다음 사진에 대한 설명을 듣고 사진과 일치하면 (T), 일치하지 않으면 (F)에 체크하세요.

1. (T) ☐ (F) ☐
2. (T) ☐ (F) ☐
3. (T) ☐ (F) ☐
4. (T) ☐ (F) ☐

정답 분석

1. The man **is wearing** a T-shirt.   남자가 티셔츠를 입고 있다.
   - **상태 구분** 남자가 현재 티셔츠를 입고 있으므로 정답.
     옷 등을 착용한 상태는 wear, 착용하는 동작은 put on.
     cf) 안경을 낀 상태는 The man is wearing glasses.

2. The man **is helping** a customer.   남자가 손님을 도와주고 있다.
   - **동작 구분** 남자가 누구를 도와주는 모습이 아니므로 오답.

3. **Customers** are standing in line.   고객들이 줄을 서 있다.
   - **사람 구분** 사진에 고객들이 없으므로 오답이다.

4. There are various **products** on the shelves.   선반 위에 다양한 제품들이 있다.
   - **사물 상태** 상점 안에 다양한 제품들이 진열되어 있으므로 정답.

정답 1 T   2 F   3 F   4 T

어휘 wear 착용하다   help 돕다   customer 고객   stand in line 줄을 서다   there + be 동사+명사 ~이 있다   various 다양한   product 제품   shelf 선반   cf) 복수형은 shelves

2

다음 사진에 대한 설명을 듣고 사진과 일치하면 (T), 일치하지 않으면 (F)에 체크하세요.

1. (T) ☐ (F) ☐
2. (T) ☐ (F) ☐
3. (T) ☐ (F) ☐
4. (T) ☐ (F) ☐

정답 분석

1. She **is sorting** some papers.   그녀는 서류를 분류하고 있다.
   ▶ **동작 구분** 책상 위에 서류가 있지만 분류하는 동작은 아니므로 오답.

2. She **is sitting** in front of a computer.   그녀는 컴퓨터 앞에 앉아 있다.
   ▶ **동작 구분** 앉아서 컴퓨터로 작업하고 있으므로 정답.

3. She **is talking** on the telephone.   그녀는 통화를 하고 있다.
   ▶ **동작 구분** 책상 위에 전화기가 있지만 통화하는 동작은 아니므로 오답.

4. **Some documents** are placed on the desk.   책상 위에 서류가 있다.
   ▶ **사물 위치** 서류가 책상 위에 있으므로 정답.

정답 1 F 2 T 3 F 4 T

어휘 sort 분류하다   papers 서류   sit 앉다   in front of ~ 앞에   cf) behind ~ 뒤에   document 서류   place 놓다, 두다

빈출 표현_한 사람 등장 사진  P1-U01-5

한 사람 등장 사진에서 자주 나오는 표현들입니다. 듣고 따라 읽어보세요.

빈출 표현

손과 다리 관련 표현
hold a bag 가방을 들다
carry a box 상자를 나르다
cross his legs 다리를 꼬다
cross her arms 팔짱을 끼다
play a musical instrument 악기를 연주하다
use a mobile phone 휴대폰을 사용하다
point at the sign 표지판을 가리키다
reach for an item 물건을 집으려 하다
type on a keyboard 자판을 치다
repair a car 차를 수리하다
hold on to the railing 난간을 붙잡다
stand on the ladder 사다리에 올라 서다

눈과 입 관련 표현
look at the monitor 모니터를 보다
look through some documents 서류를 훑어보다
give[make, deliver] a speech 연설하다
speak into a microphone 마이크에 대고 말하다
drink from a cup 컵으로 마시다
check the map 지도를 확인하다
study the menu 메뉴를 살피다

복장 관련 표현
wear a hat 모자를 쓰다(상태)
put on a jacket 재킷을 입다(동작)
take off a coat 코트를 벗다
try on some shoes 신발을 신어보다

필수 문장

The woman is holding a bag with one hand.
여자가 한 손으로 가방을 들고 있다.
The man is playing a musical instrument on a stage.
남자가 무대에서 악기를 연주하고 있다.
She is reaching for an item on the shelf.
그녀는 선반 위에 있는 물건을 집으려고 한다.
He is giving a speech in the auditorium.
그는 강당에서 연설하고 있다.
She is using a mobile phone in front of a store.
그녀는 상점 앞에서 휴대폰을 사용하고 있다.
The man is looking through some documents in the office.
남자가 사무실에서 서류를 훑어보고 있다.
The woman is wearing a hat indoors.
여자가 실내에서 모자를 쓰고 있다.

청취 집중 훈련 1 🎧 P1-U01-6

사진을 보면서 문장을 잘 듣고 받아 적으세요.

1.

   The woman is _____ some _____.

   The woman is _____ _____.

2.

   A _____ is in front of the _____.

   She is _____ in an _____.

3.

   The man is _____ a _____.

   There is a _____ against the _____.

해석 1 여자가 서류를 쥐고 있다. 여자가 안경을 쓰고 있다. 2 의자 하나가 창문 앞에 있다. 그녀는 사무실에서 일하고 있다.
3 남자는 공구를 사용하고 있다. 사다리가 건물에 기대어 있다.

정답 1 holding, papers / wearing glasses   2 chair, window / working, office   3 using, tool / ladder, building

어휘 hold 쥐다, 잡다   papers 서류   wear glasses 안경을 쓰다   office 사무실   use 사용하다   tool 공구
ladder 사다리

UNIT 1. 한 사람 등장 사진

청취 집중 훈련 2

사진에 대한 설명으로 옳은 것에 표시하고, 다시 들으며 빈칸을 채워보세요.

1.

A ☐   B ☐   C ☐   D ☐

(A) He is _____ .
(B) He is _____ .
(C) He is _____ .
(D) He is _____ .

2.

A ☐   B ☐   C ☐   D ☐

(A) She is _____ .
(B) She is _____ .
(C) She is _____ .
(D) She is _____ .

3.

A ☐   B ☐   C ☐   D ☐

(A) The woman is _____ .
(B) The woman is _____ .
(C) The woman is _____ .
(D) The woman is _____ .

4.

A ☐   B ☐   C ☐   D ☐

(A) She is _____ .
(B) She is _____ .
(C) She is _____ .
(D) She is _____ .

실력 점검 문제 P1-U01-8 / 해설 p.4

사진을 보고, 들려주는 보기 중 사진 내용에 부합하는 것을 고르세요.

1.

(A) (B) (C) (D)

2.

(A) (B) (C) (D)

3.

(A) (B) (C) (D)

4.

(A) (B) (C) (D)

5.

(A) (B) (C) (D)

6.

(A) (B) (C) (D)

UNIT 2 두 사람 이상 등장 사진

★ 콕콕 찍어 주는 출제 포인트

사진에 두 명 이상이 등장하는 경우, 그 사람들의 공통점과 차이점을 중심으로 사진을 살펴보아야 한다. 인물의 동작과 복장, 그리고 시선 처리가 서로 같은지 아니면 서로 다른지에 초점을 맞춰 사진을 본다. 또한 인물이 아닌 사진 속의 상황이나 사물을 묘사할 수도 있으므로 부각되는 사물이 있는지도 유의해야 한다.

##

아래 사진을 보면서, 오른쪽에 있는 문장을 들어보세요.

1 인물들의 공통점을 먼저 보자.

- 그들은 공사장에서 일하고 있다.
  They are **working** at the construction site.
- 그들은 안전모를 착용하고 있다.
  They are **wearing** hard hats.

2 인물들의 차이점을 살펴보자.

- 한 남자가 중장비를 다루고 있다.
  One man is **operating** heavy machinery.
- 한 남자가 사다리를 잡고 있다.
  One man is **holding** a ladder.

3 상황 또는 주변 사물을 확인하자.

- 작업 현장에서 공사가 진행되고 있다.
  Construction is **in progress** at the work site.
- 벽 위에 난간이 있다.
  There is **a guardrail** on the wall.

어휘 construction site 공사장 hard hat 안전모 operate 작동시키다, 조작하다 heavy machinery 중장비 ladder 사다리
construction 공사, 건축 be in progress ~이 진행되고 있다 cf) 장소+be under construction ~이 공사 중이다
work site 작업 현장, 공사 현장 guardrail 가드레일 (사고 방지용 난간)

필수 동작 익히기 🎧 P1-U02-2

시험에 자주 등장하는 두 사람 이상의 동작이나 상태와 관련된 표현들입니다. 빈칸을 채우면서 익혀보세요.

1. Customers are _____ in line.   손님들이 줄을 서서 기다리고 있다.

2. The crowd is _____ a show.   군중이 쇼를 보고 있다.

3. The audience is _____ their hands.   관객이 박수를 치고 있다.

4. Some people are _____ musical instruments.   몇 사람이 악기를 연주하고 있다.

5. Pedestrians are _____ at a crosswalk.   보행자들이 횡단보도를 건너고 있다.

6. They are _____ on a boat.   그들은 배에서 낚시하고 있다.

7. The women are _____ in a bookstore.   여자들이 서점에서 구경하고 있다.

8. The men are _____ down the stairs.   남자들이 계단을 내려오고 있다.

9. They are _____ hands in the lobby.   그들은 로비에서 악수하고 있다.

10. They are _____ at a building site.   그들은 건축 현장에서 일하고 있다.

정답
1 waiting   2 watching   3 clapping   4 playing   5 crossing
6 fishing   7 browsing   8 walking   9 shaking   10 working

어휘
wait in line 줄을 서서 기다리다   crowd 군중   audience 관객, 청중   clap one's hands 박수 치다   play 연주하다
musical instrument 악기   pedestrian 보행자   cross 건너다, 횡단하다   crosswalk 횡단보도   fish 낚시하다
browse (가게 안에서 물건을) 둘러보다, (인터넷을) 훑어보다   stairs 계단   shake hands 악수하다   building site 건축 현장

리스닝 감 잡기 🎧 P1-U02-3/4

1

다음 사진에 대한 설명을 듣고 사진과 일치하면 (T), 일치하지 않으면 (F)에 체크하세요.

1. (T) ☐ (F) ☐
2. (T) ☐ (F) ☐
3. (T) ☐ (F) ☐
4. (T) ☐ (F) ☐

정답 분석

1. The crowd **is sitting** in a circle. 군중이 둥그렇게 앉아 있다.
   ➡ 공통 동작 사람이 여럿 있지만 앉아 있는 사람은 없으므로 오답.

2. Some people **are standing** on the street. 몇 사람이 길 위에 서 있다.
   ➡ 공통 동작 사진 왼쪽과 가운데에 몇 사람이 서 있으므로 정답.

3. They **are climbing** the mountain. 그들은 산을 오르고 있다.
   ➡ 사람 구분 배경으로 산이 보이지만 산을 오르는 사람이 있는지는 사진에서 알 수 없으므로 오답.

4. A man **is playing** the piano. 한 남자가 피아노를 치고 있다.
   ➡ 다른 동작 사진 오른쪽에 한 남자만 피아노를 치고 있으므로 정답.

정답 1 F   2 T   3 F   4 T

어휘 sit 앉다   in a circle 원형으로   stand 서다   street 거리   climb 오르다   mountain 산   play the piano 피아노를 연주하다

2

다음 사진에 대한 설명을 듣고 사진과 일치하면 (T), 일치하지 않으면 (F)에 체크하세요.

1. (T) ☐ (F) ☐
2. (T) ☐ (F) ☐
3. (T) ☐ (F) ☐
4. (T) ☐ (F) ☐

정답 분석

1. One man **is talking** on the phone. 　　　　한 남자가 전화통화를 하고 있다.
   ↳ **다른 동작** 사진 가운데 있는 한 남자가 통화하고 있으므로 정답.

2. They **are wearing** long pants. 　　　　그들은 긴 바지를 입고 있다.
   ↳ **상태 구분** 세 남자는 long pants(긴 바지)가 아니라 short pants(반바지)를 입고 있으므로 오답.
   　　　　cf) They are wearing short pants. (O)

3. They **are working** outside. 　　　　그들은 밖에서 일하고 있다.
   ↳ **공통 동작** 남자들이 일하지 않고 걷고 있으므로 오답.
   　　　　발음이 비슷한 work(일하다)와 walk(걷다)로 혼동을 유발하고 있으므로 주의!
   　　　　cf) They are walking side by side. (O)

4. One man **is wearing** glasses. 　　　　한 남자가 안경을 쓰고 있다.
   ↳ **상태 구분** 사진 왼쪽에 한 남자가 안경(glasses)을 쓰고 있으므로 정답.
   　　　　cf) glass는 유리, glasses는 안경.

정답　1 T　2 F　3 F　4 T

어휘　talk on the phone 전화통화를 하다　long pants 긴 바지　*cf)* short pants 반바지　work 일하다　outside 밖에서
　　　　glasses 안경　*cf)* glass 유리, 잔

빈출 표현_두 사람 이상 등장 사진 🎧 P1-U02-5

두 사람 이상 등장 사진에서 자주 나오는 표현들입니다. 듣고 따라 읽어보세요.

빈출 표현

동작 관련 표현
clap one's hands 박수 치다
fix the fence 담장을 고치다
applaud the performance 공연에 박수를 치다
stroll on the sidewalk 인도 위를 여유롭게 걷다
march on the street 거리에서 행진하다
wave one's hand 손을 흔들다
stack boxes 상자를 쌓다
carry construction materials 건축자재를 나르다
unload a box from a vehicle 차량에서 상자를 내리다
row a boat 배를 젓다
work out in the gym 체육관에서 운동하다
perform on an outdoor stage 야외 무대에서 공연하다

자세 관련 표현
face each other 서로 마주보다
look in the same direction 같은 방향을 보다

sit across from each other 서로 마주보고 앉다
be seated around the table 탁자에 둘러앉다
stand in a row 한 줄로 서다
lean against the wall 벽에 기대다
lie on the grass 잔디에 눕다
relax by a fountain 분수대 옆에서 쉬다
sit next to each other 나란히 앉다
pose for a picture 사진을 찍으려고 포즈를 취하다

도구 이용 표현
look through a telescope[microscope] 망원경[현미경]을 통해 보다
use a copier[copy machine] 복사기를 사용하다
wear a backpack 배낭을 메다
push a wheelbarrow 외바퀴 손수레를 밀다
pull a cart 수레를 끌다
adjust a piece of equipment 장비를 조정하다
work with a tool 공구를 가지고 일하다

필수 문장

They are fixing the fence of a house. 그들은 집 담장을 수리하고 있다.
Some people are waving their hands from the balcony.
몇 사람이 발코니에서 손을 흔들고 있다.
They are rowing a boat on the river. 그들은 강에서 배를 젓고 있다.
The women are posing for a picture by a tree.
여자들이 나무 옆에서 사진을 찍으려고 포즈를 취하고 있다.
They are facing each other across the counter.
그들은 카운터를 두고 서로 마주보고 있다.
People are standing in a row along the street.
사람들이 길을 따라 한 줄로 서 있다.
They are working with some tools at the construction site.
그들은 공사장에서 공구를 이용해 작업하고 있다.

청취 집중 훈련 1 🎧 P1-U02-6

사진을 보면서 문장을 잘 듣고 받아 적으세요.

1.

   One man is _____ a bicycle with one _____.

   One of the men is _____ on the _____.

2.

   _____ are _____ together.

   There is a _____ in front of a _____.

3.

   The man is _____ short _____.

   There is a _____ on the _____ of a street.

해석 1 한 남자가 한 손으로 자전거를 들고 있다. 남자들 중 한 명이 인도 위를 걷고 있다. 2 아이들이 함께 놀고 있다. 건물 앞에 분수대가 있다. 3 남자가 반바지를 입고 있다. 길 옆에 난간이 있다.

정답 1 holding, hand / walking, sidewalk   2 Children, playing / fountain, building
3 wearing, pants / guardrail, side

어휘 bicycle 자전거   children child(어린이)의 복수형   fountain 분수대   in front of ~의 앞에   side 옆, 측면

청취 집중 훈련 2   🎧 P1-U02-7 / 해설 p.6

사진에 대한 설명으로 옳은 것에 표시하고, 다시 들으며 빈칸을 채워보세요.

1.

2.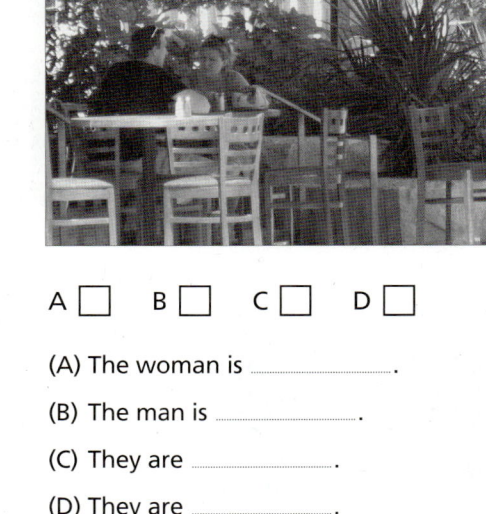

A ☐ B ☐ C ☐ D ☐

(A) The woman is _____ .
(B) One man is _____ .
(C) They are _____ .
(D) They are _____ .

A ☐ B ☐ C ☐ D ☐

(A) The woman is _____ .
(B) The man is _____ .
(C) They are _____ .
(D) They are _____ .

3.

4.

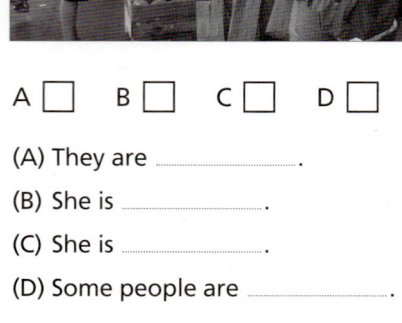

A ☐ B ☐ C ☐ D ☐

(A) They are _____ .
(B) She is _____ .
(C) She is _____ .
(D) Some people are _____ .

A ☐ B ☐ C ☐ D ☐

(A) They are _____ .
(B) One of the people is _____ .
(C) One of the people is _____ .
(D) They are _____ .

실력 점검 문제 🎧 P1-U02-8 / 해설 p.7

사진을 보고, 들려주는 보기 중 사진 내용에 부합하는 것을 고르세요.

1.

(A) (B) (C) (D)

2.

(A) (B) (C) (D)

3.

(A) (B) (C) (D)

4.

(A) (B) (C) (D)

5.

(A) (B) (C) (D)

6.

(A) (B) (C) (D)

UNIT 2. 두 사람 이상 등장 사진

UNIT 3 사물/배경 사진

★ 콕콕 찍어 주는 출제 포인트

사진 속에 사람이 없고 사물이나 배경만 보일 경우에는 가장 부각되는 사물의 위치나 상태를 파악한 다음, 모양이나 크기 등 세부 사항을 살펴본다. 사물/배경 사진은 대개 사물을 주어로 해서 〈사물+be+과거분사〉 또는 〈사물+have[has]+been+과거분사〉처럼 수동태로 묘사되는 경우가 많다. 또한 〈사물+be+being+과거분사〉는 '사물이 ~되고 있다' 라는 의미를 나타내고, 사물이 놓인 위치는 〈There is[are]+명사+장소〉로 표현한다.

사진 분석    P1-U03-1

아래 사진을 보면서, 오른쪽에 있는 문장을 들어보세요.

1 중심 사물의 위치와 상태를 먼저 보자.

- 식당 내에 탁자와 의자들이 있다.
  There are **tables and chairs** in a restaurant.
- 탁자는 모두 비어 있다.
  All the tables are **empty**.

2 주변 사물의 위치와 상태를 살펴보자.

- 램프가 천장에 매달려 있다.
  Some lamps are **hanging from** the ceiling.
- 벽에 그림 액자가 붙어 있다.
  There are some **framed pictures** on the wall.

3 사물이 주어인 수동형 표현을 익히자.

- 의자가 비어 있다.
  The chairs **are not occupied**.
- 램프에 불이 켜 있다.
  The lamps **have been turned on**.

어휘   empty 빈   lamp 램프   hang from ~에 매달리다   ceiling 천장   framed picture 그림 액자   wall 벽
be occupied (자리가) 사용 중인   turn on (불을) 켜다

필수 사물/배경 묘사 익히기 🎧 P1-U03-2

시험에 자주 등장하는 사물/배경 관련 표현들입니다. 빈칸을 채우면서 익혀보세요.

1. There are some _____ by the window.   창가에 식물들이 있다.

2. The lights are _____ from the ceiling.   조명이 천장에 매달려 있다.

3. Some vehicles are _____ along the curb.   차량 몇 대가 연석을 따라 주차되어 있다.

4. Some books have been _____ on the floor.   책 몇 권이 바닥에 쌓여 있다.

5. A box is being _____ onto a truck.   상자가 트럭에 실리고 있다.

6. A sign is _____ on the fence.   표지판이 울타리에 붙어 있다.

7. Shoes are on _____ in a store.   상점 안에 신발이 진열되어 있다.

8. The shelves are _____ with products.   선반이 상품들로 가득 차 있다.

9. Some boats are _____ up at the dock.   배 몇 척이 부두에 정박해 있다.

10. Skyscrapers _____ the river.   고층건물들이 강을 내려다보고 있다.

정답
1 plants   2 hanging   3 parked   4 stacked   5 loaded
6 placed   7 display   8 filled   9 tied   10 overlook

어휘
plant 식물   by the window 창가에   light 조명   vehicle 차량   along ~을 따라서   curb 연석(차도와 인도 사이에 놓인 경계석)
stack 쌓다   floor 바닥   load 싣다   cf) unload 내리다   place 놓다, 두다   on display 진열된   store 상점, 가게
be filled with ~으로 가득하다   tie up 단단히 묶다   dock 부두   skyscraper 고층건물   overlook 내려다보다   river 강

리스닝 감 잡기 🎧 P1-U03-3/4

1

다음 사진에 대한 설명을 듣고 사진과 일치하면 (T), 일치하지 않으면 (F)에 체크하세요.

1. (T) ☐ (F) ☐
2. (T) ☐ (F) ☐
3. (T) ☐ (F) ☐
4. (T) ☐ (F) ☐

정답 분석

1. A tree has **fallen over** near the house.   집 근처에 나무가 쓰러져 있다.
   - ▶ 사물 상태 사진 위쪽에 나뭇가지들이 보이지만 쓰러진 나무가 아니므로 오답.

2. **Some** of the windows **are open**.   창문 몇 개가 열려 있다.
   - ▶ 사물 상태 창문이 모두 닫혀 있으므로 오답.
     cf) All the windows are closed. (O)

3. **There is a lawn** in front of the house.   집 앞에 잔디밭이 있다.
   - ▶ 사물 위치 집 앞에 잔디밭이 보이므로 정답.

4. Two chairs **are unoccupied**.   의자 두 개가 비어 있다.
   - ▶ 사물 상태 의자가 비어 있으므로 정답.
     의자가 비었을 때는 be not occupied, be unoccupied 또는 be empty
     의자에 사람이 있을 때는 be occupied 또는 be in use

정답 1 F 2 F 3 T 4 T

어휘 fall over 쓰러지다   near ~ 근처에   lawn 잔디밭   in front of ~ 앞에   unoccupied (의자 등이) 비어 있는

2

다음 사진에 대한 설명을 듣고 사진과 일치하면 (T), 일치하지 않으면 (F)에 체크하세요.

1. (T) ☐ (F) ☐
2. (T) ☐ (F) ☐
3. (T) ☐ (F) ☐
4. (T) ☐ (F) ☐

정답 분석

1. Cars **are parked** on the side of the road.   차들이 도로변에 주차되어 있다.
   - ▶ **사물 상태** 도로 왼쪽에 차들이 주차되어 있으므로 정답.

2. The road **is shaded** by buildings.   도로가 건물로 그늘져 있다.
   - ▶ **사물 상태** 도로변 건물의 그림자로 도로가 어두워 보이므로 정답.

3. The road **is being paved**.   도로가 포장되고 있다.
   - ▶ **사물 상태** 이미 포장된 도로이며 도로를 포장하는 사람이 없으므로 오답.
     〈사물+is[are]+being+과거분사〉(~되고 있다)는 사람이 사물에 특정 동작을 가하고 있을 때 쓰는 표현.

4. Cars **are stopped** at a traffic light.   차들이 신호등 앞에 정지해 있다.
   - ▶ **사물 상태** 신호등(traffic light)이 보이지 않으므로 오답.

정답 1 T   2 T   3 F   4 F

어휘 side 옆, 측면   road 도로, 길   be shaded by ~에 의해 그늘지다   pave 포장하다   traffic light 신호등

한 사람 등장 사진에서 자주 나오는 표현들입니다. 듣고 따라 읽어보세요.

빈출 표현

사물 묘사 표현
be stacked[piled up] in rows 여러 줄로 쌓여 있다
hang on the rack 옷걸이에 걸려 있다
hang from the ceiling 천장에 걸려 있다
be placed[positioned, put] on the floor 바닥에 놓여 있다
have been turned on ~이 켜져 있다
be filled with books 책으로 가득 차다
be displayed[on display] 진열되어 있다
be set up outside 야외에 설치되어 있다
be under construction 공사 중이다
be against the wall 벽에 기대어 있다
be occupied (자리 등이) 차지되어 있다

배경 묘사 표현
be surrounded by trees 나무로 둘러싸이다
be reflected in the water 물에 반사되다
be covered with snow 눈으로 덮이다
be floating on the water 물 위에 떠 있다

be shaded by umbrellas 파라솔로 그늘지다
be lined (up) in rows 여러 줄로 놓여 있다
be tied up at the dock 부두에 정박해 있다
wind through the woods 숲으로 (길이) 구불구불 나 있다

장소 및 위치 표현
at the water's edge 물가에
along the street 길을 따라
around the table 탁자 둘레에
outside (of) a store 상점 밖에
on the wall[floor, ceiling, shelf] 벽[바닥, 천장, 선반]에
on the side of the road 도로변에
on both sides of the road 도로 양쪽에
in front of a vehicle 차량 앞쪽에
behind the counter 계산대 뒤에
by[next to, beside] a sofa 소파 옆에
across from a store 상점 맞은편에
in the shop window 쇼윈도에

필수 문장

Books are stacked in rows on the desk. 책들이 책상 위에 여러 줄로 쌓여 있다.
Some documents have been put on the table. 서류들이 탁자 위에 놓여 있다.
Some shoes are displayed in the shop window. 쇼윈도에 신발이 진열되어 있다.
Buildings are reflected in the water. 건물들이 물에 비친다.
Some boats are tied up at the dock. 배 몇 척이 부두에 정박해 있다.
There are some chairs around the table. 탁자 둘레에 의자 몇 개가 있다.
There are some pictures on the wall. 벽에 그림 몇 점이 있다.

청취 집중 훈련 1 🎧 P1-U03-6

사진을 보면서 문장을 잘 듣고 받아 적으세요.

1. Some _____ are on the _____.

   _____ is a _____ on the desk.

2. _____ have been _____ around each table.

   _____ the chairs are _____.

3. There are some yachts _____ to the _____.

   The yachts are _____ on the _____.

해석
1 칸막이에 사진 몇 장이 붙어 있다. 책상 위에 전화기가 있다.   2 탁자마다 둘레에 의자들이 놓여 있다. 모든 의자들이 비어 있다.
3 부두 옆에 요트 몇 척이 있다. 요트들이 물 위에 떠 있다.

정답   1 photographs, partition / There, phone   2 Chairs, placed / All, unoccupied   3 next, dock / floating, water

어휘   photograph 사진   partition 칸막이   there+be+~ ~이 있다   place 놓다, 두다   around ~ 둘레에
unoccupied 비어 있는   yacht 요트   dock 부두   float (물 위에) 뜨다

UNIT 3. 사물/배경 사진 **39**

청취 집중 훈련 2

P1-U03-7 / 해설 p.8

사진에 대한 설명으로 옳은 것에 표시하고, 다시 들으며 빈칸을 채워보세요.

1.

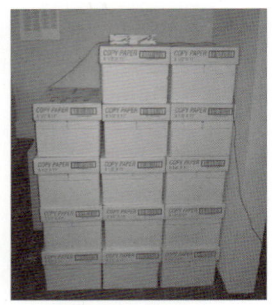

A ☐   B ☐   C ☐   D ☐

(A) They are _____.
(B) There are _____.
(C) The boxes have _____.
(D) The boxes are _____.

2.

A ☐   B ☐   C ☐   D ☐

(A) The cars are _____.
(B) People are _____.
(C) The bus is _____.
(D) Some people are _____.

3.

A ☐   B ☐   C ☐   D ☐

(A) The clothes are _____.
(B) The rack is _____.
(C) The store is _____.
(D) The clothes are _____.

4.

A ☐   B ☐   C ☐   D ☐

(A) Papers are _____.
(B) There are _____.
(C) The copier is _____.
(D) The shelf is _____.

실력 점검 문제 🎧 P1-U03-8 / 해설 p.10

사진을 보고, 들려주는 보기 중 사진 내용에 부합하는 것을 고르세요.

1.

(A) (B) (C) (D)

2.

(A) (B) (C) (D)

3.

(A) (B) (C) (D)

4.

(A) (B) (C) (D)

5.

(A) (B) (C) (D)

6.

(A) (B) (C) (D)

UNIT 3. 사물/배경 사진 **41**

REVIEW TEST

1.

(A) (B) (C) (D)

2.

(A) (B) (C) (D)

3.

(A) (B) (C) (D)

4.

(A) (B) (C) (D)

5.

(A) (B) (C) (D)

6.

(A) (B) (C) (D)

7.

(A) (B) (C) (D)

8.

(A) (B) (C) (D)

PART 2

Unit 4   Who / What 의문문
Unit 5   When / Where 의문문
Unit 6   Why / How 의문문
Unit 7   일반의문문 / 선택의문문
Unit 8   간접의문문 / 부정의문문

Part 2   Review Test

UNIT 4 — Who/What 의문문

★ 콕콕 찍어 주는 출제 포인트

who나 what으로 시작하는 의문문은 각각 2문제 정도 출제된다. 문장의 첫 단어로 제시되는 who나 what을 정확하게 알아듣는 것이 가장 중요하다. who 의문문은 사람을 언급하는 답변이, what 의문문은 사물을 나타내는 답변이 주로 정답이다. 최근 경향으로는 사람이나 사물로 응답하지 않고 우회적 표현을 제시하기도 한다.

질문 및 보기 분석_who 의문문   P2-U04-1

의문사를 중심으로 질문을 들은 다음, 유형별로 정답을 들어보세요.

정답 유형 1. 사람 이름/직책

Who will inform customers of the event?
→ **Mr. Dowson**.
누가 고객들에게 행사에 대해 알려줄 건가요?
도슨 씨입니다.

▶ • 누가 고객들에게 알려줄지 묻고 있다.
• 의문사 who에 대한 답변으로 사람 이름을 제시한다.

Who attended the seminar last week?
→ **The marketing manager**.
누가 지난주 세미나에 참석했나요?
마케팅부장입니다.

▶ • 세미나에 누가 참석했는지 묻고 있다.
• who에 대한 답변으로 직책을 제시한다.

정답 유형 2. 단체/부서명

Who will review the proposal?
→ **The sales department**.
누가 제안서를 검토할 겁니까?
영업부입니다.

▶ • 누가 제안서를 검토할지 묻고 있다.
• who에 대한 답변으로 부서명이 정답이 될 수 있다.

정답 유형 3. 불확실성 표현

Who will be promoted to sales manager?
→ **I have no idea**.
누가 영업부장으로 승진할까요?
모르겠습니다.

▶ • 누가 영업부장으로 승진할지 묻고 있다.
• '모른다' 또는 '결정되지 않았다'라는 불확실성 표현이 제시될 수도 있다.

다양한 불확실성 표현
I don't know. / I have no idea. 모르겠습니다.
It hasn't been decided yet. 아직 결정되지 않았습니다.

어휘 inform A of B A에게 B를 알려주다　attend 참석하다　review 검토하다　proposal 제안(서)　sales department 영업부
promote 승진시키다　decide 결정하다

리스닝 감 잡기 🎧 P2-U04-2

각 질문에 알맞은 답변을 선택하세요.

1. (A) ☐ (B) ☐
2. (A) ☐ (B) ☐
3. (A) ☐ (B) ☐

정답 분석

1. **Who** are you going to invite for the party? — 파티에 누구를 초대할 예정입니까?

   (A) **All our employees**. — 우리 직원 모두요.
   ↳ who 의문문에 사람으로 대답했으므로 정답이다.

   (B) In the park. — 공원에서요.
   ↳ In the park는 장소를 나타내므로 오답이다.
   where 의문문에 어울리는 대답이다.

2. **Who** designed the new model? — 누가 신 모델을 설계했나요?

   (A) **Ms. Lopez**. — 로페즈 씨입니다.
   ↳ who 의문문에 사람 이름으로 대답했으므로 정답이다.

   (B) I like the model, too. — 저도 그 모델이 마음에 듭니다.
   ↳ 질문과 어울리는 대답이 아니므로 오답이다.
   질문에 쓰인 단어(model)가 보기에 반복될 경우 오답일 확률이 높다.

3. **Who** is in charge of the renovation? — 누가 보수공사를 담당하나요?

   (A) Yes, I did. — 예, 제가 했습니다.
   ↳ 일반적으로 의문사 의문문에는 yes나 no로 대답할 수 없으므로 오답이다.

   (B) **It has**n't **been decided** yet. — 아직 결정되지 않았습니다.
   ↳ 질문에 대한 정보가 없을 경우 불확실성 표현을 쓸 수 있으므로 정답이다.

정답 1 A   2 A   3 B

어휘 invite 초대하다   employee 직원   design 설계하다   be in charge of ~을 맡다, 담당하다   renovation 수리, 보수공사

질문 및 보기 분석 _ what 의문문

의문사를 중심으로 질문을 들은 다음, 유형별로 정답을 들어보세요.

정답 유형 1. 사물

What did you **order** yesterday?
→ **Two boxes of copy paper**.

어제 무엇을 주문했습니까?
복사용지 두 상자입니다.

▶ • 의문사 what으로 사물에 대해 묻고 있다.
• 주문한 것을 묻는 질문에 사물을 정답으로 제시하고 있다.

What do you **need** for your trip?
→ I need **a city map**.

여행을 위해 무엇이 필요합니까?
도시 지도가 필요합니다.

▶ • what을 써서 필요한 것이 무엇인지 묻고 있다.
• 여행에 필요한 사물로 구체적으로 지도를 말하고 있다.

정답 유형 2. 사람의 행동

What are you **going to do** next?
→ I need to **call the customers**.

당신은 다음으로 무엇을 할 건가요?
고객들에게 전화해야 합니다.

▶ • 앞으로 할 행동에 대해 묻고 있다.
• 대답으로 해야 할 행동을 제시하고 있다.

정답 유형 3. 새로운 정보

What is the advantage of the new product?
→ It is **very light**.

신제품의 장점은 무엇입니까?
매우 가볍습니다.

▶ • what을 써서 정보 제공을 요구하고 있다.
• 신제품의 장점에 대한 정보를 제공하고 있다.

정답 유형 4. 불확실성 표현

What was the presentation about?
→ I am sorry but **I don't know**.

발표는 무엇에 관한 것이었습니까?
죄송하지만 잘 모르겠습니다.

▶ • what을 써서 발표 내용에 대해 묻고 있다.
• 알고 있는 정보가 없을 경우 불확실성 표현을 쓸 수 있다.

어휘 order 주문하다 copy paper 복사용지 trip 여행 map 지도 advantage 장점 light 가벼운 presentation 발표

리스닝 감 잡기 🎧 P2-U04-4

각 질문에 알맞은 답변을 선택하세요.

1. (A) ☐ (B) ☐
2. (A) ☐ (B) ☐
3. (A) ☐ (B) ☐

정답 분석

1. **What did** you **buy** for your new office?　　　　　새 사무용으로 무엇을 사셨나요?

    (A) Some **laptops**.　　　　　　　　　　　　　　　　노트북 몇 대입니다.
    ↳ what 의문에 구체적인 사물을 제시했으므로 정답이다.

    (B) Last week.　　　　　　　　　　　　　　　　　　지난주요.
    ↳ 시점을 나타내므로 정답이 될 수 없다.
    　When did you buy the laptop?의 답변이 될 수 있다.

2. **What should** I **do** first to make a copy?　　　　복사를 하려면 먼저 무엇을 해야 하나요?

    (A) I like coffee.　　　　　　　　　　　　　　　　저는 커피를 좋아합니다.
    ↳ 복사를 하기 위해 필요한 행동을 묻는 질문과 어울리지 않는 대답으로 오답이다.
    　coffee와 copy처럼 비슷한 발음이 보기에 반복되면 오답일 확률이 높다.

    (B) **Press** the green button.　　　　　　　　　　녹색 버튼을 누르세요.
    ↳ 필요한 행동을 묻는 질문에 구체적인 행동을 제시했으므로 정답이다.

3. **What date** is it today?　　　　　　　　　　　　　오늘은 며칠입니까?

    (A) This evening.　　　　　　　　　　　　　　　　오늘 저녁입니다.
    ↳ 날짜 정보를 묻는 질문에 미래 시점으로 대답했으므로 오답이다.

    (B) It's **September 13**.　　　　　　　　　　　　　9월 13일입니다.
    ↳ 정확한 날짜를 언급했으므로 정답이다.

정답　1 A　2 B　3 B

어휘　office 사무실　laptop 노트북　*cf)* notebook 공책　make a copy 복사하다　press 누르다

UNIT 4. Who / What 의문문 **49**

빈출 표현_who/what 의문문 🎧 P2-U04-5

who/what 의문문에서 자주 나오는 표현들입니다. 여러 번 들으면서 발음에 익숙해지세요.

사람 이름

Jane in Personnel 인사부의 제인
Mr. Morgan will take care of it.
모건 씨가 처리할 겁니다.
It must be Baker's. 베이커의 것이 확실합니다.
That would be Peter. 피터일 겁니다.

Mr. Jackson, the accounting manager
회계부장 잭슨 씨
Ms. Miller said she would.
밀러 씨가 할 거라고 했어요.
You should ask Helen. 헬렌에게 물어보세요.

직업, 신분

employee 직원, 종업원
employer 고용주, 사장
editor 편집자
mechanic 정비사
accountant 회계사

electrician 전기공
customer (= client) 고객
adviser 조언자, 고문
colleague (= coworker) 동료
consultant 컨설턴트, 상담가

부서, 직위

sales department 영업부
human resources department 인사부
marketing department 마케팅부
maintenance department 정비부
accounting department 회계부
research and development department
연구개발부

assistant 보조원, 비서
staff 직원
manager 부장
director 이사, 임원
executive 중역
president 사장

사무 장비, 사무실

copier (= copy machine) 복사기
printer 프린터
monitor 모니터
laptop 노트북
fax 팩스
air conditioner 에어컨
office supplies 사무용품

firm 회사
cabinet 캐비닛, 수납장
drawer 서랍
shelf 선반
meeting room 회의실
warehouse 창고
supply room 비품실

청취 집중 훈련 1 🎧 P2-U04-6

Part 2에 자주 나오는 질문과 답변입니다. 각 문장을 잘 듣고 빈칸을 채워 보세요.

질문	답변
1. _____ time does your flight leave? 당신의 비행편은 몇 시에 출발합니까?	It leaves at _____. 7시에 출발합니다.
2. _____ is John doing outside? 존은 밖에서 무엇을 하고 있습니까?	He's _____ the grass. 그는 잔디를 깎고 있습니다.
3. _____ has the file folder? 누가 그 서류철을 가지고 있나요?	The _____ is reviewing it now. 부장이 지금 검토하고 있습니다.
4. _____ day are we presenting the project? 무슨 요일에 우리가 그 프로젝트를 발표하나요?	It'll be next _____. 다음 주 화요일입니다.
5. _____ do I talk to about the sick leave? 병가에 관해 누구에게 얘기해야 합니까?	Contact the _____ department. 인사부에 연락해 보세요.
6. _____ do you think about the contract? 그 계약에 대해 어떻게 생각하십니까?	I need more _____ to think it over. 생각할 시간이 좀 더 필요합니다.
7. _____ lost their bag? 누가 가방을 잃어버렸나요?	I have no _____. 모르겠습니다.
8. _____ would you like to do this Friday? 이번 금요일에 무엇을 하고 싶으세요?	I want to _____ to the movies. 영화를 보러 가고 싶어요.
9. _____ takes care of the receipts? 누가 영수증을 관리하죠?	Susan in _____. 회계부의 수잔입니다.
10. _____ is going to be the guest speaker? 초청연사는 누구입니까?	It hasn't been _____ yet. 아직 결정되지 않았습니다.

1 What, seven 2 What, cutting 3 Who, manager 4 What, Tuesday 5 Who, personnel
6 What, time 7 Who, idea 8 What, go 9 Who, accounting 10 Who, decided

어휘 flight 비행, 비행편 leave 떠나다, 출발하다 grass 잔디 review 검토하다 present 발표하다 sick leave 병가
contact 연락하다 personnel department 인사부 contract 계약 think over 숙고하다 lose 잃어버리다
go to the movies 영화 보러 가다 take care of ~을 관리하다, 처리하다 receipt 영수증 accounting 회계, 회계부
guest speaker 초청 연사

UNIT 4. Who / What 의문문 **51**

청취 집중 훈련 2　P2-U04-7 / 해설 p.14

질문을 잘 듣고 정답을 골라 보세요. 질문은 인쇄되어 있지 않습니다.

1. _____

   (A) It starts at 8:15.
   (B) It's about five euros.
   (C) It's a remake of an action film.

2. _____

   (A) My son.
   (B) I spent about 20 dollars.
   (C) No, I only bought two of them.

3. _____

   (A) He told me everything is fine.
   (B) He didn't say that.
   (C) Yes, I made an appointment.

보기를 잘 듣고 정답을 골라 보세요. 보기는 인쇄되어 있지 않습니다.

4. Who waters these plants?
   (A)　　(B)　　(C)

5. What time is the client coming?
   (A)　　(B)　　(C)

6. Who is scheduled to work the night shift?
   (A)　　(B)　　(C)

실력 점검 문제 🎧 P2-U04-8 / 해설 p.15

각 문항의 질문을 듣고 질문과 가장 어울리는 답변을 선택하세요.

1. (A)   (B)   (C)

2. (A)   (B)   (C)

3. (A)   (B)   (C)

4. (A)   (B)   (C)

5. (A)   (B)   (C)

6. (A)   (B)   (C)

UNIT 5 When/Where 의문문

★ 콕콕 찍어 주는 출제 포인트

when 의문문은 대체로 시점이나 기간을 나타내는 답변이 정답이 되고 where 의문문은 장소와 관련된 답변이 정답이 된다. 하지만 최근에는 불확실성 표현이나 우회적 답변도 정답으로 꾸준히 제시되고 있다. 그런데 when과 where는 발음이 비슷해 의문문의 첫 단어로 빠르게 나올 경우 구별하기 어려울 수 있으므로 주의해야 한다. 또한 보기에서도 when과 where에 해당하는 대답을 모두 제시해서 혼동을 일으키므로 정확하게 의문사를 듣는 연습을 해야 한다.

질문 및 보기 분석_ when 의문문 🎧 P2-U05-1

의문사를 중심으로 질문을 들은 다음, 유형별로 정답을 들어보세요.

정답 유형 1. 시간 전치사/부사

When will the renovation be completed?
→ **In** September.
언제 보수공사가 완료됩니까?
9월입니다.

▶ • when과 will을 이용해 미래 시점을 묻고 있다.
• 월, 계절, 연도, 분기 앞에 쓰는 시간 전치사 in으로 시점을 나타내고 있다.

When did you buy your new laptop?
→ About two weeks **ago**.
새 노트북을 언제 구입하셨나요?
약 2주 전이요.

▶ • when과 did를 이용해 과거 시점을 묻고 있다.
• 과거 시점을 나타내는 부사 ago로 대답하고 있다.

정답 유형 2. 시간 접속사

When can you leave the office?
→ **As soon as** I finish this task.
당신은 언제 퇴근할 수 있나요?
이 업무를 끝내자마자요.

▶ • when과 조동사 can으로 퇴근 가능 시점을 묻고 있다.
• '~하자마자' 라는 시간 접속사 as soon as로 대답하고 있다.

정답 유형 3. 불확실성 표현

When will the awards ceremony be held?
→ **It hasn't been confirmed** yet.
시상식이 언제 열리나요?
아직 확정되지 않았습니다.

▶ • when과 will로 미래 시점을 묻고 있다.
• 불확실성 표현으로 답변하고 있다.

어휘 renovation 보수공사   complete 완료하다   기간+ago (기간) 전에   as soon as ~하자마자   task 임무, 과제   award 상   ceremony 의식, 행사   awards ceremony 시상식   confirm 확정하다

리스닝 감 잡기 🎧 P2-U05-2

각 질문에 알맞은 답변을 선택하세요.

1. (A) ☐   (B) ☐
2. (A) ☐   (B) ☐
3. (A) ☐   (B) ☐

정답 분석

1. When did you get that new mobile phone? — 당신은 언제 저 새 휴대전화를 샀나요?

(A) It's my favorite design. — 이것이 제가 가장 좋아하는 디자인이에요.
↳ 시점에 대한 답변이 아니므로 오답이다.

(B) I bought it **a few days ago**. — 며칠 전에 샀어요.
↳ 〈기간+ago〉를 써서 과거 시점을 구체적으로 언급했다.

2. When are you moving to a new house? — 당신은 언제 새 집으로 이사합니까?

(A) I live in an apartment. — 저는 아파트에 삽니다.
↳ 장소에 대한 답변이므로 정답이 될 수 없다.

(B) **On April 1.** — 4월 1일이요.
↳ 정확한 시점을 나타내므로 정답이다.
날짜나 요일 앞에는 on, 월이나 연도 앞에는 in을 써서 시점을 나타낸다.

3. When is the report due? — 보고서 마감기한은 언제입니까?

(A) I **haven't been informed** yet. — 아직 통지를 못 받았습니다.
↳ 의문사와 관계없이 불확실성 표현은 정답이 될 수 있다.

(B) No, I didn't submit it. — 아니요, 저는 보고서를 제출하지 않았어요.
↳ 의문사 의문문에는 yes나 no로 대답할 수 없으므로 오답이다.

정답 1 B   2 B   3 A

어휘 get 사다   favorite 가장 좋아하는   buy 사다(bought는 buy의 과거형)   move to +장소 ~로 이사하다
due 기일이 된, 만기가 된   be informed 통지 받다   submit 제출하다

UNIT 5. When/Where 의문문

질문 및 보기 분석_ where 의문문  P2-U05-3

의문사를 중심으로 질문을 들은 다음, 유형별로 정답을 들어보세요.

정답 유형 1. 장소/방향

Where do we have our weekly meeting?
→ **In** Room 301.
주간 회의는 어디에서 하죠?
301호실이요.

▶ • 의문사 where를 써서 회의 장소를 묻고 있다.
• 장소를 나타내는 전치사 in을 써서 대답하고 있다.

Where should I deliver this package?
→ **To** the restaurant on the corner.
이 소포를 어디로 배달해야 하나요?
모퉁이에 있는 식당으로요.

▶ • where를 써서 소포 배달 장소를 묻고 있다.
• 방향을 나타내는 전치사 to로 배달 장소를 알려주고 있다.

정답 유형 2. 사람

Where is the sales report?
→ **Maria** is reviewing it.
매출 보고서가 어디 있죠?
마리아가 검토하고 있습니다.

▶ • where를 써서 매출 보고서의 소재를 묻고 있다.
• 사람(Maria)을 정답으로 제시하고 있다.

정답 유형 3. 불확실성 표현

Where can I catch a taxi?
→ I'm **not sure**.
택시는 어디에서 타죠?
모르겠어요.

다양한 불확실성 표현
I'll let you know soon. 곧 알려 드릴게요.
Let me check on it. 확인해 볼게요.
No one has told me about that.
아무도 저에게 그걸 알려주지 않았어요.
I'm not certain[sure]. 잘 모르겠습니다.
I haven't been informed yet. 아직 통지를 못 받았습니다.
I'll find out. 알아볼게요.

▶ • where를 써서 택시를 탈 수 있는 장소를 묻고 있다.
• 택시 타는 곳을 모른다고 불확실성 표현으로 대답하고 있다.

어휘 weekly 주간의 deliver 배달하다 package 소포, 꾸러미 sales report 매출 보고서 review 검토하다
be informed 통지 받다 find out 알아보다

리스닝 감 잡기 🎧 P2-U05-4

각 질문에 알맞은 답변을 선택하세요.

1. (A) ☐ (B) ☐

2. (A) ☐ (B) ☐

3. (A) ☐ (B) ☐

정답 분석

1. **Where** is the nearest bank?   가장 가까운 은행이 어디에 있죠?

   (A) I work for the bank.   제가 그 은행에서 일합니다.
   ↳ 은행의 위치를 알려주는 대답이 아니므로 오답이다.

   (B) There is one **around the corner**.   모퉁이 주변에 하나 있습니다.
   ↳ 전치사구인 around the corner를 써서 은행의 위치를 알려주고 있으므로 정답이다.

2. **Where** did you go on vacation?   어디로 휴가를 가셨나요?

   (A) Last month.   지난달이요.
   ↳ when 의문문에 대한 대답이므로 오답이다.
   when과 where는 발음이 비슷해서 집중해서 듣지 않으면 놓치기 쉽다.

   (B) I went **to Germany** with my family.   가족과 함께 독일에 갔습니다.
   ↳ 방향 전치사 to(~로)를 이용한 적절한 답변이다.

3. **Where** should I put these files?   이 파일들을 어디에 놓아야 하나요?

   (A) **Kevin will know** about that.   그건 케빈이 알 겁니다.
   ↳ where로 질문하고 있지만 사람을 주어로 답변할 수 있다. 즉 케빈이 파일을 놓을 장소를 알고 있으므로 그에게 물어보라는 함축적 의미가 있다.

   (B) I will put them on your desk.   제가 그것을 당신 책상 위에 놓겠습니다.
   ↳ 장소의 전치사구 on the desk가 있지만 I로 답했기 때문에 잘못된 인칭이므로 오답이다.

정답   1 B   2 B   3 A

어휘   nearest (near의 최상급) 가장 가까운   around 주변에   go on vacation 휴가 가다   Germany 독일   put 놓다, 두다

빈출 표현_when/where 의문문 🎧 P2-U05-5

when/where 의문문에서 자주 나오는 표현들입니다. 여러 번 들으면서 발음에 익숙해지세요.

과거를 나타내는 표현

yesterday 어제
last week[month, year] 지난주[달, 해]
three weeks ago 3주 전에

last spring[summer, fall, winter] 지난봄[여름, 가을, 겨울]
in the past 과거에
previously 이전에

현재를 나타내는 표현

today 오늘(날)
right now 바로 지금
these days 요즘

currently 현재
this week[month, year] 이번 주[달, 해]
at the moment 지금, 현재

미래를 나타내는 표현

soon 곧
in two days 이틀 후에
next week[month, year] 다음 주[달, 해]

not until next Monday 다음 주 월요일이 되어야
at the end of the month[year] 월[연]말에
at the (up)coming seminar 다가오는 세미나에서

장소/방향을 나타내는 전치사구

in the conference room 회의실에서
on the third floor 3층에
at the front desk 안내데스크에
to the airport 공항으로
over the river 강 위에
under the desk 책상 아래

by the window 창가에
next to the restaurant 식당 옆에
behind the building 건물 뒤에
in front of the store 상점 앞에
across from the bank 은행 맞은편에
throughout the country 전국에 걸쳐

시간 접속사

as soon as she comes back 그녀가 돌아오자마자
while you are out of town 당신이 타지에 있는 동안
before[after] you leave 당신이 떠나기 전에[후에]

when you go to work 출근할 때
since we met 우리가 만난 이래로
until I finish the work 내가 그 일을 끝낼 때까지

청취 집중훈련 1 P2-U05-6

Part 2에 자주 나오는 질문과 답변입니다. 각 문장을 잘 듣고 빈칸을 채워 보세요.

질문	답변
1. _____ can I find the copy paper? 복사용지는 어디에서 찾을 수 있나요?	It's in the supply _____. 비품 캐비닛에 있어요.
2. _____ did you put the budget plan? 예산안을 어디에 두셨죠?	I _____ it in the drawer. 제가 서랍 안에 넣었어요.
3. _____ will our office supplies arrive? 우리 사무용품이 언제 도착하죠?	_____ the first day of next month. 다음 달 1일에요.
4. _____ does our contract expire? 언제 우리 계약이 만료되죠?	I'll _____ out. 제가 알아볼게요.
5. _____ are the brochures? 안내책자가 어디 있죠?	The _____ will know about it. 그건 매니저가 알 겁니다.
6. _____ is the deadline? 마감일이 언제죠?	Let me _____ on it. 제가 확인해 볼게요.
7. _____ did you meet with the customer? 그 고객을 어디에서 만났죠?	In the third floor meeting _____. 3층 회의실이요.
8. _____ do you usually leave the office? 보통 언제 퇴근하죠?	Around _____ P.M. 저녁 6시쯤이요.
9. _____ is our next meeting? 다음 회의는 언제죠?	I will _____ you know soon. 제가 곧 알려드릴게요.
10. _____ can I get an application form? 신청서는 어디에서 받을 수 있나요?	There are some at the _____ desk. 안내데스크에 몇 장 있습니다.

 정답
1 Where, cabinet 2 Where, placed 3 When, On 4 When, find 5 Where, manager
6 When, check 7 Where, room 8 When, six 9 When, let 10 Where, front

어휘 copy paper 복사용지 supply 용품, 비품 budget 예산 drawer 서랍 office supplies 사무용품 arrive 도착하다 contract 계약(서) expire 만료되다 find out 알아보다 brochure 안내책자 deadline 마감일 customer 고객 floor (건물의) 층 usually 대체로, 보통 around 대략 application form 신청서 front desk 안내데스크

UNIT 5. When/Where 의문문

청취 집중 훈련 2

질문을 잘 듣고 정답을 골라 보세요. 질문은 인쇄되어 있지 않습니다.

1.
   (A) I forgot to bring it.
   (B) Around two years ago.
   (C) No, I canceled it.

2.
   (A) In London, I think.
   (B) I work at the headquarters.
   (C) It was built 15 years ago.

3.
   (A) You can join us, too.
   (B) I'll go with my coworkers.
   (C) I attended a workshop in Hong Kong.

보기를 잘 듣고 정답을 골라 보세요. 보기는 인쇄되어 있지 않습니다.

4. When is the deadline for registration?
   (A)   (B)   (C)

5. Where can I get more supplies?
   (A)   (B)   (C)

6. When will the president visit our plant?
   (A)   (B)   (C)

실력 점검 문제 🎧 P2-U05-8 / 해설 p.17

각 문항의 질문을 듣고 질문과 가장 어울리는 답변을 선택하세요.

1. (A)　　(B)　　(C)

2. (A)　　(B)　　(C)

3. (A)　　(B)　　(C)

4. (A)　　(B)　　(C)

5. (A)　　(B)　　(C)

6. (A)　　(B)　　(C)

UNIT 6 Why / How 의문문

★ 콕콕 찍어 주는 출제 포인트

why는 이유나 목적을 묻는 의문사이므로 행동이나 상태의 원인을 제시하는 답변이 정답이 된다. 하지만 why don't you[we]로 시작할 경우에는 '~하는 것이 어때요?'라고 제안하는 말이다. how는 수단이나 방법, 또는 의견을 물어보는 의문사다. how는 단독으로 제시될 수도 있고 구체적인 수량이나 기간 등을 물어볼 때 how much(얼마나 많이), how long(얼마나 오래)처럼 〈how+형용사[부사]〉로 시작할 수도 있다.

질문 및 보기 분석 _ why 의문문   🎧 P2-U06-1

의문사를 중심으로 질문을 들은 다음, 유형별로 정답을 들어보세요.

정답 유형 1. 이유/목적

Why were you late for the meeting?
→ I was **stuck in traffic**.
왜 회의에 늦으셨죠?
차가 막혀서요.

▶ • 의문사 why로 회의에 늦은 이유를 묻고 있다.
• why 의문문에 because를 생략한 채 늦은 이유를 제시하고 있다.

Why do you want to leave early?
→ **To meet** with my client.
왜 일찍 나가려는 거죠?
고객을 만나야 해서요.

▶ • why를 써서 일찍 나가려는 이유를 묻고 있다.
• '~하기 위해'라는 뜻의 〈to+동사원형〉으로 목적을 나타내고 있다.

정답 유형 2. 권유/제안

Why don't you apply for the job?
→ **I'd like some time to think** it over.
그 일자리에 지원하는 게 어때요?
생각 좀 해보고요.

▶ • why don't you는 상대방에 대한 제안을 나타낸다.
• 직접적인 답변을 피한 채 우회적으로 대답하고 있다.

Why don't we review the sales report?
→ **Sure**, that sounds good.
매출 보고서를 검토하는 것이 어떨까요?
예, 좋아요.

▶ • why don't we는 무언가를 같이 하자는 제안이다.
• 제안 의문문에는 예외적으로 okay, yes, no 등으로 대답할 수 있다.

어휘　be stuck in traffic 교통 체증에 걸리다, 차가 막히다　leave 떠나다　client 고객　apply for 지원하다
think over ~에 대해 생각하다, 숙고하다　sales report 매출 보고서　review 검토하다

리스닝 감 잡기 🎧 P2-U06-2

각 질문에 알맞은 답변을 선택하세요.

1. (A) ☐   (B) ☐
2. (A) ☐   (B) ☐
3. (A) ☐   (B) ☐

정답 분석

1. Why is this item very popular? 이 제품은 왜 인기가 높나요?

(A) I like the product, too. 저도 그 제품을 좋아합니다.
↳ 질문과 무관한 대답으로 item과 동의어인 product를 써서 혼동을 유발하는 오답이다.

(B) Its **design is unique**. 제품의 디자인이 독특합니다.
↳ 독특한 디자인을 이유로 들고 있으므로 정답이다.
　why 의문문에 because로 답변할 수도 있지만 because를 생략하는 경우도 많다.

2. Why don't you take a break? 잠시 쉬는 게 어때요?

(A) **That's a good idea**. 좋은 생각입니다.
↳ 제안에 대한 자연스러운 대답이므로 정답이다.

(B) My car is broken. 제 차가 고장 났습니다.
↳ break의 두 가지 뜻(휴식, 고장 내다)을 이용한 함정 보기다.

3. Why was the picnic postponed? 왜 야유회가 연기되었죠?

(A) **In order for us to deal with** an important matter. 중요한 문제를 처리하기 위해서요.
↳ 야유회가 연기된 이유를 묻는 질문에 목적을 나타내는 to 부정사인 〈in order for+사람+to+동사원형〉으로 대답했으므로 정답이다.

(B) Every employee was invited. 전 직원이 초대받았어요.
↳ Who was invited to the picnic?에 대한 대답이므로 오답이다.

정답 1 B   2 A   3 A

어휘 item 제품   popular 인기 있는   unique 독특한   take a break 쉬다   broken 고장 난   postpone 연기하다   in order to+동사원형 ~하기 위해   deal with (문제 따위를) 다루다, 처리하다   invite 초대하다

질문 및 보기 분석 _ how 의문문   🎧 P2-U06-3

의문사를 중심으로 질문을 들은 다음, 유형별로 정답을 들어보세요.

정답 유형 1. 수단/방법

How can I contact you?
→ You can **call me on my mobile phone**.
어떻게 연락하면 될까요?
제 휴대폰으로 전화하세요.

▶ • 의문사 how로 연락 방법을 묻고 있다.
• 연락 방법으로 휴대폰을 언급하고 있다.

How do you go to work?
→ Usually **by subway**.
어떻게 출근하세요?
보통 지하철로요.

▶ • how로 출근하는 교통 수단을 묻고 있다.
• 이동 수단을 나타내는 〈by+교통수단〉으로 대답하고 있다.

정답 유형 2. 수량/가격/기간/빈도

How much is this computer?
→ It comes to **$1,000**.
이 컴퓨터는 얼마인가요?
1,000달러입니다.

▶ • 가격을 물어볼 때 how much를 쓴다.
• 〈It comes to+금액〉으로 물건값을 나타낼 수 있다.

How often do you update the Web site?
→ **Every two weeks**.
얼마나 자주 웹사이트를 업데이트하나요?
2주마다요.

▶ • 빈도를 물어볼 때 how often을 쓴다.
• '~마다'라는 뜻의 〈every+수+복수명사〉로 빈도를 나타내고 있다.

정답 유형 3. 의견/진행 상황

How will the weather be tomorrow?
→ It will be **rainy**.
내일 날씨는 어떨까요?
비가 내릴 겁니다.

▶ • how로 내일 날씨를 묻고 있다.
• rainy로 내일 날씨에 대한 정보를 주고 있다.

How is the project **going**?
→ So far **so good**.
프로젝트는 어떻게 진행되고 있습니까?
아직까지는 아주 순조롭습니다.

▶ • 〈how is+주어+going?〉으로 진행 상황을 묻고 있다.
• 진행 상황에 대해 긍정적으로 대답하고 있다.

어휘 contact 연락하다   go to work 출근하다   by+교통수단 (교통수단을) 타고   It comes to+금액 (물건값이) ~이다   weather 날씨
so far 지금까지

리스닝 감 잡기 🎧 P2-U06-4

각 질문에 알맞은 답변을 선택하세요.

1. (A) ☐ (B) ☐
2. (A) ☐ (B) ☐
3. (A) ☐ (B) ☐

정답 분석

1. How do you deliver packages? 당신은 소포를 어떻게 배송하나요?

  (A) I'm too busy now. 저는 지금 너무 바빠요.
  ↳ 의문사 how로 소포의 배달 방법을 묻고 있다. '너무 바쁘다'는 내용은 질문과 관련이 없으므로 오답이다. Can you deliver the package?(소포 좀 배달해 주실래요?)에 어울리는 대답이다.

  (B) **By courier.** 택배로요.
  ↳ '택배'라는 배달 방법을 말하고 있으므로 정답이다.

2. How was your holiday? 휴가는 어땠나요?

  (A) I **had a good time**. 즐겁게 보냈어요.
  ↳ 휴가를 어떻게 보냈는지 말하고 있으므로 정답이다.

  (B) For five days. 닷새 동안이요.
  ↳ 기간을 말하고 있으므로 오답이다. How long was your holiday?(휴가는 얼마 동안이었나요?)에 어울리는 대답이다.

3. How long would you like to stay? 얼마나 머무르실 건가요?

  (A) Just **three nights**. 사흘 밤만요.
  ↳ how long으로 체류 기간을 묻는 질문에 숫자와 함께 구체적인 기간을 말하고 있으므로 정답이다.

  (B) They arrived last night. 그들은 어젯밤에 도착했어요.
  ↳ 질문과 무관하게 도착 시점을 말하고 있으므로 오답이다.

정답 1 B 2 A 3 A

어휘 deliver 배달하다 package 소포 by courier 택배로 holiday 휴일, 휴가 stay 머무르다 just 단지 arrive 도착하다 last night 어젯밤

UNIT 6. Why/How 의문문

빈출 표현_why/how 의문문  P2-U06-5

why/how 의문문에서 자주 나오는 표현들입니다. 여러 번 들으면서 발음에 익숙해지세요.

이유, 목적

due to[because of] bad weather 악천후 때문에
because of a traffic jam 교통체증 때문에
because it is out of stock 품절되었기 때문에
because it is out of order 고장 났기 때문에
because it's under construction 공사 중이라서
because it's a holiday 휴일이기 때문에
to book[reserve] a room 방을 예약하기 위해

to meet the deadline 마감일을 맞추기 위해
to meet with the customer 고객을 만나기 위해
in order to get a refund 환불을 받기 위해
for a business trip 출장을 위해
so that we can pass an inspection 검사를 통과하기 위해

수단, 방법

by mail[e-mail, fax] 우편[이메일, 팩스](으)로
by bus[taxi, subway] 버스[택시, 지하철]로
by courier 택배로
by overnight delivery 익일 배달로
by[in] cash 현금으로
by credit card 신용카드로

by hand 손으로
through the Internet 인터넷으로
through my colleague 내 동료를 통해
on the Web site 웹사이트에서
in person (= personally) 직접
in writing 서면으로

의견, 상태

wonderful 훌륭한
great 대단한
delicious 맛있는
impressive 인상적인
outstanding 뛰어난

fine 좋은
reasonable 적당한, 합리적인
helpful 도움이 되는
informative 유익한
efficient 효율적인

빈도

annually 해마다
every day[week, month, year] 매일[주, 월, 년]
once a week[month] 한 주[달]에 한 번
every three days 사흘마다
every other day[week, month] 격일[주, 월]로

always 항상
frequently (= often) 자주
sometimes (= occasionally) 가끔
seldom 좀처럼 ~하지 않는
hardly 거의 ~하지 않는

청취 집중 훈련 1 🎧 P2-U06-6

Part 2에 자주 나오는 질문과 답변입니다. 각 문장을 잘 듣고 빈칸을 채워 보세요.

질문	답변
1. _____ can I get a refund? 환불 받으려면 어떻게 하나요?	You should present the _____. 영수증을 제시해야 합니다.
2. _____ is the museum closed? 박물관이 왜 문을 닫았죠?	It's under _____ now. 지금 보수공사 중입니다.
3. _____ was your flight delayed? 왜 당신의 비행편이 지연되었죠?	Due to the heavy _____. 폭설 때문에요.
4. _____ does the bus come? 그 버스는 얼마나 자주 오나요?	It runs _____ 10 minutes. 10분마다 운행됩니다.
5. _____ do you like your new office? 새 사무실은 어때요?	It's _____ than I expected. 예상보다 더 좋아요.
6. _____ did you visit the customer? 당신은 왜 고객을 방문했죠?	In order to give out _____. 견본을 나눠 주려고요.
7. _____ people attended the banquet? 연회에 얼마나 많은 사람들이 참석했죠?	Almost _____ of the employees. 거의 모든 직원들요.
8. _____ did Lisa quit her job? 리사는 왜 직장을 그만두었나요?	She wanted to run her own _____. 그녀는 자기 사업을 하고 싶어 했어요.
9. _____ exercise after work? 퇴근 후 운동 어때요?	It _____ like a good idea. 좋은 생각이에요.
10. _____ are you going to the airport? 공항에 어떻게 가실 겁니까?	I'll take the _____ bus. 셔틀 버스를 탈 겁니다.

1 How, receipt   2 Why, renovation   3 Why, snowfall   4 How often, every   5 How, better
6 Why, samples   7 How many, all   8 Why, business   9 Why don't we, sounds   10 How, shuttle

어휘 refund 환불 present 제시하다 receipt 영수증 museum 박물관 closed 닫은 under renovation 보수공사 중 flight 비행(편) delay 지연시키다 due to ~ 때문에 heavy snowfall 폭설 run (버스 등이) 운행되다, (사업을) 운영하다 every+수+복수명사 ~마다 how do you like ~ 어때요? expect 예상하다 visit 방문하다 in order to+동사원형 ~하기 위해 give out ~을 나눠 주다 sample 견본 attend 참석하다 banquet 연회 quit 그만두다 quit one's job 직장을 그만두다 run one's own business 자기 사업체를 운영하다 exercise 운동하다 after work 퇴근 후 airport 공항 take (교통 수단을) 타다

UNIT 6. Why/How 의문문

청취 집중 훈련 2

질문을 잘 듣고 정답을 골라 보세요. 질문은 인쇄되어 있지 않습니다.

1.
   (A) She has a meeting.
   (B) Yes, she gets here at 7.
   (C) I have to work late this week.

2.
   (A) He went to work.
   (B) You can walk there.
   (C) Sure, the weather is nice.

3.
   (A) I usually read novels.
   (B) They are $9 each.
   (C) You can put them on the shelf.

보기를 잘 듣고 정답을 골라 보세요. 보기는 인쇄되어 있지 않습니다.

4. How soon can you start?
   (A)   (B)   (C)

5. Why do you want to return the shoes?
   (A)   (B)   (C)

6. How was your food?
   (A)   (B)   (C)

실력 점검 문제 🎧 P2-U06-8 / 해설 p.20

각 문항의 질문을 듣고 질문과 가장 어울리는 답변을 선택하세요.

1. (A)   (B)   (C)

2. (A)   (B)   (C)

3. (A)   (B)   (C)

4. (A)   (B)   (C)

5. (A)   (B)   (C)

6. (A)   (B)   (C)

UNIT 7 일반 / 선택 의문문

★ 콕콕 찍어 주는 출제 포인트

의문사로 시작하지 않으며 yes나 no로 대답할 수 있는 의문문을 일반 의문문이라고 한다. 일반 의문문에는 크게 be동사 의문문과 조동사(do, have, can 등)로 시작하는 조동사 의문문이 있다. 선택 의문문은 A or B의 형식으로 두 가지 선택 사항을 제시하는 의문문을 말한다. A, B 중 하나를 고를 수도 있지만 제 3의 선택 사항으로 답변하는 경우도 많다.

질문 및 보기 분석_ 일반 의문문   P2-U07-1

의문문의 유형에 주의하면서 질문을 들은 다음, 정답을 들어보세요.

정답 유형 1. be동사 의문문

Are all of the shoes on sale?
→ **No**, just the ones on the shelves.

　모든 신발이 할인되나요?
　아니요, 선반 위에 있는 것만 됩니다.

Is there a bakery nearby?
→ **Yes**, there's one a few blocks away.

　근처에 제과점이 있나요?
　예, 몇 블록 떨어진 곳에 하나 있습니다.

▶ ·〈Be동사+주어 ~?〉 구조의 be동사 의문문이다.
　· 먼저 부정으로 답한 후 할인되는 상품을 구체적으로 밝히고 있다.

▶ ·〈Be동사+there+명사 ~?〉 구조로 존재 유무를 묻고 있다.
　· 존재 유무에 대한 질문에는 흔히 대명사 one을 이용한다.

정답 유형 2. 조동사 의문문

Did you take yesterday's training class?
→ **It was rescheduled** for tomorrow.

　당신은 어제 연수를 받았나요?
　그건 내일로 일정이 조정되었습니다.

Could we talk about the upcoming event?
→ **Sorry**, I have an important matter now.

　다가오는 행사에 대해 얘기할 수 있을까요?
　죄송하지만 지금 전 중요한 일이 있습니다.

Have you finished the work yet?
→ **Yes**, I have.

　벌써 그 일을 끝냈나요?
　예, 마쳤습니다.

▶ ·〈Do동사+주어+본동사 ~?〉 구조의 조동사 의문문이다.
　· No를 생략한 채 새로운 연수 일정에 대해 언급하고 있다.

▶ ·〈Could+주어+본동사 ~?〉 구조의 조동사 의문문이다.
　· yes나 no 대신 sure, okay, sorry, in fact를 쓸 수 있다.

▶ ·〈Have+주어+p.p. ~?〉로 완료나 경험을 물어볼 수 있다.
　· 긍정의 답변이며, 부정의 답변은 No, I haven't.다.

어휘　on sale 할인 중인　*cf)* for sale 매물로 나온, 판매 중인　bakery 제과점　nearby 근처에　take a class 수강하다　reschedule 일정을 조정하다　upcoming 다가오는　important 중요한　yet (의문문에서) 벌써

리스닝 감 잡기 🎧 P2-U07-2

각 질문에 알맞은 답변을 선택하세요.

1. (A) ☐   (B) ☐
2. (A) ☐   (B) ☐
3. (A) ☐   (B) ☐

정답 분석

1. **Do** I need to sign this somewhere?   제가 여기 어딘가에 서명해야 하나요?

   (A) **Yes**, at the bottom, please.   예, 하단에 해주세요.
   ↳ yes나 no로 대답이 가능한 일반 의문문에 yes로 대답한 뒤 서명할 위치를 말하고 있으므로 정답이다.

   (B) I don't know where I am.   여기가 어딘지 모르겠네요.
   ↳ I don't know 뒤에 질문과 관계없는 where I am을 언급했으므로 오답이다.

2. **Is** Jimmy giving the presentation tomorrow?   내일 지미가 발표하나요?

   (A) I gave it to him last week.   제가 지난주에 그에게 주었습니다.
   ↳ give를 반복한 함정 보기로 답변 내용이 질문과 관련이 없으므로 오답이다.

   (B) **No**, Jackie is going to.   아니요, 재키가 합니다.
   ↳ No라고 부정으로 대답한 뒤, 발표자가 지미가 아니라 재키라고 했으므로 정답이다.

3. **Can** I have your office number?   당신 사무실 전화번호를 알 수 있을까요?

   (A) Yes, I do.   예, 그렇습니다.
   ↳ Can I ~?로 시작하는 의문문에 다시 I로 대답해 인칭이 맞지 않으므로 오답이다.

   (B) **Sure**, here's my business card.   그럼요, 여기 제 명함입니다.
   ↳ 긍정으로 대답한 후 명함으로 사무실 전화번호를 알려주므로 정답이다.

정답   1 A   2 B   3 B

어휘   sign 서명하다   at the bottom 하단에   give a presentation 발표하다   here is + 사물 여기 ~가 있습니다
        business card 명함

질문 및 보기 분석 _ 선택 의문문

의문문 유형별로 질문을 들은 다음, 정답을 들어보세요.

정답 유형 1. 둘 중 하나 선택

Do you have a meeting **today or tomorrow**?
→ **Today** at three.

회의는 오늘인가요, 아니면 내일인가요?
오늘 3시입니다.

▶ • or를 중심으로 두 가지 선택 사항이 있다.
  • 두 가지 사항 중 하나를 선택해 대답한다.

정답 유형 2. 둘 다 선택[거부]

Do you want to work in **marketing or accounting**?
→ **Any** department would be OK.
→ **Neither** of them.

마케팅부와 회계부 중 어디에서 일하고 싶으세요?
어떤 부서도 좋습니다.
두 부서 모두 원하지 않아요.

▶ • 두 개의 부서를 선택 사항으로 제시했다.
  • any를 써서 두 선택 사항 중 어떤 부서라도 좋다고 말한다.
  • 제시된 두 가지 선택 사항을 모두 거부할 경우 neither를 쓴다.

정답 유형 3. 제3의 선택

Should I submit my application **by mail or by fax**?
→ Please send it **by e-mail**.

지원서를 우편과 팩스 중 어떤 것으로 제출해야 하나요?
이메일로 보내 주세요.

▶ • 통신 수단 두 가지를 언급하고 있다.
  • 우편도, 팩스도 아닌 제3의 방안으로 이메일을 제시하고 있다.

Would you like to drink **coffee or orange juice**?
→ Just **a cup of ice water**, please.

커피와 오렌지 주스 중에서 어떤 걸 마시겠습니까?
그냥 얼음물 한 잔만 주세요.

▶ • 두 가지 음료수를 선택 사항으로 제시하고 있다.
  • 커피도, 주스도 아닌 제3의 선택으로 얼음물을 요청한다.

어휘 accounting 회계 department 부서 neither (둘 중) 어느 것도 아니다 submit 제출하다 application 지원서, 신청서 send 보내다

리스닝 감 잡기 🎧 P2-U07-4

각 질문에 알맞은 답변을 선택하세요.

1. (A) ☐ (B) ☐
2. (A) ☐ (B) ☐
3. (A) ☐ (B) ☐

정답 분석

1. Do you want to see a comedy or an action film? 　　　코미디 영화와 액션 영화 중 무엇을 보고 싶으세요?

(A) No, I have a digital camera. 　　　아니요, 저는 디지털 카메라가 있습니다.
　↳ 선택을 묻는 질문에 yes나 no로 대답할 수 없으며 질문의 film(영화)을 카메라용 필름으로 오해한 대답으로 오답이다.

(B) Actually, I want to see the new horror film. 　　　실은 신작 공포 영화를 보고 싶어요.
　↳ 제3의 선택 사항으로 공포 영화를 제시하고 있으므로 정답이다.

2. Would you like to pay by cash or credit card? 　　　현금과 신용카드 중 무엇으로 계산하실래요?

(A) I'll pay cash. 　　　현금으로 지불할게요.
　↳ 제시된 선택 사항 중 하나를 골라 답했으므로 정답이다.

(B) I'd like to. 　　　그렇게 하고 싶습니다.
　↳ 지불하고 싶다는 의사만 전달할 뿐 구체적인 지불 수단을 언급하지 않았으므로 오답이다.

3. Is the printer working or still broken? 　　　프린터가 작동되나요, 아니면 아직도 고장인가요?

(A) Henry fixed it yesterday. 　　　헨리가 어제 고쳤어요.
　↳ 헨리가 고쳤다는 말로 현재 프린터가 작동된다는 것을 암시하므로 정답이다.

(B) I'm working out. 　　　저는 운동하고 있어요.
　↳ working을 이용한 함정 보기다. work out은 '운동하다' 라는 의미로 질문과 관련이 없으므로 오답이다.

정답 1 B　2 A　3 A

어휘 actually 사실　horror film 공포 영화　would you like to+동사원형 ~하시겠어요?　pay (by) cash 현금으로 지불하다
work 작동되다　broken 고장 난　fix 고치다　work out 운동하다

UNIT 7. 일반/선택 의문문

빈출 표현_일반/선택 의문문 🎧 P2-U07-5

일반/선택 의문문에서 자주 나오는 표현들입니다. 여러 번 들으면서 발음에 익숙해지세요.

행위에 대한 질문

Do you work in ~? 당신은 ~에서 일합니까?
Do they carry ~? 그들이 ~을 취급합니까[팝니까]?
Does the bus run ~? 버스가 운행됩니까?

Does he deal with ~? 그가 ~을 처리하나요?
Did Julia review ~? 줄리아가 ~을 검토했나요?
Did you repair ~? 당신이 ~을 수리했나요?

경험/완료에 대한 질문

Have you been to ~? ~에 가본 적 있으세요?
Have you heard that ~? ~을 들어보셨나요?
Has the shipment arrived at ~?
~에 선적품이 도착했습니까?

Have you seen ~? ~을 본 적 있으세요?
Have they finished ~? 그들이 ~을 끝냈습니까?
Has the workshop been postponed until ~?
~까지 워크숍이 연기되었나요?

공손한 요청

Do you mind opening ~? ~을 열어도 될까요?
Would you mind if I ~? ~해도 괜찮겠습니까?
Can I borrow ~? ~을 빌려도 될까요?

Would you like to see ~? ~을 보고 싶으세요?
Could you show me ~? ~을 보여주시겠어요?
May I use ~? ~을 사용해도 될까요?

둘 중 하나 선택

I prefer ~ 저는 ~을 선호합니다.
~ would be better. ~가 더 좋겠어요.

I'd rather + 동사원형 차라리 ~할게요.
I'll go with ~ 저는 ~로 하겠습니다.

둘 다 거부

Neither of them. 둘 다 아닙니다.
None of them. 어느 것도 아닙니다.

I prefer neither. 둘 다 선호하지 않습니다.
I don't like either. 둘 다 마음에 들지 않아요.

어느 쪽이든 좋음

Either is fine with me. 어떤 것도 괜찮습니다.
Either one would be OK. 어느 쪽이든 좋아요.
Whichever is cheaper. 어느 쪽이든 더 싼 걸로요.
Whatever you want. 당신이 원하는 걸로요.

Actually, I don't care. 사실 상관없어요.
It doesn't matter. 상관없습니다.
It's up to you. 당신 마음대로 하세요.
I'll leave it to you. 당신에게 맡길게요.

청취 집중훈련 1 P2-U07-6

Part 2에 자주 나오는 질문과 답변입니다. 각 문장을 잘 듣고 빈칸을 채워 보세요.

질문	답변
1. _____ you the advertising director here? 당신이 여기 광고부장이신가요?	No, I work in the _____ department. 아니요, 저는 회계부에서 일합니다.
2. Should we _____ the task now or tomorrow? 우리가 그 업무를 지금 처리해야 하나요 아니면 내일 처리해야 할까요?	Let's get it _____ today. 오늘 끝냅시다.
3. Have you _____ the sales report for last quarter? 지난 분기 매출 보고서를 보셨나요?	I _____ it in the seminar room. 제가 그것을 세미나실에 두었습니다.
4. Do you _____ turning down the volume? 소리 좀 줄여주실래요?	Of course _____. 그러죠.
5. Are you _____ a bus or taxi to the job fair? 취업 박람회로 버스와 택시 중 무엇을 타고 가시겠어요?	Well, I'll _____ there. 음, 운전해 가려고요.
6. Can you _____ the project early? 그 프로젝트를 일찍 끝낼 수 있겠어요?	I'll _____. 시도해 볼게요.
7. Is _____ a vacancy in your company? 당신 회사에 공석이 있나요?	Yes, you can _____. 예, 지원하셔도 됩니다.
8. Has Michael _____ your call? 마이클이 당신에게 다시 전화했나요?	No, I'm still _____. 아니요, 아직도 기다리고 있어요.
9. Should I _____ you the files? 제가 당신에게 파일을 보내야 할까요?	Yes, as _____ as possible. 예, 가능한 한 빨리요.
10. Do you want to _____ us on Friday or Saturday? 금요일과 토요일 중 언제 방문하시겠습니까?	_____ day would be fine with me. 저는 어느 요일이라도 좋습니다.

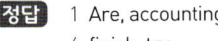
1 Are, accounting 2 handle, done 3 seen, put 4 mind, not 5 taking, drive
6 finish, try 7 there, apply 8 returned, waiting 9 send, soon 10 visit, Any

어휘 advertising director 광고부장 accounting 회계 handle 처리하다 task 과제 get+일+done ~을 끝마치다 sales report 매출 보고서 quarter 분기 Do you mind ~? ~해도 괜찮겠습니까? (*직역은 '~을 꺼리십니까?' 이다. 따라서 부정어로 대답하는 것이 질문자의 요청을 들어주는 것이 된다.) turn down (소리를) 줄이다 take (교통 수단을) 타다 job fair 취업박람회 vacancy 공석 apply 지원하다 return one's call ~에게 다시 전화하다 as soon as possible 가능한 한 빨리 fine 좋은

UNIT 7. 일반/선택 의문문 **75**

청취 집중 훈련 2 🎧 P2-U07-7 / 해설 p.21

질문을 잘 듣고 정답을 골라 보세요. 질문은 인쇄되어 있지 않습니다.

1. _____
   (A) Yes, Tony left a message.
   (B) Yes, you can call me Jane.
   (C) It's inside the building.

2. _____
   (A) I prefer four doors.
   (B) I'll sit in the back seat.
   (C) I took a test drive.

3. _____
   (A) It's a medium.
   (B) Here is your receipt.
   (C) Let me see if we have one.

보기를 잘 듣고 정답을 골라 보세요. 보기는 인쇄되어 있지 않습니다.

4. Would you like to come in the morning or afternoon?
   (A)   (B)   (C)

5. Have you seen today's newspaper?
   (A)   (B)   (C)

6. Are you going to Friday's luncheon?
   (A)   (B)   (C)

실력 점검 문제

각 문항의 질문을 듣고 질문과 가장 어울리는 답변을 선택하세요.

1. (A)   (B)   (C)

2. (A)   (B)   (C)

3. (A)   (B)   (C)

4. (A)   (B)   (C)

5. (A)   (B)   (C)

6. (A)   (B)   (C)

UNIT 8 간접/부정 의문문

★ 콕콕 찍어 주는 출제 포인트

일반 의문문 안에 의문사 의문문이 들어 있는 형태를 간접 의문문이라고 한다. 그러므로 문장 중간에 있는 의문사를 듣는 것이 중요하다. 답변 또한 yes나 no를 생략한 채 의문사에 어울리는 표현을 제시하게 된다. 부정 의문문은 일반 의문문에 부정어 not을 결합시켜 물어보는 의문문을 말한다. 부정 의문문은 Part 2에서 가장 어려운 문제에 속하므로 특히 주의를 기울여야 한다.

질문 및 보기 분석_ 간접 의문문 🎧 P2-U08-1

문장 중간의 의문사에 유의하면서 질문을 들은 다음, 정답을 들어보세요.

정답 유형 1. who, when, where

Do you know **who** was promoted to sales manager?
→ **Mr. Steward** was appointed to the position.

누가 영업부장으로 승진했는지 아세요?
스튜어드 씨가 그 자리에 임명되었습니다.

▶ • 〈Do you know who+~?〉 구조로 who에 대한 정보를 묻고 있다.
• who에 대한 답변으로 사람 이름을 제시한다.

Can you tell me **where** the escalator is?
→ It's **down the hall** on your right.

에스컬레이터가 어디에 있는지 가르쳐 주실래요?
복도를 따라가다가 오른쪽에 있습니다.

▶ • 〈Can you tell me where+~?〉 구조로 where에 대한 정보를 묻고 있다.
• where에 대한 답변으로 위치를 알려 주고 있다.

정답 유형 2. what, how, why

May I ask **how** you could start a new career?
→ I just **got a job offer**.

어떻게 새로운 경력을 시작할 수 있었는지 물어봐도 될까요?
취업 제의를 받았어요.

▶ • 〈May I ask how+~?〉 구조로 how에 대한 정보를 묻고 있다.
• 새로운 경력을 시작한 방법으로 '취업 제의'를 언급하고 있다.

Would you let me know **why** you resigned?
→ **I wanted to** spend more time with my family.

왜 사직했는지 얘기해 주시겠어요?
가족과 함께 더 많은 시간을 보내고 싶었어요.

▶ • 〈Would you let me know why+~?〉 구조로 why에 대한 정보를 묻고 있다.
• 의문사 why에 맞는 이유를 제시하고 있다.

어휘 promote 승진시키다   be appointed to ~에 임명되다   position 직위, 자리   career 경력   job offer 취업 제의
resign 사직하다   spend (시간이나 돈을) 소비하다, 쓰다

리스닝 감 잡기 🎧 P2-U08-2

각 질문에 알맞은 답변을 선택하세요.

1. (A) ☐ (B) ☐
2. (A) ☐ (B) ☐
3. (A) ☐ (B) ☐

정답 분석

1. May I ask **what** is in the box? 　　　　　　상자 안에 무엇이 들었는지 여쭤봐도 될까요?

   (A) Well, **I don't know**. 　　　　　　　　　　글쎄요, 잘 모르겠습니다.
   ↳ 'what'을 묻는 질문에 모른다고 대답하고 있으므로 정답이다.

   (B) Sure, I will help you. 　　　　　　　　　　그럼요, 도와드리겠습니다.
   ↳ 상자 안 내용물에 대한 대답이 아니므로 오답이다.

2. Can you tell me **how** you solved the problem? 　어떻게 문제를 해결했는지 얘기해 주실래요?

   (A) OK, it's very **simple**. 　　　　　　　　　그럼요, 아주 간단합니다.
   ↳ 'how'를 묻는 질문에 해결 방법이 간단하다고 대답하고 있으므로 정답이다.

   (B) Yes, you can. 　　　　　　　　　　　　　예, 당신은 할 수 있습니다.
   ↳ 〈Can you ~?〉 의문문에 you can으로 대답할 수 없으므로 오답이다.

3. Do you know **who** is in charge of employment? 　누가 채용을 담당하는지 아세요?

   (A) We can use it free of charge. 　　　　　　　우리는 무료로 이용할 수 있습니다.
   ↳ 'who'를 묻는 질문과 의미상 어울리지 않으므로 오답이다. charge를 반복 이용한 함정 보기다.

   (B) **Mr. Lee** in the Human Resources Department. 　인사부의 이 씨입니다.
   ↳ 구체적으로 특정 인물을 언급하고 있으므로 정답이다.

정답 1 A   2 A   3 B

어휘 solve 풀다   simple 간단한   be in charge of ~을 담당하다   employment 채용, 고용   free of charge 무료로
human resources department 인사부

질문 및 보기 분석_ 부정 의문문 🎧 P2-U08-3

문장 중간의 의문사에 유의하면서 질문을 들은 다음, 정답을 들어보세요.

정답 유형 1. be동사 부정 의문문

Isn't Nancy a new team member?
→ **Yes**, she started yesterday.

낸시가 새로운 팀원 아닌가요?
맞아요. 그녀는 어제 일을 시작했습니다.

Aren't you going to the dinner party tonight?
→ **I have a prior engagement**.

오늘밤 만찬회에 가지 않을 겁니까?
저는 선약이 있어요.

▶ • 〈Isn't+주어+~?〉로 된 be동사 부정 의문이다.
• 질문의 긍정, 부정에 관계없이 yes는 긍정의 의미를 나타낸다.

▶ • 〈Aren't+주어+~?〉로 된 부정 의문문이다.
• no를 생략한 채 만찬회에 갈 수 없는 이유를 전달한다.

정답 유형 2. do동사 부정 의문문

Don't they like our new customer service?
→ **Yes**, they gave positive feedback.

그들이 우리의 새로운 고객서비스를 좋아하지 않죠?
좋아해요. 그들은 긍정적으로 평가했어요.

Didn't you work abroad for a year?
→ **No**, it was only six months.

당신은 1년간 해외에서 근무하지는 않았죠?
예, 6개월만 했습니다.

▶ • 〈Don't+주어+~?〉로 된 do동사 부정 의문이다.
• yes로 그들이 고객서비스에 만족한다는 의미를 전달한다.

▶ • 〈Didn't+주어+~?〉의 형식으로 된 부정 의문문이다.
• 질문의 긍정, 부정에 관계없이 no는 부정의 의미를 나타낸다.

정답 유형 3. 조동사 부정 의문문

Can't you recover the system within this week?
→ **Sure**, we have enough time.

이번 주 안에 시스템을 복구할 수 없나요?
물론 할 수 있어요. 시간이 넉넉합니다.

Haven't the technicians tested our new car?
→ **Yes**, I already got the results from them.

기술자들이 우리의 신차를 검사하지 않았죠?
검사했어요. 제가 벌써 그들에게 결과를 받은걸요.

▶ • 〈Can't+주어+~?〉 형식의 부정 의문문이다.
• 부정 의문문에 sure로 답해 긍정의 의미를 전달한다.

▶ • 〈Haven't+주어+~?〉로 된 부정 의문문이다.
• yes로 기술자들이 검사했다는 의미를 전달한다.

어휘 prior 이전의, 기존의 engagement 약속 prior engagement 선약 positive 긍정적인 feedback 평가, 피드백 recover 회복하다, 복구하다 within ~ 안에 technician 기술자 result 결과

리스닝 감 잡기 🎧 P2-U08-4

각 질문에 알맞은 답변을 선택하세요.

1. (A) ☐ (B) ☐
2. (A) ☐ (B) ☐
3. (A) ☐ (B) ☐

정답 분석

1. Isn't the market open today? 오늘 시장이 열지 않죠?

(A) I think **it's closed**. 닫혔을 겁니다.
↳ no를 생략한 채 시장이 닫혔다고 말했으므로 정답이다.

(B) No, I'm going to get some bread. 안 열어요, 저는 빵을 좀 사려고요.
↳ No라고 대답했으므로 시장이 열리지 않았다는 의미인데 이어서 빵을 사겠다고 말하는 것은 의미상 모순이므로 오답이다.

2. Don't you have an appointment at two? 2시에 약속이 있지 않습니까?

(A) No, three people will come. 아니요, 세 명이 올 겁니다.
↳ 시간을 나타내는 'at two'를 인원수로 오해하고 'three people'로 대답한 오답이다.

(B) **It was canceled**. 취소되었어요.
↳ no를 생략한 채 약속이 취소되었다고 말했으므로 정답이다.

3. Haven't the documents arrived yet? 서류가 아직 도착하지 않았죠?

(A) Yes, they left. 도착했어요, 그들은 나갔어요.
↳ Yes는 긍정이므로 서류가 도착했다는 의미인데 they left라고 했으므로 오답이다.

(B) **No**, they should get here by five. 안 왔어요, 5시까지는 올 겁니다.
↳ No라고 했으므로 서류가 아직 도착하지 않았지만 5시까지 올 것이라고 대답했으므로 정답이다.

정답 1 A   2 B   3 B

어휘 closed 닫힌   appointment 약속, (병원, 미용실 등의) 예약   cancel 취소하다   document 서류   arrive 도착하다
yet (부정문에서) 아직   should ~일 것이다

UNIT 8. 간접/부정 의문문

빈출 표현_간접/부정 의문문 🎧 P2-U08-5

간접/부정 의문문에서 자주 나오는 표현들입니다. 여러 번 들으면서 발음에 익숙해지세요.

간접 의문문 유형

Can you tell me when ~? 언제 ~인지 말씀해 주시겠어요?
Do you know where ~? 어디에서 ~인지 아세요?

Would you let me know how ~? 어떻게 ~하는지 알려 주실래요?
May I ask why ~? 왜 ~인지 물어봐도 될까요?

부정 의문문 유형

Aren't there any ~? ~이 없나요?
Isn't it possible to ~? ~이 가능하지 않습니까?
Doesn't Cathy want ~? 캐시가 ~을 원하지 않나요?

Don't they have ~? 그들은 ~을 갖고 있지 않습니까?
Haven't you received ~? ~을 받지 않았습니까?
Won't you be able to ~? ~할 수 없나요?

수락, 동의

I'd love to./ I'd be happy to. 그러고 싶어요.
Sure./ Absolutely./ Definitely. 물론이죠.
Sounds good to me. 저는 좋습니다.
I'd appreciate that. 그렇다면 감사하죠.
If you don't mind. 괜찮으시다면요.
I think I will. 그렇게 할 생각입니다.

That would be nice[good]. 좋을 것 같아요.
Help yourself. 마음껏 드세요.
Suit yourself. 좋을 대로 하세요.
Be my guest. 그렇게 하세요.
I'd like that. 저는 좋습니다.
It would be my pleasure. 기꺼이 할게요.

거절, 부정

I'm sorry, but ~ 죄송하지만 ~
I'd love to, but ~ 그러고 싶지만 ~
I don't think so. 그렇게 생각하지 않아요.
I wish I could. 그럴 수 있으면 좋겠지만요.
I'd rather not. 하지 않는 게 낫겠어요.
No, thanks. 아니요, 괜찮습니다.

I'm afraid I can't. 그럴 수 없어서 유감이에요.
I have other plans. 다른 계획이 있어요.
I'll consider it. 고려해 볼게요.
Let me think about it. 생각해 보죠.
I can manage, thanks. 고맙지만 제가 할 수 있어요.
I can handle it, thanks. 고맙지만 제가 처리할 수 있어요.

청취 집중 훈련 1 🎧 P2-U08-6

Part 2에 자주 나오는 질문과 답변입니다. 각 문장을 잘 듣고 빈칸을 채워 보세요.

질문	답변
1. May I ask _____ you are interested in this job? 왜 이 일자리에 관심이 있는지 물어봐도 될까요?	I have relevant _____. 관련 경험을 갖고 있습니다.
2. _____ you go to Australia for your vacation? 당신은 호주로 휴가를 떠나지 않았죠?	No, I _____ to Canada. 예, 캐나다로 갔습니다.
3. _____ the company hired someone? 회사가 누군가를 고용하지 않았나요?	They _____ not to. 그들은 고용하지 않기로 결정했어요.
4. Do you know _____ the items will be released? 그 상품들이 언제 출시되는지 아세요?	It won't be introduced until next _____. 내년에나 출시될 겁니다.
5. _____ you supposed to attend a conference? 당신은 회의에 참석해야 하지 않나요?	It's been _____ to next month. 다음 달로 미뤄졌어요.
6. Can you tell me _____ the complaint was handled? 불만사항이 어떻게 처리되었는지 알려주시겠어요?	We _____ and offered a free coupon. 사과하고 무료 쿠폰을 제공했습니다.
7. _____ it possible to meet the deadline? 마감일을 맞추는 것이 가능하지 않을까요?	If we work _____. 만약 초과근무를 하면요.
8. Would you let me know _____ the manager said? 매니저가 뭐라고 말했는지 알려주시겠어요?	She just talked about our _____ policy. 그냥 우리의 재활용 정책에 대해 얘기했습니다.
9. Do you know _____ this package was damaged? 이 소포가 손상된 이유를 아세요?	It was _____ during delivery. 배달 도중 떨어졌어요.
10. _____ you give me a discount? 할인해 줄 수 없나요?	It _____ on the quantity of your order. 주문량에 달려 있습니다.

정답
1 why, experience 2 Didn't, went 3 Hasn't, decided 4 when, year 5 Aren't, moved
6 how, apologized 7 Isn't, overtime 8 what, recycling 9 why, dropped 10 Can't, depends

어휘 be interested in ~에 관심이 있다 relevant 관련된 experience 경험 hire 고용하다 decide 결정하다 release 출시하다 introduce 선보이다, (상품 등을) 처음으로 내놓다 be supposed to+동사원형 ~하기로 되어 있다 attend 참석하다 conference 회의 complaint 불만, 불평 handle 다루다, 처리하다 apologize 사과하다 possible 가능한 meet the deadline 마감일을 맞추다 work overtime 초과근무하다 recycling policy 재활용 정책 damage 손상시키다 drop 떨어뜨리다 delivery 배달, 배송 give+사람+a discount ~에게 할인해 주다 depend on ~에 달려 있다 quantity 수량 order 주문

UNIT 8. 간접/부정 의문문

청취 집중 훈련 2

질문을 잘 듣고 정답을 골라 보세요. 질문은 인쇄되어 있지 않습니다.

1. _____
   - (A) It was renewed.
   - (B) At the end of this year.
   - (C) Call me any time.

2. _____
   - (A) Yes, in about 30 minutes.
   - (B) Yes, you came back early.
   - (C) No, I'll be right back.

3. _____
   - (A) The plane just took off.
   - (B) I have plans with my family.
   - (C) Yes, I can.

보기를 잘 듣고 정답을 골라 보세요. 보기는 인쇄되어 있지 않습니다.

4. Doesn't the meeting start soon?
   (A)   (B)   (C)

5. Shouldn't we get a gift?
   (A)   (B)   (C)

6. Can you tell me where a bank is?
   (A)   (B)   (C)

실력 점검 문제

각 문항의 질문을 듣고 질문과 가장 어울리는 답변을 선택하세요.

1. (A)　　　(B)　　　(C)

2. (A)　　　(B)　　　(C)

3. (A)　　　(B)　　　(C)

4. (A)　　　(B)　　　(C)

5. (A)　　　(B)　　　(C)

6. (A)　　　(B)　　　(C)

REVIEW TEST   RT 2 / 해설 p.26~30

1. (A)   (B)   (C)

2. (A)   (B)   (C)

3. (A)   (B)   (C)

4. (A)   (B)   (C)

5. (A)   (B)   (C)

6. (A)   (B)   (C)

7. (A)   (B)   (C)

8. (A)   (B)   (C)

9. (A)   (B)   (C)

10. (A)   (B)   (C)

11. (A)　　(B)　　(C)

12. (A)　　(B)　　(C)

13. (A)　　(B)　　(C)

14. (A)　　(B)　　(C)

15. (A)　　(B)　　(C)

16. (A)　　(B)　　(C)

17. (A)　　(B)　　(C)

18. (A)　　(B)　　(C)

19. (A)　　(B)　　(C)

20. (A)　　(B)　　(C)

PART 3

Unit 9	일반 업무 / 사무실	
Unit 10	주문 / 구매	
Unit 11	여행 / 여가 / 교통	
Unit 12	기타 일상 생활	
Part 3	Review Test	

UNIT 9 일반 업무/사무실

★ 콕콕 찍어 주는 출제 포인트

Part 3에서는 두 사람 또는 세 사람의 대화를 듣고 대화 내용과 관련된 3개의 문제를 풀어야 한다. 대화를 듣기 전에 먼저 질문과 보기를 미리 읽어 두는 것이 유리하다. 각 질문의 키워드를 포착하고 대화 내용에서 키워드와 관련된 부분을 빠르게 파악해 정답을 선택해야 한다. Part 3에서 가장 많이 출제되는 업무/사무실 대화부터 다루어 보자.

대화문 분석_ 일반 업무   🎧 P3-U09-1

먼저 대화문을 들은 다음, 질문을 듣고 적절한 답을 생각해보세요.

M: Do you know where Maria went?
W: **She went to the copy shop** to pick up the reports.
M: Oh, OK. I just wanted her to know that Mr. Haskell has to **reschedule the meeting** for tomorrow at 3.
W: OK. I'll let Maria know when **she returns at 5**. She'll be happy because it'll give her more time to finish.

남: 마리아 어디 갔는지 아세요?
여: 보고서 찾으러 복사가게에 갔어요.
남: 그렇군요. 해스켈 씨가 내일 3시로 회의 일정을 변경해야 한다는 걸 마리아에게 알려주려고 했어요.
여: 좋아요. 5시에 마리아가 돌아오면 알려 줄게요. 마리아도 마무리할 시간이 늘어나서 좋아할 거예요.

Q1. Where did Maria go?
↳ A: To the copy shop.

> 대화를 듣기 전에 문제를 미리 읽어 두는 것이 중요하다. 문제를 읽을 때는 의문사를 포함한 핵심어에 주목한다.

Q2. What does the man say about the meeting?
↳ A: It has to be rescheduled.

> '남자가 (회의에 관하여) 무슨 말을 하는가'라는 질문이므로 남자의 말에 초점을 맞춰 들어야 한다.

Q3. When will Maria come back to the office?
↳ A: At 5.

> 마리아가 돌아오는 시점을 묻고 있으므로 대화에서 마리아가 언급되는 부분에서 정답의 단서를 찾을 수 있다.

어휘 copy shop 복사가게   pick up 찾아오다   reschedule (일정을) 변경하다   return 돌아오다

리스닝 감 잡기 🎧 P3-U09-2

STEP 1 먼저 대화문을 들어보세요.

STEP 2 답을 체크하세요.

Where is this conversation taking place?
(A) On the street
(B) At an office

대화는 어디에서 이루어지고 있는가?
(A) 거리에서
(B) 사무실에서

STEP 3 어떤 내용인지 확인해 볼까요? 대화문을 다시 들으면서 빈칸을 채워보세요.

M: I'm going to be out of the _____. Could you take a message if anybody calls? W: Yes, Mr. Whittaker. Then, where are you _____? M: I need to _____ the headquarters.	남: 저는 사무실에 없을 겁니다. 누가 전화하면 메시지 좀 받아 주실래요? 여: 그러죠, 위태커 씨. 어디로 가실나요? 남: 본사를 방문해야 합니다.

STEP 4 내용을 분석해 볼까요?

남자의 말에 답이 있다. 남자가 I'm going to be out of the office라고 말했으므로 현재 대화가 사무실에서 이루어지고 있다는 사실을 알 수 있다.

정답 (B)   office/going/visit

어휘 take place 열리다, 발생하다   headquarters 본사

대화문 분석_ 사무실 🎧 P3-U09-3

먼저 대화문을 들은 다음, 질문을 듣고 적절한 답을 생각해보세요.

W: I think we should try **online advertising** this time instead of just using the local paper. M: Hmm. I'm not very familiar with online advertising. Where would we post our ad? W: Well, **there are many places we can do it**. M: It sounds risky. I'm not sure if we would reach our target market. **Why don't you make a report**, and I'll take a look at it.	여: 지역 신문 대신 이번에는 온라인 광고를 시도해 봐야겠어요. 남: 음, 저는 온라인 광고는 익숙하지 않아요. 어디에 광고를 낼 수 있죠? 여: 글쎄요, 광고를 낼 수 있는 곳은 많아요. 남: 위험한 것 같은데요. 우리의 목표 시장에 접근할 수 있을지도 불확실하고요. 보고서를 작성하시면 제가 검토해 볼게요.

Q1. **What department** do they probably **work in**?
↳ A: Advertising

> 문제를 미리 읽어 두면 정답을 찾기가 쉽다. What department를 읽고 부서명에 해당하는 단어에 집중한다.

Q2. **What** does the woman **suggest**?
↳ A: To advertise in a new place

> '여자가 무엇을 제안하는가(suggest)' 라는 질문이므로 정답의 단서는 여자의 말에 들어 있다.

Q3. **What** will the woman probably **do**?
↳ A: Make a report

> '여자가 무엇을 하겠는가' 와 같은 미래의 행동에 대한 문제는 대개 대화 후반부에 정답이 제시된다.

어휘 try 시도하다 advertising 광고 instead of ~ 대신에 local paper 지역 신문 be familiar with ~에 익숙하다 post 게시하다, (정보를) 올리다 ad 광고(advertisement의 약자) risky 위험한 reach 이르다, 닿다 target market 목표 시장 take a look at ~을 보다

리스닝 감잡기 🎧 P3-U09-4

STEP 1 먼저 대화문을 들어보세요.

STEP 2 답을 체크하세요.

What does the man say about the blueprints?
(A) They will not be finished on time.
(B) They have some errors.

남자는 청사진에 대해 무슨 말을 하는가?
(A) 청사진이 제때 마무리되지 않을 것이다.
(B) 청사진에 몇몇 오류가 있다.

STEP 3 어떤 내용인지 확인해 볼까요? 대화문을 다시 들으면서 빈칸을 채워보세요.

M: The blueprints won't be _____ on time.
W: Oh, no. That means we might have to _____ our meeting with the contractors.
M: I just need about three more days to _____ them.

남: 청사진은 제때 준비가 되지 않을 겁니다.
여: 이런, 안 됩니다. 계약자들과의 회의를 연기해야 할지도 모른다는 말이잖아요.
남: 청사진을 끝내려면 사흘 정도만 있으면 됩니다.

STEP 4 내용을 분석해 볼까요?

남자의 의견에 관한 질문이므로 남자의 말에 초점을 맞추어야 한다. 남자가 The blueprints won't be ready on time이라고 말했으므로 청사진을 제때 마무리할 수 없다는 것을 알 수 있다.

정답 (A) ready/postpone/finish

어휘 blueprint 청사진   on time 제시간에   error 오류, 실수   postpone 연기하다   contractor 계약자, 하청업자

빈출 표현_ 일반 업무/사무실   🎧 P3-U09-5

일반 업무/사무실 대화에서 자주 나오는 표현들입니다. 여러 번 들으면서 발음에 익숙해지세요.

필수 어휘

company (= firm) 회사
headquarters (= head office, main office) 본사
branch office 지점
agenda 안건
sick leave 병가
review (= look over, go over) 검토하다
deadline (= due date) 마감일
postpone (= put off) 연기하다
cancel (= call off) 취소하다
attend 참석하다

필수 구문

on schedule 일정대로
ahead of schedule 일정보다 앞서
behind schedule 일정보다 늦게
commute to work 통근하다
leave the office 퇴근하다
take time off 휴가 내다
be promoted to + 직위 ~로 승진하다
be held (= take place) (행사 등이) 열리다
sign up for (= enroll in, register for) 등록하다
be due + 시점 마감이 ~이다

필수 문장

We need to place an order for office supplies today.
우리는 오늘 사무용품을 주문해야 합니다.

The meeting has been postponed until next month.
회의가 다음 달까지 연기되었습니다.

Our sales figures for last quarter increased sharply.
지난 분기 매출액이 급격히 증가했습니다.

It is mandatory for all employees to attend the workshop.
전 직원은 의무적으로 워크숍에 참석해야 합니다.

We are going to hold the awards ceremony on Wednesday, July 24.
우리는 7월 24일 수요일에 시상식을 열 예정입니다.

The staff members are required to work overtime tonight.
직원들은 오늘 밤 야근을 해야 합니다.

Who is in charge of the project?
그 프로젝트의 책임자는 누구입니까?

Can you make 10 copies of the report?
이 보고서를 10부 복사해 주시겠습니까?

Who is going to give a presentation at the conference?
회의에서 누가 발표합니까?

Do you have some time to go over my report?
제 보고서를 검토할 시간이 있습니까?

청취 집중 훈련 1 🎧 P3-U09-6

대화를 들으면서 답을 체크하세요.

1. What is the woman going to do next week?
   (A) Start her own business
   (B) Quit her job

2. Who most likely is the man?
   (A) The woman's supervisor
   (B) The woman's friend

대화를 다시 한 번 들으면서 빈칸을 채워 보세요.

W: I'm very sad to _____ the company next week.

M: It's going to be difficult to find someone as good as you, but I guess I'll have to accept your _____.

W: Thank you, but I'm excited to _____ to school.

M: I wish you the best of luck in your studies.

▶ 여자의 예정된 행위에 대한 질문이므로 여자의 말에 초점을 맞추어야 한다.

▶ 남자의 신분의 관한 질문이므로 남자가 쓰는 단어에서 정답을 단서를 찾아야 한다.

여: 다음 주에 퇴사하게 되어 정말 슬퍼요.
남: 당신처럼 좋은 사람을 찾기는 어렵겠지만 그래도 당신의 사직을 받아들여야 할 것 같네요.
여: 고마워요. 하지만 학교로 돌아가게 되어 무척 신나요.
남: 공부 잘 하시라고 행운을 빌어 드릴게요.

정답 1 (B)   2 (A)   leave/resignation/go back

어휘 quit one's job 직장을 그만두다   leave the company 퇴사하다   accept 받아들이다   resignation 사직
excited 들뜬, 흥분한   wish+사람+the best of luck 행운을 빌다

UNIT 9. 일반 업무/사무실 **95**

청취 집중 훈련 2

이제 실전과 가깝게 보기가 3개인 문제로 연습해 보세요. 대화를 들으면서 답을 체크하세요.

1. Where is this conversation taking place?
   (A) On a plane
   (B) At a job interview
   (C) At a fundraiser

2. Who is Claude Yano?
   (A) A professor
   (B) A musician
   (C) An architect

3. What does the man say about Cleveland?
   (A) It is his hometown.
   (B) He went to school there.
   (C) He wants to buy a house there.

대화를 다시 한 번 들으면서 빈칸을 채워 보세요.

W: What makes you _____ in our company?

M: One of your architects, Mr. Claude Yano, came to my _____ to talk to our class. He showed us a lot of his work, and I really like the style of what your company designs.

W: OK. Why should we _____ you over the other candidates?

M: I _____ up in Cleveland, and I love this city and would be honored to contribute some of my talents to this city. Plus, I have a lot of relevant work _____.

실력 점검 문제 P3-U09-8 / 해설 p.31~32

대화를 듣고 질문에 맞는 답을 고르세요.

1. What type of report are the speakers discussing?
   (A) Sales
   (B) Safety
   (C) Marketing
   (D) Consumer opinion

2. When is the report due?
   (A) On Tuesday
   (B) On Wednesday
   (C) On Thursday
   (D) On Friday

3. What does the man want to include?
   (A) Color graphs
   (B) Product information
   (C) Updated information
   (D) Competitors' information

4. What will happen on Monday?
   (A) A computer will arrive.
   (B) A new employee will start.
   (C) A regional manager will visit.
   (D) The woman will arrive late to work.

5. What is the man waiting for?
   (A) A monitor
   (B) An invoice
   (C) A phone call
   (D) An expense report

6. What does the man request from the woman?
   (A) A day off
   (B) A shopping list
   (C) More office space
   (D) An extended deadline

7. What are the speakers discussing?
   (A) A new client
   (B) A copier
   (C) A new assignment
   (D) A conference room

8. What does the man offer to do?
   (A) Reserve a larger conference room
   (B) Call the technician for the woman
   (C) Help the woman with her presentation
   (D) Get more information about the project

9. What will happen tomorrow?
   (A) The man will visit the woman.
   (B) The client will visit the office.
   (C) The woman will give a presentation.
   (D) A technician will come to the office.

UNIT 9. 일반 업무/사무실

UNIT 10 주문 / 구매

★ 콕콕 찍어 주는 출제 포인트

회사에서 업무상 필요한 사무용품과 기자재의 주문이나 구매와 관련해서 판매 업체와 구매 회사 또는 직장 동료간에 이루어지는 대화가 출제된다. 대화의 내용으로는 제품이나 서비스의 구매, 제품의 가격과 특징, 교환, 할인 여부, 배달 방법 및 소요 시간 또는 우체국에서의 배송 주문 등이 주로 등장한다. 아울러 질문에서 What does the man mean when he says, ~?와 같은 화자의 의도를 파악하는 문제가 출제될 경우 문맥에서 정답의 단서를 찾아야 한다.

대화문 분석_ 주문 🎧 P3-U10-1

먼저 대화문을 들은 다음, 질문을 듣고 적절한 답을 생각해보세요.

> W: Ron, the bookstore just called and wanted to know when is a good time to deliver your books. What books did you order?
>
> M: I **ordered books** for our new employees. I usually order books from their Web site because they have **free delivery service**.
>
> W: Really? Could you show me **the Web site**? I have some books to read to write a report.
>
> M: Sure. Let me get my laptop.

여: 론, 서점에서 방금 전화가 왔는데, 당신 책을 언제 배송해야 좋을지 알고 싶어하더군요. 어떤 책을 주문하셨어요?

남: 우리 신입사원들을 위한 책을 주문했어요. 무료 배송 서비스가 있어서 저는 보통 그 서점 웹사이트에서 주문해요.

여: 그래요? 그 웹사이트 좀 보여줄래요? 저도 보고서를 쓰려면 읽어야 할 책들이 있거든요.

남: 물론이죠. 제가 노트북을 가져올게요.

Q1. What did the man **order**?
↳ A: Books

> what과 order를 보고 질문의 핵심을 빠르게 파악한다. 남자의 주문품에 대한 질문이므로 남자의 말에 초점을 맞춘다.

Q2. What service is offered **free of charge**?
↳ A: Delivery

> 질문에서 service와 free of charge에 주목해야 한다. 그런 다음 대화를 들을 때 이 단어들이 들리는 문장에서 정답을 찾는다.

Q3. What does the woman want to **see**?
↳ A: The Web site

> 특정 대상이나 사물을 찾는 문제는 보기를 미리 읽어 두면 매우 유리하다. 그런 다음 대화 중에 보기로 제시된 단어가 반복되는 부분이 있는지 유의한다.

어휘 bookstore 서점 deliver 배달하다 order 주문하다 new employee 신입사원 free 무료인

리스닝 감 잡기 🎧 P3-U10-2

STEP 1 먼저 대화문을 들어보세요.

STEP 2 답을 체크하세요.

Where does this conversation take place?
(A) At a post office
(B) At a dry cleaners

이 대화는 어디에서 이루어지고 있는가?
(A) 우체국에서
(B) 세탁소에서

STEP 3 어떤 내용인지 확인해 볼까요? 대화문을 다시 들으면서 빈칸을 채워보세요.

M: Hello, how can I help you?
W: I'd like to _____ this to an overseas office as soon as possible. How much is it to send a _____ internationally?
M: It _____ on how much it weighs and where it goes.

남: 안녕하세요, 어떻게 도와드릴까요?
여: 이걸 가능한 한 빨리 해외 사무소로 보내고 싶습니다. 해외로 소포를 보내는 데 얼마죠?
남: 무게가 얼마나 되는지, 그리고 어디로 가는지에 따라 달라집니다.

STEP 4 내용을 분석해 볼까요?

대화가 이루어지는 장소는 대화 속에 등장하는 핵심어를 들으면 쉽게 알 수 있다. 여자의 말 속에 있는 send a package를 통해 대화 장소가 우체국이라는 것을 알 수 있다.

정답 (A) send/package/depends

어휘 overseas office 해외 사무소   as soon as possible 가능한 한 빨리   package 소포   internationally 해외로   depend on ~에 달려 있다   weigh 무게가 ~이다

대화문 분석_ 구매 🎧 P3-U10-3

먼저 대화문을 들은 다음, 질문을 듣고 적절한 답을 생각해보세요.

M: Excuse me, can you help me find a laptop? I am looking for an 11-inch laptop with the latest W processor. Also, **it lasts up to 9 hours without batteries.**

W: **The PL laptop** fits all those requirements, although I should mention **a newer model of that laptop** was released last month. It has all the same features except it has a larger screen size.

M: No, I'm satisfied with the older laptop. Also, I have a **$100 gift certificate**. Can I use it toward the purchase of this product?

W: Of course. Just show it to the cashier before you make your purchase.

남: 실례합니다. 노트북 찾는 것을 도와주실 수 있나요? 저는 최신 W 프로세서가 장착된 11인치 노트북을 찾고 있어요. 그리고 배터리 없이도 최대 9시간은 지속하는 것으로요.

여: PL 노트북이 그 요건들에 모두 맞지만 지난달에 그 노트북의 새 모델이 출시됐다는 사실을 언급해야겠군요. 그것은 스크린 크기가 더 크다는 것 외에는 모든 기능이 동일합니다.

남: 아니요, 구형 노트북에 만족합니다. 그리고 100달러 상품권도 갖고 있어요. 그것을 이 제품을 구입하는 데 사용할 수 있나요?

여: 물론입니다. 구입하시기 전에 계산 직원에게 그것을 보여 주시기만 하면 됩니다.

Q1. **Why** does the man **say**, "it lasts up to 9 hours without batteries"?
↳ A: To describe a desired feature

> 인용문은 바로 앞에서 말한 I am looking for an 11-inch laptop with the latest W processor.에 덧붙여 말한 것이므로 원하는 노트북의 기능을 언급한 것임을 알 수 있다.

Q2. **Who** most likely is the **woman**?
↳ A: An electronics store employee

> 여자가 남자에게 PL laptop과 a new model of that laptop의 출시를 언급한 부분에서 여자가 전자제품 가게 직원임을 알 수 있다.

Q3. **What** will the **man** most likely **do**?
↳ A: Receive a discount

> 남자가 100달러짜리 상품권을 제품 구입에 사용할 수 있는지 묻자 여자가 Of course.라고 대답했다.

어휘 laptop 노트북 컴퓨터　latest 최신의　processor 프로세서, 중앙 연산 처리 장치　last 지속하다, 오래가다　up to 최대 ~까지
battery 배터리, 전지　fit 맞다, 적합하다　requirements 요구 조건　although 그러나, 하지만　mention 언급하다
release 출시하다, 발매하다　feature 특징　except ~을 제외하고, ~ 이외에는　be satisfied with ~에 만족하다
gift certificate 상품권　cashier 계산 직원

리스닝 감 잡기 🎧 P3-U10-4

STEP 1 먼저 대화문을 들어보세요.

STEP 2 답을 체크하세요.

What does the woman suggest?
(A) A bag
(B) A watch

여자는 무엇을 제안하는가?
(A) 가방
(B) 시계

STEP 3 어떤 내용인지 확인해 볼까요? 대화문을 다시 들으면서 빈칸을 채워보세요.

M: I think we need to buy a _____ for Mr. Hoffman. He is _____ next week. W: I know. He has been with us for more than ten years. Well, how about a _____? M: Sounds good. Let me look for one online.	남: 호프만 씨를 위한 선물을 사야 할 것 같아요. 다음 주에 사직하시잖아요. 여: 알아요. 10년 넘게 우리와 함께 근무하셨죠. 음, 시계가 어떨까요? 남: 그거 괜찮네요. 제가 온라인에서 찾아볼게요.

STEP 4 내용을 분석해 볼까요?

여자의 제안 사항에 대한 질문이므로 여자의 말에 초점을 맞추어야 한다. 여자가 how about a watch?라고 묻고 있으므로 정답은 (B) 시계다.

정답 (B) gift/resigning/watch

어휘 resign 사직하다   more than ~ 이상   how about ~? ~가 어떨까요?   look for ~를 찾다, 물색하다

빈출 표현_주문/구매  P3-U10-5

주문/구매 대화에서 자주 나오는 표현들입니다. 여러 번 들으면서 발음에 익숙해지세요.

필수 어휘

- order 주문(하다)
- charge (= cost) 비용, 청구하다
- purchase 구매(품), 구매하다
- deliver (= ship) 배달하다
- warranty 품질보증
- stock 재고
- products (= goods, items, merchandise) 상품
- free (= complimentary) 무료인
- available 이용 가능한
- package (= parcel) 소포
- gift certificate 상품권
- instructions 설명서

필수 구문

- I'm calling because ~ 때문에 전화드립니다
- place an order 주문하다
- free of charge[cost] 무료로
- make a purchase 구매하다
- free delivery service 무료 배송 서비스
- under warranty 보증기간 중
- in[out of] stock 재고가 있는[없는]
- It takes +기간 (기간)이 걸리다
- at no extra[additional] cost 추가비용 없이
- by courier 택배로
- in two to three business days 평일로 2~3일 후에
- show up at ~에 나타나다

필수 문장

I'd like to check on my order. 주문을 확인하고 싶습니다.
I have a package for Mr. Harper. 하퍼 씨 앞으로 온 소포를 갖고 있습니다.
Shipping is free for orders over $100. 100달러 이상의 주문은 배송료가 무료입니다.
The product you are looking for is currently out of stock. 찾으시는 상품은 현재 품절입니다.
Your order will be shipped within three business days. 고객님의 주문품은 영업일로 3일 내에 배송됩니다.
How much is it? (= How much does it cost?) 그것은 얼마입니까?
I want to send this package by express mail. 이 소포를 빠른 우편으로 보내고 싶어요.
It takes around five days to process your order. 귀하의 주문을 처리하는 데 5일 정도 걸립니다.
This air conditioner comes with a five-year warranty. 이 에어컨은 5년간 품질보증이 됩니다.
Do you have the bag in different colors? 그 가방 다른 색깔도 있나요?

청취 집중 훈련 1 🎧 P3-U10-6

대화를 들으면서 답을 체크하세요.

1. Where does the conversation take place?
   (A) At an office
   (B) At a store

2. What will be delivered?
   (A) Some furniture
   (B) A refrigerator

대화를 다시 한 번 들으면서 빈칸을 채워 보세요.

W: Pablo, will you stay **here in the office**?

M: Why? Do you need me to do something? I'm supposed to visit my _____ this afternoon.

W: Well, the _____ company called this morning and said that they will _____ **the sofa** you ordered by three today.

▶ 여자가 여기 사무실에 있을 거냐고 묻는 말에서 대화가 이루어지는 장소를 짐작할 수 있다.

▶ 질문을 통해 무언가가 배달된다는 것을 알 수 있다. 따라서 질문에 쓰인 deliver라는 동사를 기억하고 있다가 대화에서 똑같은 단어나 유사 단어가 나오는 문장에 초점을 맞추어야 한다.

여: 파블로, 여기 사무실에 있을 건가요?
남: 왜요? 제가 해야 할 일이 있나요? 오늘 오후에 고객을 방문해야 해요.
여: 음, 오늘 아침 가구회사에서 전화가 왔는데 당신이 주문한 소파를 오늘 3시까지 배달하겠다고 했거든요.

정답 1 (A) 2 (A) client/furniture/deliver

어휘 stay 머무르다   be supposed to+동사원형 ~하기로 되어 있다   furniture company 가구회사   deliver 배달하다
order 주문하다   by+시점 ~까지

UNIT 10. 주문/구매

청취 집중 훈련 2　P3-U10-7 / 해설 p.32

이제 실전과 가깝게 보기가 3개인 문제로 연습해 보세요. 대화를 들으면서 답을 체크하세요.

1. What is the purpose of the call?
   (A) To inquire about furniture delivery
   (B) To ask about an item's online availability
   (C) To report a missing instruction manual

2. What does the man mean when he says, "I don't have Internet access for a couple of days"?
   (A) A proposed solution is not possible.
   (B) A project extension is required.
   (C) An e-mail will be difficult to send.

3. What will the woman most likely do?
   (A) Fix a man's computer
   (B) Mail a man some information
   (C) Give a man a refund

대화를 다시 한 번 들으면서 빈칸을 채워 보세요.

M: Hello. I'm calling because I bought a Maxwell chair today, but when I _____, it did not have the _____.

W: I apologize for the oversight. We have the instructions available on our Web site. If you type in the chair's _____ in the search box, you can find the assembly instructions.

M: Well … I don't have Internet access for a couple of days. My computer is _____.

W: OK. I could also mail the guide to you. If you _____, I can send it today, and it should arrive in two to three business days.

실력 점검 문제

대화를 듣고 질문에 맞는 답을 고르세요.

1. What service does the man request?
   (A) Gas
   (B) Electricity
   (C) Mobile phone
   (D) Wireless Internet

2. What information does the woman need?
   (A) A company's Web site
   (B) A company's address
   (C) A company's account number
   (D) A company's phone number

3. How much will the man have to pay for a deposit?
   (A) $20
   (B) $30
   (C) $40
   (D) $50

4. Why is the woman calling the man?
   (A) To place an order
   (B) To inquire about an order
   (C) To complain about a product
   (D) To change an order

5. What information does the man request?
   (A) The woman's name
   (B) The woman's address
   (C) The woman's phone number
   (D) The woman's order number

6. When will the order be sent to the office?
   (A) Today
   (B) Tomorrow
   (C) Next week
   (D) Next month

7. What does the woman imply when she says, "I wasn't expecting you"?
   (A) She does not have time to talk to the man.
   (B) She thought someone else was coming.
   (C) She has not prepared materials for a meeting.
   (D) She is honored the man has visited her.

8. What problem does the man mention?
   (A) An art installation has been damaged.
   (B) Some renovations were delayed.
   (C) A project is going over budget.
   (D) Some equipment is unavailable.

9. What will the woman most likely do next?
   (A) Make a schedule
   (B) Attend a meeting
   (C) Change a design
   (D) Join a project

UNIT 11　여행 / 여가 / 교통

★ 콕콕 찍어 주는 출제 포인트

여행과 관련해서는 주로 업무상 출장이나 개인적인 여행의 기간, 장소 및 교통편 예약 등에 관한 대화가 등장한다. 여가 활동으로는 주말이나 퇴근 후 스포츠 관람이나 운동, 박물관 견학 또는 가족 방문에 대한 내용이 출제된다. 교통은 출퇴근 시간의 교통 혼잡, 목적지로 가는 이동 수단, 그리고 도착이 지연된 이유에 대한 내용이 자주 출제된다. 그리고 문제에 시각정보가 제시될 경우 대화를 듣기 전에 미리 시각 정보를 읽으면서 대화의 내용을 짐작해 본다.

 **대화문 분석_ 여행/여가**　🎧 P3-U11-1

먼저 대화문을 들은 다음, 질문을 듣고 적절한 답을 생각해보세요.

> M: **I'm going to take a trip to Southeast Asia** during my vacation. Do you have any plans?
>
> W: I'd like to stay in Paris **for five days** and then visit some other countries. Do you think it is difficult to get around Europe?
>
> M: Well, you could rent a car, ride the train, or even take some of the cheaper airlines.
>
> W: OK, well, I was thinking of **going to Rome** and maybe Brussels.

남: 저는 휴가 때 동남아시아로 여행 갈 겁니다. 계획 있으세요?
여: 닷새 동안은 파리에 머문 다음 다른 몇몇 나라들을 방문하고 싶어요. 유럽을 돌아다니는 것이 어려울까요?
남: 음, 차를 빌릴 수도 있고 기차를 탈 수도 있고 아니면 저가 항공을 이용할 수도 있죠.
여: 그렇군요. 음, 로마에 갈까 생각 중이에요. 어쩌면 브뤼셀도요.

Q1. Where is the man going during his vacation?
↳ A: Southeast Asia

> 문제의 핵심어는 where, the man, going이다. 그러므로 남자의 말 중에서 목적지에 해당하는 장소 명사에 초점을 맞추어야 한다.

Q2. How long will the woman stay in Paris?
↳ A: For five days

> how long은 기간에 대한 질문이므로 숫자를 잘 들어야 한다. 보기를 먼저 읽은 후, 대화 중에 보기와 겹치는 숫자가 있는지를 확인한다.

Q3. What city does the woman want to visit?
↳ A: Rome

> 사람 이름이나 도시명 같은 고유명사는 우리말과 발음이 다른 경우가 많아서 알아듣기 어려울 수 있으므로 평상시 정확한 발음을 익혀두어야 한다.

어휘　take a trip to ~로 여행을 가다　vacation 휴가, 방학　stay 머무르다　get around 돌아다니다　rent 빌리다　ride 타다
cheap 싼　airline (보통 복수형으로) 항공사

리스닝 감 잡기 🎧 P3-U11-2

STEP 1 먼저 대화문을 들어보세요.

STEP 2 답을 체크하세요.

What are the speakers discussing?
(A) Plans for the holiday weekend
(B) Plans for a business trip

화자들은 무엇에 대해 이야기하고 있는가?
(A) 주말 연휴 계획
(B) 출장 계획

STEP 3 어떤 내용인지 확인해 볼까요? 대화문을 다시 들으면서 빈칸을 채워보세요.

> M: Do you have anything special planned for the _____ weekend?
> W: My _____ called and she wants to visit. How about you?
> M: I am going to play _____ with my wife.

남: 주말 연휴에 특별한 계획이 있습니까?
여: 동생이 전화해서 오고 싶다고 하네요. 당신은 어때요?
남: 아내와 골프 치러 갈 겁니다.

STEP 4 내용을 분석해 볼까요?

대화의 주제는 일반적으로 대화의 초반부에 등장하므로 첫 화자의 말을 정확하게 들어야 한다. 남자가 여자에게 Do you have anything special planned for the holiday weekend?라고 물어보고 있으므로 그들은 주말 계획에 대해 이야기하고 있다.

정답 (A) holiday/sister/golf

어휘 holiday weekend 공휴일이 낀 주말, 주말 연휴   special 특별한   how about ~? ~는 어때요?   play golf 골프를 치다

UNIT 11. 여행/여가/교통

 대화문 분석_ 교통   🎧 P3-U11-3

먼저 대화문을 들으며 시각정보를 참고한 다음, 질문을 듣고 적절한 답을 생각해보세요.

Bus Destination	
Number 3	Rainham
Number 9	Flower Hill
Number 12	Sun Plaza
Number 25	Kings Cross

W: Hello, does this bus go to Sun Plaza?

M: No, **this bus goes downtown**. You'll have to walk up three blocks and catch a bus on the other side of the street. **There is a bus destination sign there.**

W: OK, thanks. And can you tell me how often the bus comes?

M: Oh, **it comes every 15 minutes**. If you hurry, you might be able to catch the one that comes at 2:30.

여: 안녕하세요, 이 버스가 선 플라자로 가나요?

남: 아니요, 이 버스는 시내로 갑니다. 세 블록 걸어 올라가서 길 건너편에서 타야 합니다. 거기에 버스 목적지 표지판이 있어요.

여: 네, 고마워요. 그런데 그 버스는 얼마나 자주 오죠?

남: 오, 15분마다 옵니다. 서두르면 2시 30분에 오는 버스를 탈 수 있겠네요.

Q1. **Look at the graphic. What bus** should the **woman take**?
↪ A: The number 12

> 시각정보 연계 문제이다. 버스 목적지를 나타낸 표지판을 보면 12번 버스의 목적지가 Sun Plaza임을 알 수 있다.

Q2. **Who** might the **man** be?
↪ A: A bus driver

> 직업에 대한 질문은 대화 초반부에서 정답의 단서를 찾을 수 있다. 남자가 this bus라고 언급한 부분이 결정적인 단서가 된다.

Q3. **How often** does the **bus stop**?
↪ A: Every 15 minute

> 빈도를 물어보는 how often에 대한 답변으로는 every+숫자+기간(~마다)의 형태로 등장하는 경우가 많다.

어휘 destination 목적지 downtown 시내로 walk up 걸어 올라가다 block 구역, 블록 catch (버스, 기차 등을) 타다 on the other side of ~의 건너편에 sign 표지판 how often 얼마나 자주 hurry 서두르다

리스닝 감 잡기 🎧 P3-U11-4

STEP 1 먼저 대화문을 들어보세요.

STEP 2 답을 체크하세요.

How does the man usually get to work?
(A) He drives.
(B) He takes a bus.

남자는 보통 어떻게 출근하는가?
(A) 그는 차를 몰고 간다.
(B) 그는 버스를 탄다.

STEP 3 어떤 내용인지 확인해 볼까요? 대화문을 다시 들으면서 빈칸을 채워보세요.

W: Which _____ do you take to get to work? M: I take the 13. The _____ has only 7 stops. Why do you ask? W: Hmm. I'm thinking about _____ to your area.	여: 출근할 때 어떤 버스를 타세요? 남: 13번을 타요. 노선 상에 정거장이 7개밖에 없거든요. 왜 물어보세요? 여: 음. 당신이 사는 지역으로 이사할까 생각하고 있어요.

STEP 4 내용을 분석해 볼까요?

출근하는 방법을 묻고 있으므로 대화 중에 교통 수단이 언급되리라는 것을 예상할 수 있다. 여자가 Which bus do you take to get to work?라고 묻고 남자가 버스 번호를 이야기하고 있으므로 정답은 (B)다.

정답 (B) bus/route/moving

어휘 take (버스, 기차 등을) 타다   get to work 출근하다   route (버스, 기차 등의) 노선   stop 정거장   think about ~에 대해 생각하다   move to ~로 이사하다

빈출 표현_여행/여가/교통 🎧 P3-U11-5

여행/여가/교통 대화에서 자주 나오는 표현들입니다. 여러 번 들으면서 발음에 익숙해지세요.

필수 어휘

travel agency 여행사
itinerary 여행 일정표
reserve (= book) 예약하다
tourist attraction 관광명소
accommodation 숙박시설
travel expense 여행 경비
baggage (= luggage) 수하물, 짐
destination 목적지
public transportation 대중교통
traffic jam[congestion] 교통체증
check (공항 등에서 짐을) 부치다
transportation card 교통 카드

필수 구문

travel around ~를 여행하다
take a trip to ~로 여행 가다
go on a business trip 출장 가다
make a reservation 예약하다
confirm[check on] a reservation 예약을 확인하다
book[reserve] a flight 비행편을 예약하다
be stuck[caught] in traffic 교통체증에 걸리다
give+사람+a ride ~를 태워주다
pick+사람+up ~를 차로 데리러 가다
take+기간+off (기간) 동안 휴가를 내다
take a bus[taxi, train] 버스[택시, 기차]를 타다
check in 탑승[입실] 수속을 밟다

필수 문장

What are you going to do for your vacation? 휴가 때 뭘 할 건가요?

I'm planning to go on a business trip to Toronto. 저는 토론토로 출장 갈 계획입니다.

I'd like to take a day off tomorrow. 내일 하루 휴가를 내고 싶습니다.

She won't be back until next Monday. 그녀는 다음 주 월요일이나 돌아올 겁니다.

I'm calling to confirm my reservation. 예약을 확인하기 위해 전화 드립니다.

I'd like 4 tickets for the 8 o'clock show tonight. 오늘 밤 8시 공연 표 4장 주세요.

I took an alternate route this morning to avoid a traffic jam.
저는 오늘 아침 교통체증을 피하기 위해 우회로를 이용했습니다.

You'd better take an earlier flight.
더 이른 비행편을 타야 할 겁니다.

Which bus will take me to the center of town?
어느 버스를 타면 시내 중심가로 가나요?

You can just walk to the museum.
박물관까지 걸어가셔도 됩니다.

청취 집중 훈련 1 🎧 P3-U11-6

대화를 들으면서 답을 체크하세요.

1. What is Mr. Haney doing now?
 (A) Meeting with a client
 (B) Driving to the office

2. What will happen tomorrow?
 (A) The speakers will give a presentation.
 (B) The speakers will leave for a business trip.

대화를 다시 한 번 들으면서 빈칸을 채워 보세요.

M: Mr. Haney called and said **he's stuck in bad** _____, so he probably won't be able to attend the meeting.

W: Well, we are supposed to go over our _____ for **the seminar scheduled for tomorrow**.

M: You're right. Let's get _____ without him.

▶ 질문에 Haney가 있으므로 이 단어를 미리 속으로 읽어 둔 다음 Haney라는 이름이 언급되는 문장에 집중해야 한다. 해니 이름이 언급된 뒤에 나오는 he's stuck in bad traffic에 집중하자.

▶ 질문에 시점(tomorrow)이 있을 경우 대화를 들을 때 그 시점이 쓰인 문장에 집중해야 한다. 여자가 our presentation for the seminar scheduled for tomorrow라고 한 부분에 집중하자.

남: 해니 씨가 전화해서 극심한 교통체증에 걸려 회의에 참석하지 못할 거라고 하네요.
여: 음, 우리는 내일 예정된 세미나를 대비해 발표를 검토해 봐야 하잖아요.
남: 맞습니다. 해니 씨 없이 시작합시다.

정답 1 (B) 2 (A) traffic/presentation/started

어휘 be stuck in (bad) traffic (극심한) 교통체증에 걸리다 attend 참석하다 be supposed to+동사원형 ~해야 한다
go over ~을 검토하다 scheduled for+시점 ~로 예정된 get started 시작하다 without ~ 없이

청취 집중 훈련 2

이제 실전과 가깝게 보기가 3개인 문제로 연습해 보세요. 대화를 듣고 시각정보를 참고하여 질문에 알맞은 답을 체크하세요.

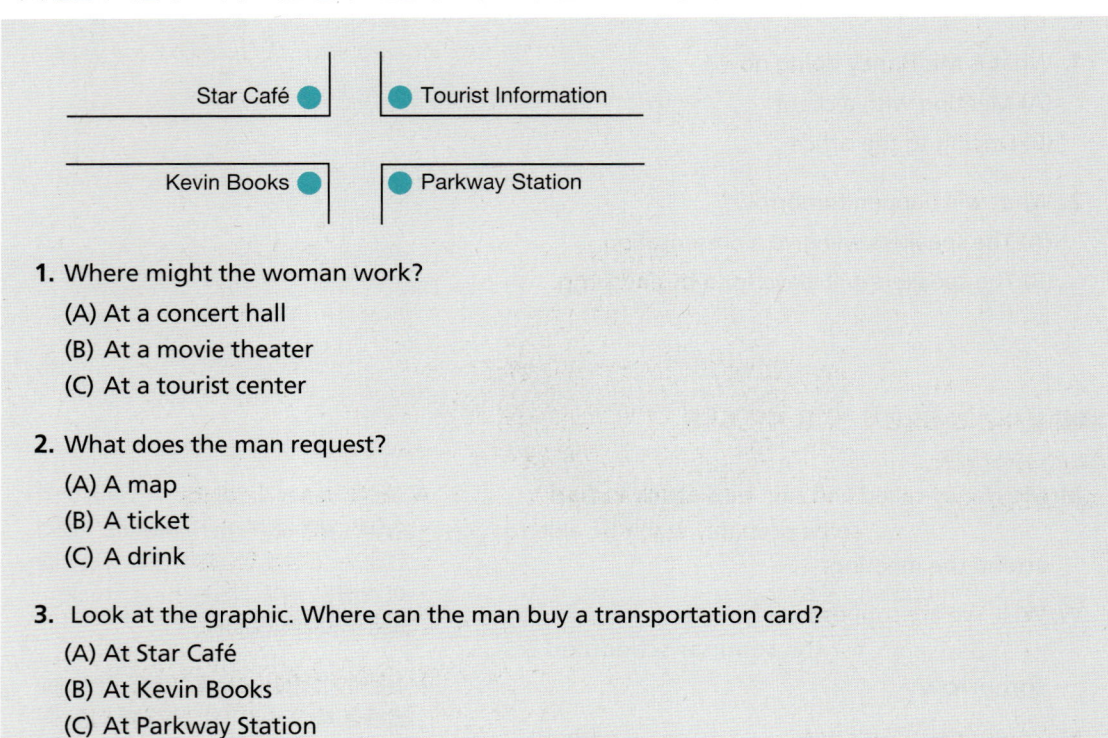

1. Where might the woman work?
   (A) At a concert hall
   (B) At a movie theater
   (C) At a tourist center

2. What does the man request?
   (A) A map
   (B) A ticket
   (C) A drink

3. Look at the graphic. Where can the man buy a transportation card?
   (A) At Star Café
   (B) At Kevin Books
   (C) At Parkway Station

대화를 다시 한 번 들으면서 빈칸을 채워 보세요.

M: Hello, I'm traveling around the city. I'd like a _____ of the city, please.

W: OK, here's a city map and a subway map. We also have bus and train _____ if you'd like.

M: Yes, that would be great. Where can I buy a _____ card?

W: You can buy one at any newsstand or at the machines in the _____ area. You just need a credit card. Enjoy your trip.

실력 점검 문제 P3-U11-8 / 해설 p.36~38

대화를 듣고 질문에 맞는 답을 고르세요.

1. Who might the man be?
   (A) The woman's manager
   (B) The woman's friend
   (C) The woman's secretary
   (D) The woman's brother

2. When will the woman be away?
   (A) Next week
   (B) At the end of the month
   (C) Next month
   (D) At the end of the year

3. What will the woman do for her parents?
   (A) Take a trip with them
   (B) Cook dinner for them
   (C) Take them to a museum
   (D) Show them around the city

4. Where are the speakers planning to go?
   (A) To the movies
   (B) On a business trip
   (C) To a conference
   (D) To a game

5. What is mentioned about Mark?
   (A) He became ill.
   (B) He had to leave early.
   (C) His car is in the repair shop.
   (D) He recently bought a house.

6. What time will the woman pick up the man?
   (A) At 4 o'clock
   (B) At 5 o'clock
   (C) At 6 o'clock
   (D) At 7 o'clock

Oversized Bags and Luggage	
Bags heavier than 32 kilograms	$15
Baby strollers	$25
Instruments longer than 100 centimeters	$35
Sports equipment	$45

7. Where is the woman traveling to?
   (A) London
   (B) Paris
   (C) Rome
   (D) Madrid

8. Look at the graphic. What fee will the woman pay?
   (A) $15
   (B) $25
   (C) $35
   (D) $45

9. What does the woman ask the man to do?
   (A) Assign her an aisle seat
   (B) Waive a ticketing charge
   (C) Put her on a later flight
   (D) Give her a return trip ticket

UNIT 12 기타 일상 생활

★ 콕콕 찍어 주는 출제 포인트

Part 3에서는 상점이나 식당, 병원, 부동산 중개소 등에서 일어나는 일상적인 대화가 시험에 출제되기도 한다. 대화 내용은 상점에서의 물품 구매나 제품의 특징, 식당의 위치 및 음식 주문, 병원 진료 예약이나 변경, 또는 입주 가능한 주택 소개 및 건물을 보기 위한 약속 잡기 등이다. 일상 생활 관련 대화는 첫 화자의 말을 잘 듣고 대화의 장소와 주제를 먼저 파악하는 것이 중요하다. 그리고 세 명의 화자 간 대화인 '3인 대화'도 매회 1~2개 대화문이 출제되므로 유의한다.

 대화문 분석_ 식당 🎧 P3-U12-1

먼저 대화문을 들은 다음, 질문을 듣고 적절한 답을 생각해보세요.

> M: **Here's one tomato soup and one sandwich.** I'll be back to refill your water and to bring you some bread.
>
> W: **I'm sorry, but I ordered potato soup,** not tomato soup. Could you exchange it please?
>
> M: I'm terribly sorry. I'll bring you your potato soup right away. Would you like some cheese on it, too?
>
> W: Yes, that would be great. **Could you also bring me a large apple juice?**

> 남: 토마토 수프와 샌드위치 하나 나왔습니다. 다시 와서 물을 채워 드리고 빵을 좀 드리겠습니다.
>
> 여: 죄송하지만 저는 토마토 수프가 아니라 감자 수프를 주문했는데요. 바꿔 주시겠어요?
>
> 남: 정말 죄송합니다. 바로 감자 수프를 갖다 드리겠습니다. 수프에 치즈도 얹어 드릴까요?
>
> 여: 예, 그게 좋겠네요. 사과 주스도 큰 걸로 한 잔 주시겠어요?

Q1. Where does the conversation take place?
↳ A: At a restaurant

> 대화의 장소는 대화 초반부에 쓰인 단어를 통해 알 수 있다. 남자가 tomato soup, sandwich, refill, bread라는 단어를 쓰고 있으므로 대화 장소는 식당이다.

Q2. What is the problem?
↳ A: The woman received the wrong order.

> I'm sorry, but ~ 또는 I'm afraid ~는 문제점이나 유감을 나타낼 때 쓰는 말이므로, 이 표현이 쓰인 문장에서 문제점을 찾을 수 있다.

Q3. What does the woman request?
↳ A: A glass of juice

> 여자의 요청 사항에 대한 질문이므로 여자의 말에서 정답의 단서를 찾아야 한다. 여자가 대화 마지막에 Could you ~로 남자에게 요청 사항을 말하고 있다.

어휘 here is+명사 여기 ~가 있습니다, (주문한 음식이) 나왔습니다   refill 다시 채우다   bring+사람+사물 …에게 ~을 갖다 주다
order 주문하다   exchange 교환하다   terribly 정말, 매우   right away 당장, 바로

리스닝 감 잡기 🎧 P3-U12-2

STEP 1 먼저 대화문을 들어보세요.

STEP 2 답을 체크하세요.

What will the woman do?
(A) Make a doctor's appointment
(B) Take some medicine

여자는 무엇을 할 것인가?
(A) 진료 예약을 한다.
(B) 약을 먹는다.

STEP 3 어떤 내용인지 확인해 볼까요? 대화문을 다시 들으면서 빈칸을 채워보세요.

M: Amanda, are you all right? You look a little _____ . W: I caught a bad cold. I need to make an _____ to see a doctor. M: You can leave early if you like. I think you should get some _____ .	남: 아만다, 괜찮아요? 좀 아파 보이네요. 여: 지독한 감기에 걸렸어요. 진찰을 받기 위해 진료 예약을 해야겠어요. 남: 원한다면 일찍 퇴근하도록 해요. 좀 쉬어야 할 것 같아요.

STEP 4 내용을 분석해 볼까요?

여자가 할 일에 대한 질문이므로 여자의 말에 집중해야 한다. 여자가 I need to make an appointment to see a doctor.라고 했으므로 여자는 진료 예약을 할 것이다.

정답 (A) sick/appointment/rest

어휘 sick 아픈 catch a (bad) cold (지독한) 감기에 걸리다 make an appointment (특히 진료 등을) 예약하다
see a doctor 진찰을 받다 leave 퇴근하다 get some rest 쉬다

UNIT 12. 기타 일상 생활

대화문 분석_ 부동산

🎧 P3-U12-3

먼저 대화문을 들은 다음, 질문을 듣고 적절한 답을 생각해보세요.

W: Hello, I'm here to see Michael Wells. My name is Samantha Darling.

M1: Hello, Ms. Darling, I'm Michael. It's nice to meet you. I'm happy to say that **I found three apartments** we could look at today. Do you have time?

W: Yes, but I want to make sure that **they all are under seven hundred dollars a month**.

M1: Wait a second. I will check with my coworker about it. Jack, what's the price range of the three units?

M2: The rents range from 400 dollars to 600 dollars.

M1: OK, thanks. Don't worry, Ms. Darling. All of them are in your requested price range. **Let's go see them now.**

여: 안녕하세요, 마이클 웰스를 만나러 왔어요. 저는 사만사 달링이에요.

남1: 안녕하세요, 달링 씨, 제가 마이클입니다. 만나서 반갑습니다. 기쁘게도 오늘 저희가 둘러볼 수 있는 아파트 세 채를 찾았습니다. 시간 있으세요?

여: 예, 하지만 아파트들이 모두 월 700달러 이하인지 확실히 알고 싶어요.

남1: 잠깐만요. 제가 제 동료와 그 부분에 대해 확인해 볼게요. 잭, 세 아파트 가격대가 어떻게 되죠?

남2: 임대료는 400달러에서 600달러까지예요.

남1: 그렇군요. 고마워요, 달링 씨, 걱정하지 마세요. 모두 요청하신 가격대 내에 있습니다. 지금 가서 봅시다.

Q1. **Who** most likely is the **man**?
→ A: A real estate agent

대화에 쓰인 단어를 통해 남자의 직업을 알 수 있다. 남자가 여자에게 보여줄 아파트를 찾았다고 했으므로 남자는 부동산 중개인이다.

Q2. **What** is the woman's **concern**?
→ A: The price

여자 손님 달링 씨의 걱정거리를 묻는 질문이므로 여자의 말에서 정답의 단서를 찾아야 한다. 월 700달러라는 금액을 언급하고 있으므로 가격을 걱정하고 있다.

Q3. **Where** will they **go**?
→ A: To see some apartments

미래의 행동에 대한 질문은 대개 대화의 후반부에서 단서를 찾을 수 있다. 남자는 Let's go see them, 즉 아파트를 보러 가자고 말하고 있다.

어휘 I'm here to + 동사원형 (어떤 장소에 들어가면서) ~하기 위해 여기 왔습니다   find 발견하다   make sure that ~을 분명히 하다   check with ~와 확인하다   coworker 회사 동료   unit 아파트   rent 임대료   range from A to B A부터 B까지 다양하다   request 요청하다   price range 가격범위   real estate 부동산   real estate agent 부동산 중개인

리스닝 감 잡기 🎧 P3-U12-4

STEP 1 먼저 대화문을 들어보세요.

STEP 2 답을 체크하세요.

What does the woman want to buy?

(A) Shoes
(B) A dress

여자는 무엇을 사고 싶은가?
(A) 신발
(B) 드레스

STEP 3 어떤 내용인지 확인해 볼까요? 대화문을 다시 들으면서 빈칸을 채워보세요.

M: Hi, is there anything in particular you're _____ for?
W: Yes, I'm looking for _____ to match my dress. My dress is silver and black.
M: OK, I _____ going with black shoes.

남: 안녕하세요, 특별히 찾는 게 있으신가요?
여: 예, 드레스에 어울리는 신발을 찾고 있어요. 제 드레스는 은색과 검정색이에요.
남: 그렇다면 검정색 신발을 추천해요.

STEP 4 내용을 분석해 볼까요?

여자가 사고 싶은 물건에 대한 질문이므로 여자의 말에 초점을 맞추어야 한다. 여자가 I'm looking for shoes라고 했으므로 정답은 (A)다.

정답 (A)   looking/shoes/recommend

어휘 **in particular** 특별히   **look for** ~을 찾다   **match** 어울리다   **recommend** 권하다, 추천하다   **go with** (물건을) 선택하다

UNIT 12. 기타 일상 생활

빈출 표현_기타 일상 생활 🎧 P3-U12-5

기타 일상 생활 대화에서 자주 나오는 표현들입니다. 여러 번 들으면서 발음에 익숙해지세요.

필수 어휘

bill (= check) 계산서
try 가보다, 먹어보다
vegetarian 채식주의자
checkup 건강 검진
medical history 진료 기록, 병력
receptionist 접수직원
dentist 치과의사
rent 임대하다, 임대료
real estate agency 부동산 중개소
real estate agent (= realtor) 부동산 중개인
appointment 진료 예약, 약속
proof of insurance 보험증

필수 구문

a table for six 6인용 테이블
ready to order 주문할 준비가 된
have a good view 전망이 좋다
take some medicine 약을 먹다
see a doctor 진찰을 받다
drop by (= stop by, come by) 들르다
catch a cold 감기에 걸리다
sign a contract 계약서에 서명하다
fully furnished 가구가 모두 비치된
give directions to ~로 가는 길을 알려 주다
fill out a form 양식을 작성하다
check with + 사람 ~와 확인하다

필수 문장

I'll try the new seafood restaurant. 저는 새로 생긴 해산물 식당에 가려고요.
Why don't we have some food delivered? 음식을 배달시키는 게 어떨까요?
I'd like today's lunch special. 오늘의 점심 특선 메뉴로 할게요.
Could you bring me the check please? 계산서를 갖다 주시겠습니까?
I have a doctor's appointment. 저는 진료 예약이 돼 있습니다.
I'm not feeling well now. 지금 몸이 안 좋네요.
Have you ever been here before? 전에 여기에 오신 적 있으십니까?
This house has two bedrooms and a garage. 이 집은 침실이 두 개, 차고가 하나 있습니다.
The apartment is within walking distance of the station. 그 아파트는 역에서 걸어갈 수 있는 거리에 있습니다.
Can you tell me your price range? 가격대를 말씀해 주시겠어요?

청취 집중 훈련 1 🎧 P3-U12-6

대화를 들으면서 답을 체크하세요.

1. What are the speakers discussing?
   (A) An apartment
   (B) New furniture

2. What will the woman do next?
   (A) Pay the rent
   (B) Talk to a landlord

대화를 다시 한 번 들으면서 빈칸을 채워 보세요.

M: **This is my favorite apartment** that you've shown me, but it doesn't _____ my budget.
W: What is the maximum amount you will pay?
M: I was hoping to pay about _____ dollars a month.
W: OK, **I'll let the landlord know about it**. I know she wants to _____ it out as soon as possible.

▶ 화자들이 나누는 대화 주제는 대체로 대화의 초반부에 언급된다. 대화를 시작하면서 남자가 This is my favorite apartment 라고 한 것에 유의하자.

▶ 여자가 앞으로 할 일에 대한 질문이므로 여자의 말에 집중해야 한다. 화자의 향후 계획이나 행동에 대한 언급은 대화의 후반부에 제시되는 경우가 많다는 것을 알아 두자.

남: 이 집이 당신이 보여준 아파트 중에서 가장 마음에 드는데 예산에 안 맞네요.
여: 쓸 수 있는 최대 금액이 얼마죠?
남: 한 달에 400달러 정도면 했어요.
여: 좋아요, 집주인에게 그렇게 얘기할게요. 제가 알기로 집주인이 가능한 한 빨리 이 집을 임대하고 싶어하거든요.

정답 1 (A)   2 (B)   fit/four hundred/rent

어휘 favorite 가장 마음에 드는   fit one's budget ~의 예산에 맞다   maximum amount 최대 금액   pay 지불하다   landlord 집주인   rent out 임대하다   as soon as possible 가능한 한 빨리

UNIT 12. 기타 일상 생활 **119**

청취 집중 훈련 2   P3-U12-7 / 해설 p.38

이제 실전과 가깝게 보기가 3개인 문제로 연습해 보세요. 대화를 들으면서 답을 체크하세요.

1. Where most likely are the speakers?
  (A) At a dental clinic
  (B) At an insurance company
  (C) At a history class

2. What does the man want to do?
  (A) Get a dental checkup
  (B) Buy a gift
  (C) Repair a car

3. What does one woman give the man?
  (A) A coupon
  (B) A business card
  (C) Forms to fill out

대화를 다시 한 번 들으면서 빈칸을 채워 보세요.

M: Hello, I have a ten o'clock _____ with Dr. Gibson. My name is Sam Connelly.

W1: Hi, Mr. Connelly. I see you're here for a _____ and to get your teeth cleaned. Have you been here before?

M: No, actually it's been quite a while since I've been to the _____.

W2: Oh, did you bring your proof of insurance? Since you are a new patient, you need to have it.

M: Yes, here it is.

W2: OK, please fill out these _____. We need some of your personal medical history for our records.

실력 점검 문제

대화를 듣고 질문에 맞는 답을 고르세요.

1. What are the speakers discussing?
   (A) TVs
   (B) Mobile phones
   (C) Laptops
   (D) Navigation systems

2. What feature is the woman looking for?
   (A) Durability
   (B) Clear sound
   (C) A big screen
   (D) Light to carry

3. What is the maximum amount the woman will spend?
   (A) $600
   (B) $700
   (C) $800
   (D) $900

4. When will the man go to Barcelona?
   (A) Tomorrow
   (B) Next week
   (C) Next month
   (D) Next year

5. How long will the man stay?
   (A) For two days
   (B) For two weeks
   (C) For one month
   (D) For two months

6. How will the man most likely look for an apartment?
   (A) Through the Internet
   (B) By visiting a real estate agency
   (C) By asking a neighbor
   (D) By looking in the newspaper

7. What is the relationship between the male speakers?
   (A) Athlete and coach
   (B) Employee and supervisor
   (C) Customer and clerk
   (D) Banker and loan applicant

8. What does the woman mention about a membership?
   (A) It is not expensive.
   (B) She prefers a day pass.
   (C) The application is difficult to complete.
   (D) Her previous one expired.

9. What does the woman ask to do?
   (A) Provide a payment method later
   (B) Purchase a day pass
   (C) Register for swim classes
   (D) Use a competitor's coupon

REVIEW TEST

RT 3 / 해설 p.40~44

1. What is the woman looking at?
   (A) A computer
   (B) A microwave
   (C) A camera
   (D) A refrigerator

2. What does the man say about the product?
   (A) It is on sale.
   (B) It is small.
   (C) It is cheap.
   (D) It is easy to use.

3. What will the woman do next?
   (A) She will test an item.
   (B) She will go to another shop.
   (C) She will pay for the product.
   (D) She will get a refund.

4. What does the man sell?
   (A) Jewelry
   (B) Textiles
   (C) Advertisements
   (D) Office furniture

5. What is mentioned about Ms. Winters?
   (A) She is out of the office.
   (B) She ordered a new desk.
   (C) She extended her contract.
   (D) She often works late.

6. When will the man leave his office?
   (A) At 5 P.M.
   (B) At 6 P.M.
   (C) At 7 P.M.
   (D) At 8 P.M.

7. Where might this conversation be heard?
   (A) At a shopping mall
   (B) At a travel agency
   (C) At the post office
   (D) At the train station

8. What does the man give the woman?
   (A) A brochure
   (B) A number
   (C) A schedule
   (D) A form

9. What will most likely happen next?
   (A) The woman will pay.
   (B) The woman will wait in line.
   (C) The man will print out the ticket.
   (D) The man will reserve a seat for the woman.

10. Where most likely are the speakers?
    (A) At a library
    (B) At a bookstore
    (C) At a publishing company
    (D) At a writer's conference

11. Why does the woman say, "I have an interview with Katelyn Keller"?
    (A) To decline the man's invitation
    (B) To change the time of an event
    (C) To describe the next day's schedule
    (D) To explain the purpose of her visit

12. What does the man ask the woman to do?
    (A) Return a badge
    (B) Complete a form
    (C) Wait for a manager
    (D) Repeat some directions

13. What will happen on Monday?
    (A) A store will have a sale.
    (B) A new store will open.
    (C) A sales meeting will be held.
    (D) A new employee will be hired.

14. Why does Haruto ask Jonah to speak?
    (A) To announce a promotion
    (B) To explain some tasks
    (C) To thank some volunteers
    (D) To introduce some merchandise

15. What will the woman help with?
    (A) Preparing documents
    (B) Setting up tables
    (C) Marking sale items
    (D) Training staff members

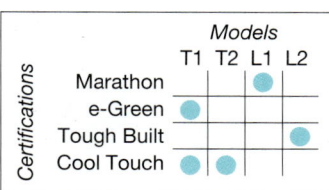

16. What does the woman say is a problem with her notebook computer?
    (A) Its loud fan noises
    (B) Its high operating temperature
    (C) Its short battery life
    (D) Its heavy weight

17. Look at the graphic. What model does the man recommend to the woman?
    (A) T1
    (B) T2
    (C) L1
    (D) L2

18. What industry does the woman most likely work in?
    (A) Technology
    (B) Fashion
    (C) Travel
    (D) Finance

PART 4

Unit 13	전화 메시지
Unit 14	광고
Unit 15	안내 방송
Part 4	Review Test

UNIT 13 전화 메시지

★ 콕콕 찍어 주는 출제 포인트

Part 4는 한 사람의 말을 듣고 그 내용과 관련된 3개의 문제를 풀어야 한다. Part 3와 마찬가지로 듣기 전에 먼저 질문과 보기를 미리 읽어 두는 것이 유리하다. Part 4에서 출제 비중이 높은 전화 메시지는 전화를 건 사람이 남기는 메시지나 회사의 업무 관련 메시지, 자동응답 메시지 등이 출제된다. 메시지 내용으로는 주문 정보 요청, 약속 확인, 영업 시간 안내 등이 주로 등장한다.

메시지 분석_ 전화 메시지   🎧 P4-U13-1

먼저 녹음 메시지를 들은 다음, 질문을 들으면서 적절한 답을 생각해보세요.

> Hello, this message is for Rhonda Brewster. **This is Tom from Tom's Catering**. I just wanted to confirm **our meeting tomorrow** at 5:30. I'm preparing some samples for you to taste, and I think **you might want to bring along a few colleagues** because there is going to be a lot of food. I'm sure that your end-of-the-year office party will be an absolute success. Please call me when you get a chance.

안녕하세요, 론다 브루스터에게 메시지를 남깁니다. 저는 톰스 케이터링의 톰입니다. 내일 5시 30분 모임을 확인하려고요. 고객께서 맛보실 몇 가지 샘플을 준비하고 있어요. 음식이 많을 테니 동료를 몇 사람 데리고 오셔도 좋습니다. 연말 사무실 파티가 대단히 성공적이리라 확신합니다. 틈나실 때 전화 부탁 드립니다.

Q1. Who is the speaker?
↳ A: A caterer

> 화자가 누구인지에 대한 문제는 첫 문장을 잘 들어야 한다. 대개 화자는 자기 이름과 함께 직책이나 소속 기관을 먼저 밝히고 본론에 들어가기 때문이다.

Q2. What will happen tomorrow?
↳ A: A meeting will be held.

> tomorrow 같은 시점이 있는 문제는 메시지에서도 같은 단어가 나오므로 tomorrow가 들리는 문장에서 정답을 찾는다.

Q3. What does the speaker suggest to the listener?
↳ A: To come with colleagues

> 제안 사항을 묻는 문제다. 화자가 완곡하게 제안할 때 you might want to ~라고 말한다는 것을 알아두자.

어휘 catering (행사, 파티 등을 위한) 출장 요리 서비스 confirm 확인하다 prepare 준비하다 sample 견본, 샘플 taste 맛보다 you might want to + 동사원형 ~해도 좋습니다 bring along 데리고 오다 colleague 동료 end-of-the-year 연말의 office party 사무실 파티(회사에서 크리스마스 이브에 여는 파티) absolute 절대적인, 굉장한 caterer 출장 요리사

리스닝 감 잡기 🎧 P4-U13-2

STEP 1 먼저 메시지를 들어보세요.

STEP 2 답을 체크하세요.

What has changed about the meeting?
(A) The room
(B) The date

회의는 무엇이 변경되었는가?
(A) 회의실
(B) 날짜

STEP 3 어떤 내용인지 확인해 볼까요? 메시지를 다시 들으면서 빈칸을 채워보세요.

> Hi, Mary, this is Sally. I'm _____ tomorrow's meeting place. I just want you to know that I sent you a map to the place. Also, we will be in _____ "G," not "A". It'll be a little bit bigger and has better audio-visual equipment. OK, see you tomorrow.

안녕 메리, 나 샐리야. 내일 회의 장소 때문에 전화했어. 내가 그리로 가는 지도를 보냈다는 걸 알려주려고. 또 우리는 A회의실이 아니라 G회의실이야. 그 방이 좀 더 크고 시청각 장비도 더 좋아. 그럼 내일 봐.

STEP 4 내용을 분석해 볼까요?

메시지 초반부에 I'm calling about tomorrow's meeting place라고 했으므로 변경된 것은 회의 장소다. 문제를 풀기 전에 질문이 무엇인지 알면 훨씬 쉽게 문제를 풀 수 있다.

정답 (A) calling about/conference room

어휘 meeting place 회의 장소   map 지도   conference room 회의실   audio-visual equipment 시청각 장비

UNIT 13. 전화 메시지

메시지 분석_ 자동응답 메시지 🎧 P4-U13-3

먼저 자동응답 메시지를 들은 다음, 질문을 들으면서 적절한 답을 생각해보세요.

Thank you for calling **Rate One Bank**. Our business hours are **from 9 A.M.** to 6 P.M. on weekdays and **from 9 A.M.** to 1 P.M. on Saturdays. We are located at 301 North First Street. For your account information and credit card statements, you can visit our online banking center, www.rateonebank.com. Thank you for your patience. **Please stay on the line**, and a customer service representative will be with you shortly.	레이트 원 은행에 전화주셔서 감사합니다. 저희 영업 시간은 평일 오전 9시부터 오후 6시까지, 토요일 오전 9시부터 오후 1시까지 입니다. 저희는 노스 퍼스트 가 301번지에 있습니다. 계좌 정보와 신용카드 내역서를 원하시면 온라인 뱅킹 센터인 www.rateonebank.com을 방문하세요. 기다려 주셔서 감사합니다. 끊지 않고 기다리시면 고객서비스 직원과 곧 연결됩니다.

Q1. **What** is **Rate One**?
 → A: A bank

> 문제에 나온 사람 이름이나 회사명 같은 고유명사는 마음속으로 미리 발음해 두면 내용을 들을 때 좀 더 쉽게 알아들을 수 있다.

Q2. **What time** does Rate One **open**?
 → A: At 9 o'clock

> 문제에 제시된 what time과 open이라는 단어를 보고 영업 시간에 대한 언급이 나온다는 것을 예측할 수 있다.

Q3. **What** is the caller **asked** to do?
 → A: Stay on the line

> 요청 사항을 묻는 문제는 대체로 메시지 후반부에 정답의 단서가 있다.

어휘 business hours 영업 시간, 근무 시간 on weekdays 주중에, 평일에 be located at ~에 위치하다
account information 계좌 정보 credit card statement 신용카드 내역서 patience 인내심
stay on the line 전화를 끊지 않고 기다리다 customer service representative 고객서비스 직원 shortly 곧

리스닝 감 잡기 🎧 P4-U13-4

STEP 1 먼저 메시지를 들어보세요.

STEP 2 답을 체크하세요.

When is Advanced Automotive NOT open?
(A) On Saturdays
(B) On Sundays

어드밴스드 오토모티브는 언제 문을 열지 않는가?
(A) 토요일
(B) 일요일

STEP 3 어떤 내용인지 확인해 볼까요? 메시지를 다시 들으면서 빈칸을 채워보세요.

> Thank you for calling Advanced Automotive. We're sorry, but our _____ is closed now. Please call back during our regular hours from 9-6, Mondays through Saturdays. We aren't open _____. If you want to know about our car maintenance service, please visit our Web site www.advancedauto.com.

어드밴스드 오토모티브에 전화주셔서 감사합니다. 죄송하지만 지금 저희 정비소는 문을 닫았습니다. 정상 근무 시간인 월요일부터 토요일까지 9시에서 6시 사이에 다시 전화 주시기 바랍니다. 일요일에는 문을 열지 않습니다. 차량 정비 서비스에 대해 알고 싶으시면 www.advancedauto.com을 방문하세요.

STEP 4 내용을 분석해 볼까요?

회사의 자동응답 메시지에서 영업 시간과 관련된 문제는 시간과 요일이 나오는 부분에 초점을 맞춰 들어야 한다. 메시지에서 We don't open on Sundays라고 했으므로 정답은 (B)다.

정답 (B) repair shop/on Sundays

어휘 repair shop 정비소   regular hours 정상 근무 시간   through ~까지   maintenance 정비, 관리

UNIT 13. 전화 메시지

빈출 표현_전화 메시지 🎧 P4-U13-5

전화 메시지에서 자주 나오는 표현들입니다. 여러 번 들으면서 발음에 익숙해지세요.

필수 어휘

- **appointment** 약속
- **voice mail** 음성 메일
- **business hours** 영업 시간
- **extension number** 내선 번호
- **regarding** (= concerning) ~에 관한
- **confirm** 확인하다
- **closed** 문을 닫은
- **available** 이용 가능한
- **delay** 지연시키다
- **currently** 현재
- **reopen** (상점 문을) 다시 열다
- **operator** 교환원
- **reach** 연락하다

필수 구문

- **You've reached** ~에 연락하셨습니다, ~입니다
- **This message is for ~** ~를 위한 메시지입니다
- **This is**+사람 이름+(calling) from+소속기관
  저는 …에서 전화 드리는 ~입니다
- **I'm calling about** ~에 관해 전화 드립니다
- **inform**+사람+**of[that]** …에게 ~을 알려주다
- **get back to**+사람 ~에게 다시 연락해 주세요
- **I can be reached at**+전화번호 ~번으로 제게 전화주세요
- **stay on the line** 전화 끊지 말고 기다리세요
- **after the tone** 신호음이 나온 후

필수 문장

This is Jack calling from Jack's Catering.
잭스 케이터링에서 전화 드리는 잭입니다.

You've reached the Central Science Museum.
중앙 과학 박물관입니다.

I'm calling about your appointment with us.
우리와의 약속에 관해 전화 드립니다.

I regret to inform you that some of the items are currently unavailable.
물품들 중 일부는 현재 이용할 수 없음을 알려드리게 되어 유감입니다.

I just want to let you know that your car has been repaired.
귀하의 차가 수리되었음을 알려드리고자 합니다.

You are invited to our grand opening.
개업식에 귀하를 초대합니다.

You can get a 10% discount on our Web site.
저희 웹사이트에서 10% 할인 받을 수 있습니다.

Please stop by our shop during business hours.
영업 시간에 저희 가게에 들러주세요.

You can leave a message after the tone.
신호음 후에 메시지를 남겨주세요.

Please get back to me as soon as possible.
가능한 한 빨리 저에게 다시 연락 주세요.

청취 집중 훈련 1 🎧 P4-U13-6

메시지를 들으면서 답을 체크하세요.

1. Who most likely is the speaker?
(A) A university professor
(B) A school librarian

2. What should the listener do to borrow other books?
(A) Return the telephone call
(B) Visit the library

메시지를 다시 한 번 들으면서 빈칸을 채워 보세요.

Hello, Professor Dunworthy. This is Grant, **the school** _____. I'm calling about the book you wanted to ask for. I just _____ the book. It will be sent to your office before the end of classes today. **If you would like to borrow other books, please call me back** at this number. I can _____ them for you if we have them.

▶ 누군가에게 메시지를 남길 경우 대체로 메시지의 목적을 말하기 전에 자신이 누구인지 먼저 밝히게 된다. 여기서도 도입부에 This is Grant, the school librarian 이라고 말한 부분에 단서가 있다.

▶ 질문의 핵심어가 borrow other books 이므로 이 표현이 언급되는 부분에서 정답의 단서를 찾을 수 있다. 화자가 If you would like to borrow other books, please call me back이라고 말한 부분에 집중하자.

안녕하세요, 던워시 교수님. 저는 학교 사서인 그랜트입니다. 교수님께서 요청하신 책 때문에 전화 드립니다. 제가 막 그 책을 찾았습니다. 그 책은 오늘 강의 끝나기 전에 사무실로 보내 드리겠습니다. 만약 다른 책을 빌리고 싶으시면 이 번호로 저에게 다시 전화 주십시오. 저희가 보유한 책이라면 교수님을 위해 맡아놓겠습니다.

정답 1 (B)   2 (A)   librarian/found/hold

어휘 librarian (도서관의) 사서   ask for 요청하다   find 발견하다   borrow 빌리다   call + 사람 + back ~에게 다시 전화하다
hold 맡아놓다

청취 집중 훈련 2

이제 실전과 가깝게 보기가 3개인 문제로 연습해 보세요. 메시지를 들으면서 답을 체크하세요.

1. What is indicated about the speaker?
   (A) She is the doctor.
   (B) She is the doctor's receptionist.
   (C) She is one of the doctor's patients.

2. Why is the doctor going to London?
   (A) To hear a lecture
   (B) To meet a colleague
   (C) To attend a conference

3. When was Ms. Fayad's original appointment scheduled for?
   (A) Monday
   (B) Friday
   (C) Saturday

메시지를 다시 한 번 들으면서 빈칸을 채워 보세요.

Hello, Ms. Fayad, this is Meredith, Dr. Morgan's _____. I'm sorry to tell you this, but we will have to _____ your appointment. The doctor has to attend a medical conference this Friday in London. Your appointment was originally scheduled for 10 A.M. on Friday, but the doctor does not expect to _____ until Saturday morning. He is terribly sorry. I have _____ you for Monday at 10 A.M. If this is a bad time, please call me back.

실력 점검 문제

메시지를 듣고 질문에 맞는 답을 고르세요.

1. What is the purpose of the message?
   (A) To mention a new service
   (B) To confirm an appointment
   (C) To apologize for a problem
   (D) To mention a price increase

2. What type of service does the caller's company provide?
   (A) Moving
   (B) House painting
   (C) Window cleaning
   (D) Lawn maintenance

3. What does the caller say about the payment?
   (A) Credit cards are now accepted.
   (B) The customer will receive a discount.
   (C) The customer cannot use a coupon.
   (D) The cleaning service is free.

4. Where most likely does the speaker work?
   (A) At a catering service
   (B) At a carpet store
   (C) At a delivery company
   (D) At an architecture firm

5. What is the problem?
   (A) An item is out of stock.
   (B) A wrong item was delivered.
   (C) An item was damaged in shipping.
   (D) An item was shipped to the wrong address.

6. What does the speaker ask Ms. Owens to do?
   (A) Confirm a date
   (B) Choose another color
   (C) Schedule another delivery
   (D) Visit a company in person

7. Who most likely is the message intended for?
   (A) Customers
   (B) Restaurant managers
   (C) Job seekers
   (D) Computer programmers

8. What will happen on Tuesday?
   (A) A banquet will take place.
   (B) A training program will start.
   (C) A new restaurant will be opened.
   (D) Some information will be updated.

9. What are listeners encouraged to do?
   (A) Confirm their reservations
   (B) Visit a Web site
   (C) Call a company manager
   (D) Complete a customer survey

UNIT 14 광고

★ 콕콕 찍어 주는 출제 포인트

제품이나 서비스 광고는 제품의 특징, 가격, 특별 할인 등에 대한 내용이 주로 출제된다. 일반 상점 외에도 식당, 병원, 이사업체, 헬스 클럽 등의 새로운 서비스나 프로그램, 기념일 특별 행사, 또는 회원 가입 혜택 등에 대한 광고가 시험에 나온다. 광고의 경우 일반적으로 〈인사말 → 제품/서비스 소개 → 세부 사항 → 추가 정보를 얻는 방법〉의 순서로 전개된다는 것을 알아 두자. 아울러 질문에서 화자의 의도를 파악하는 문제가 출제될 경우 문맥상 의미를 파악해서 정답을 선택해야 한다.

광고 분석_ 할인 광고 🎧 P4-U14-1

먼저 광고를 들은 다음, 질문을 들으면서 적절한 답을 생각해보세요.

> Why wait until next summer to **buy a great-looking swimsuit**? Right now, **you can save up to forty percent off** all swimsuits for men, ladies, and children. That's right, you can save up to forty percent on all of our popular brands and styles. Our sale includes designer brands such as Suave and Moda International. **So stop by our sportswear department located on the third floor**, where you can take advantage of our swimsuit clearance sale.

멋있는 수영복을 사는데 내년 여름까지 기다릴 이유가 있나요? 바로 지금 남성용, 여성용, 어린이용 수영복 전 제품을 최대 40%까지 절약할 수 있습니다. 맞습니다, 저희가 보유한 인기 있는 모든 브랜드와 스타일에서 최대 40% 절약할 수 있습니다. 수아브와 모다 인터내셔널 같은 유명 디자이너 브랜드도 할인됩니다. 그러니 3층에 있는 스포츠의류 매장에 들러서 수영복 재고정리 할인 혜택을 누리시기 바랍니다.

Q1. What is being advertised?
  ↳ A: Swimsuits

> 광고에서는 인사말이나 관심 유발용 언급을 한 후에 바로 광고하려는 상품을 제시한다. 그러므로 초반부를 잘 들어야 광고 상품이 무엇인지 알 수 있다.

Q2. How much can customers save?
  ↳ A: 40 percent

> 광고의 경우 가격이나 할인에 대한 언급이 꼭 나온다. 그러므로 보기의 숫자를 먼저 읽은 다음, 본문에서 반복되는 숫자를 포착해야 한다.

Q3. Where must customers go?
  ↳ A: To the third floor

> 판매 장소나 상품에 대한 추가 정보를 얻을 수 있는 방법은 광고의 후반부에 등장한다. 여기서도 후반부에 구체적인 판매 장소를 언급하고 있다.

어휘 great-looking 멋있는 swimsuit 수영복 save 아끼다, 절약하다 up to 최대 ~ popular 인기 있는 include 포함하다 designer brand 유명 디자이너 제품 such as 가령, 예컨대 stop by 들르다 department 판매 매장 be located 위치하다 take advantage of ~을 이용하다 clearance sale 재고정리 할인 행사

리스닝 감 잡기 🎧 P4-U14-2

STEP 1 먼저 광고를 들어보세요.

STEP 2 답을 체크하세요.

> What is being advertised?
> (A) Heaters
> (B) Winter coats
>
> 무엇이 광고되고 있는가?
> (A) 난방기
> (B) 겨울용 코트

STEP 3 어떤 내용인지 확인해 볼까요? 광고를 다시 들으면서 빈칸을 채워보세요.

Winter is right around the corner. Now is a good time to _____ _____ important items to help keep you and your house warm. House Mart has lots of different kinds of _____ _____. They are on sale at 25 percent off the retail price for this week only.	겨울이 곧 다가옵니다. 지금이 여러분과 여러분 집을 따뜻하게 해 줄 중요한 물건을 사들일 적기입니다. 하우스 마트는 많은 종류의 전기 난방기를 보유하고 있습니다. 이번 주 한정으로 소매가에서 25% 할인해 드립니다.

STEP 4 내용을 분석해 볼까요?

광고에서는 먼저 고객에 대한 인사나 관심을 유발할 수 있는 언급을 한 다음에 광고 제품을 소개하는 경우가 많다. 여기서도 Winter is right around the corner는 일종의 관심 유발 멘트이고 광고 제품은 그 뒤쪽에 나온 House Mart has lots of different kinds of electric heaters를 통해 난방기라는 것을 알 수 있다.

정답 (A) stock up on/electric heaters

어휘 right around the corner 얼마 남지 않은, 곧 다가오는 stock up on 사들이다 keep ~ warm ~을 따뜻하게 하다
kind 종류 electric heater 전기 난방기 on sale 할인판매 중인 cf) for sale 매물로 나온, 판매 중인 retail price 소매가

UNIT 14. 광고

광고 분석_제품·서비스 광고 🎧 P4-U14-3

먼저 광고를 들은 다음, 질문을 들으면서 적절한 답을 생각해보세요.

> What's for lunch at your office? Burgers? French fries? **Why waste your money on food that's bad for you?** Try Sandy's Sandwiches for a healthy change. **Sandy's Sandwiches are made with whole grain bread baked fresh every day.** For this month only, you can get a Sandy's Lunch Set, **which includes a sandwich and your choice of a soup or salad for only $5.99.** Don't forget to visit us on the Web at www.sandyssandwiches.com. Enjoy your lunch!

사무실에서 점심으로 무엇을 드시나요? 햄버거? 감자튀김? 몸에 나쁜 음식에 왜 돈을 낭비하십니까? 건강을 위한 변화로 샌디즈 샌드위치를 드셔 보세요. 샌디즈 샌드위치는 매일 신선하게 굽는 통곡물 빵으로 만듭니다. 이번 달 한정으로 샌드위치 1개와 수프와 샐러드 중 하나를 선택할 수 있는 샌디즈 런치 세트를 단 5.99달러에 구입할 수 있습니다. 웹사이트 www.sandyssandwiches.com에 방문하는 거 잊지 마세요. 점심 맛있게 드세요!

Q1. What does the speaker **mean** when he says, "**Why waste your money on food that's bad for you?**"
↳ A: You have to spend money on healthy food.

> 화자의 의도를 파악하는 문제는 먼저 문맥을 잘 읽어야 한다. 인용문 다음에 건강을 위한 변화로 Sandy's Sandwiches를 먹어보라고 했다. 이를 통해 인용문은 건강에 좋은 음식에 돈을 쓰라는 의미임을 알 수 있다.

Q2. What is **indicated** about the **sandwiches**?
↳ A: They are baked fresh every day.

> 질문이 〈What is indicated[mentioned] about + 명사?〉이면 재빨리 about 뒤의 명사를 본 다음, 그 단어가 언급되는 부분에서 정답을 찾는다.

Q3. How much is the **lunch special**?
↳ A: $5.99

> 가격이나 할인 문제가 나오면 먼저 보기를 속으로 읽어 두어야 한다. 한 번 읽어 둔 숫자는 본문에서 같은 숫자가 발음될 때 좀 더 또렷하게 들리기 때문이다.

어휘 French fries 감자튀김 Why waste ~? ~을 왜 낭비하십니까? try 먹어보다 healthy 건강에 좋은 whole grain 통곡물 bake 굽다 include 포함하다 your choice of 당신이 선택하는 ~ for + 금액 (금액)에 don't forget to + 동사원형 ~하는 것을 잊지 않다

리스닝 감 잡기 🎧 P4-U14-4

STEP 1 먼저 광고를 들어보세요.

STEP 2 답을 체크하세요.

What is included with every rental?
(A) A full tank of gas
(B) A navigation system

모든 대여에는 무엇이 포함되어 있는가?
(A) 가득 채운 휘발유
(B) 내비게이션 시스템

STEP 3 어떤 내용인지 확인해 볼까요? 광고를 다시 들으면서 빈칸을 채워보세요.

> Whether you're traveling for business or pleasure, you can get to your destinations easily through Euromobile Rentals. Euromobile offers luxury cars at _____ _____. All of our cars come with a _____ _____ of gas and we offer packages for one day to one month.

출장을 위해서나 휴가를 위해서나 여러분은 유로모바일 렌털을 통해 목적지에 쉽게 도착할 수 있습니다. 유로모바일은 적당한 가격에 고급 자동차를 제공합니다. 모든 차량은 휘발유를 가득 채워 드리며 1일 상품부터 1개월 상품까지 두루 제공합니다.

STEP 4 내용을 분석해 볼까요?

모든 대여에 포함되어 있는 사항을 묻는 질문인데 위 광고에서 All of our cars come with a full tank of gas라고 했으므로 정답은 (A)다. 이처럼 광고 회사나 제품명이 먼저 언급된 뒤에 제품에 대한 세부 사항이 나온다.

정답 (A) affordable prices/full tank

어휘 whether A or B A이든 B이든　for business 업무차　for pleasure 관광차, 여가차　get to 도착하다　destination 목적지　through ~을 통해　rental 대여, 임대　luxury 고급의　affordable (가격이) 적당한

빈출 표현_광고 🎧 P4-U14-5

광고에서 자주 나오는 표현들입니다. 여러 번 들으면서 발음에 익숙해지세요.

필수 어휘

advertise 광고하다
save 절약하다, 아끼다
savings 절약된 금액
durable (= sturdy) 튼튼한, 내구성이 좋은
brand-new 새로 나온   **portable** 휴대가 쉬운
carry 취급하다   **special offer** 특가 판매
clearance sale 재고정리 할인
fuel-efficient 연비가 좋은
environmentally-friendly 친환경적인
stock up on 사들이다

필수 구문

at 40% off the regular price
정가에서 40% 할인된 가격에
conveniently located 편리한 곳에 위치한
at reduced[discounted] prices 할인 가격에
at unbeatable prices 최저 가격에
to celebrate our company's tenth anniversary 우리 회사의 10주년을 기념하기 위해
a wide selection of kitchenware
매우 다양한 주방용품
try a new item 신상품을 써보다
come in various colors 다양한 색깔로 나오다

필수 문장

The incredible sale will begin on June 1.
6월 1일 엄청난 할인행사가 시작됩니다.

Please note that this offer is good for this week only.
이번 할인 판매는 이번 주에만 유효하다는 점을 양지하시기 바랍니다.

Anyone can take advantage of our new special offer.
누구나 우리의 새로운 특가 혜택을 누릴 수 있습니다.

We carry the largest selection of household appliances.
저희는 가장 다양한 가전 제품을 취급합니다.

This special promotion expires on December 1.
이 특별 판촉행사는 12월 1일에 끝납니다.

You can view more of our items on our Web site.
저희 웹사이트에서 더 많은 상품을 보실 수 있습니다.

We provide loyal customers with a coupon of 50 percent off.
저희는 단골 고객께 50% 할인 쿠폰을 제공합니다.

Your satisfaction is guaranteed.
만족을 보장합니다.

You won't want to miss this opportunity.
이번 기회를 놓치고 싶지 않을 겁니다.

For more information, please visit our Web site.
더 많은 정보를 원하시면 웹사이트를 방문하세요.

청취 집중 훈련 1 🎧 P4-U14-6

광고를 들으면서 답을 체크하세요.

1. What service is being advertised?
(A) Moving
(B) Overseas travel tickets

2. How can listeners get more information?
(A) By calling a company
(B) By visiting a Web site

광고를 다시 한 번 들으면서 빈칸을 채워 보세요.

Trojan Movers International ＿＿＿＿＿ **any items** from a single piece of furniture to everything that you own throughout the world. We offer secure ＿＿＿＿＿, safe handling, and competitive rates. So, whether you're ＿＿＿＿＿ across town, across the country, or across the Pacific Ocean, let Trojan Movers International transport your precious items. **For more information, visit www.trojanmovers.com.**

▶ 어떤 서비스가 광고되는지는 광고의 초반부에 언급된다. 광고 시작 부분에서 Trojan Movers International transports any items라고 언급한 부분에 단서가 있다.

▶ 광고 마지막 부분에는 상품이나 서비스에 대한 추가 정보를 얻을 수 있는 방법을 제시한다.

트로전 국제 이사업체는 단 한 점의 가구부터 고객이 소유하신 모든 것에 이르기까지 어떠한 물건이라도 전 세계로 운송해 드립니다. 저희는 분실 염려가 없는 보관, 안전한 취급 및 경쟁력 있는 요금을 제공합니다. 그러므로 지역내, 국내, 태평양 건너 어느 곳으로 이사하든 소중한 물건의 운송은 트로전 국제 이사업체에 맡겨 주세요. 더 많은 정보는 www.trojanmovers.com을 방문해 주세요.

정답 1 (A) 2 (B) transports/storage/moving

어휘 mover 이사업체 transport 운송하다 item 물건 a piece of furniture 가구 한 점 own 소유하다
throughout 도처에, 두루 secure 안전한, 분실될 우려가 없는 storage 보관 handling 취급 competitive (가격이) 경쟁력 있는
rate 요금 across 가로질러 Pacific Ocean 태평양 precious 소중한

UNIT 14. 광고

청취 집중 훈련 2

이제 실전과 가깝게 보기가 3개인 문제로 연습해 보세요. 광고를 들으면서 답을 체크하세요.

1. What does the speaker mean when he says, "especially when considering the price"?
   (A) Going to see a dentist is costly.
   (B) The price does not matter.
   (C) You can get some discounts.

2. How many offices does Caring United have?
   (A) Two
   (B) Three
   (C) Four

3. How much can customers save?
   (A) 20%
   (B) 30%
   (C) 40%

광고를 다시 한 번 들으면서 빈칸을 채워 보세요.

A visit to the dentist can be stressful, especially when considering the price. With Caring United, you and your family will have the healthiest _____ without the painful price of other dental clinics. We have three locations across the city, so you won't have to go far to get dental _____. Call 938-2895 to learn how you can _____ up to forty percent on your dental care. For more information, you can also visit our Web site at www.caringdentalunited.com.

실력 점검 문제

광고를 듣고 질문에 맞는 답을 고르세요.

1. What is mentioned about the speakers?
   (A) They are expensive.
   (B) They are durable.
   (C) They are lightweight.
   (D) They come in different colors.

2. How much are the speakers?
   (A) $15
   (B) $25
   (C) $35
   (D) $45

3. Where can the speakers be purchased?
   (A) Through a catalog
   (B) At a duty-free shop
   (C) Through a Web site
   (D) At an electronics store

4. Who is the speaker addressing?
   (A) Shoppers
   (B) Company executives
   (C) Restaurant staff
   (D) Fitness club members

5. What class does the speaker mention?
   (A) Yoga
   (B) Ballet
   (C) Aerobics
   (D) Stretching

6. When will the class be held?
   (A) On Tuesdays
   (B) On Wednesdays
   (C) On Thursdays
   (D) On Fridays

7. What is the Meyerson 360Z?
   (A) A printer
   (B) A copier
   (C) A digital camera
   (D) A notebook computer

8. What does the speaker mean when he says, "That's not all"?
   (A) They cannot introduce all the features.
   (B) Some of the products are out of stock.
   (C) Not all employees are in the store.
   (D) There is more to say about the product.

9. How much can a customer save?
   (A) 10 percent
   (B) 20 percent
   (C) 30 percent
   (D) 40 percent

UNIT 15 안내 방송

★ 콕콕 찍어 주는 출제 포인트

안내 방송은 사내 안내 방송과 상점, 박물관, 도서관, 공항, 회의장 등에서의 안내 방송으로 나뉜다. 사내 안내 방송은 주로 회의 일정, 사내 행사, 새로운 정책 등에 대한 공지 사항이 출제된다. 기타 장소에서는 개폐점 시간, 교통편, 할인 행사, 항공편 지연 등에 대한 내용이 출제된다. 안내 방송은 대체로 〈인사말/공지 대상 언급 → 안내 방송의 목적 → 세부 사항 → 요청 사항〉의 순서로 전개된다. 그리고 질문에 시각정보가 제시되어 있을 경우 그 정보를 미리 읽어 두면 전체 내용을 좀 더 쉽게 이해할 수 있다.

안내 방송 분석_ 사내 안내 방송 🎧 P4-U15-1

먼저 안내 방송을 들은 다음, 질문을 들으면서 적절한 답을 생각해보세요.

Thank you all for your hard work in completing the final major project of the year. It took longer than expected, and the work was more difficult than expected. However, due to your continuous dedication, **we received the "Builders of the Year Award"** for the third year in a row. I understand you all would like to spend more time with your families. As appreciation for your effort, I am going to give you all **extra vacation time starting in January** next year.

올해의 마지막 대형 프로젝트를 완료하느라 애쓰신 여러분 모두의 노고에 감사 드립니다. 작업 시간이 예상보다 더 걸리고 작업도 예상보다 더 어려웠습니다. 그러나 여러분의 지속적인 헌신 덕분에 우리는 3년 연속 '올해의 건축자상'을 받았습니다. 저는 여러분 모두 가족과 더 많은 시간을 보내고 싶어한다는 것을 잘 알고 있습니다. 여러분의 노고를 치하하고자 내년 1월부터 여러분 모두에게 특별 휴가를 드릴 예정입니다.

Q1. Who is the speaker addressing?
↳ A: Employees

〈Who is the speaker addressing?〉은 화자가 연설하는 대상을 묻는 질문이다. 서두에 Thank you all for your hard work라고 했으므로 청취자는 직원들임을 알 수 있다.

Q2. What is mentioned about the company?
↳ A: It won an award.

회사에 대해 언급된 사항을 찾는 문제인데 자신이 속한 회사를 we로 표현할 수 있다는 것을 알아 두자. 여기서도 we received the "Builders of the Year Award"라고 했다.

Q3. What will happen in January?
↳ A: Employees will get extra vacation time.

문제에 January 같은 시점이 있을 경우, 본문에서 해당 시점이 언급되는 부분에서 정답의 단서를 찾아야 한다.

어휘 hard work 노고 | complete 완료하다 | take (시간 등이) 걸리다 | than expected 예상보다 | due to ~ 때문에, 덕분에 | continuous 지속적인 | dedication 헌신 | builder 건축업자 | award 상 | in a row 연속으로 | appreciation 감사

리스닝 감 잡기 🎧 P4-U15-2

STEP 1 먼저 안내 방송을 들어보세요.

STEP 2 답을 체크하세요.

What is the speaker talking about?
(A) Sales goals
(B) Hiring sales employees

화자는 무엇에 대해 말하는가?
(A) 매출 목표
(B) 영업 직원 고용

STEP 3 어떤 내용인지 확인해 볼까요? 안내 방송을 다시 들으면서 빈칸을 채워보세요.

> Attention all employees. I'd like to discuss our _____ for this quarter at our upcoming meeting. I know the goals have been set a little higher than usual, but I believe they are reachable. I'd like you all to tell me what your _____ is and how it is working for you.

전 직원 여러분 주목해 주십시오. 저는 다가오는 회의 때 이번 분기 매출 목표에 대해 논의하고 싶습니다. 목표가 여느 때보다 조금 높게 설정된 것을 압니다만 저는 목표 달성이 가능하다고 믿습니다. 여러분 모두 영업 전략은 무엇이며 어떤 효과가 있는지 저에게 얘기해 주길 바랍니다.

STEP 4 내용을 분석해 볼까요?

안내 방송에서 무엇에 대해 언급하는지는 안내 방송의 초반부에 나온다. 먼저 Attention all employees로 직원들의 주목을 끈 다음, I'd like to discuss our sales goals라고 했으므로 화자는 매출 목표에 대해 말하고 있다.

정답 (A) sales goals/sales strategy

어휘 Attention + 사람 ~ 여러분 주목해 주십시오   sales goal 매출 목표   quarter 분기   upcoming 다가오는   set 설정하다   than usual 여느 때보다   reachable 달성 가능한   strategy 전략   work 효과가 있다

먼저 안내 방송을 들으며 시각정보를 참고한 다음, 질문을 들으면서 적절한 답을 생각해보세요.

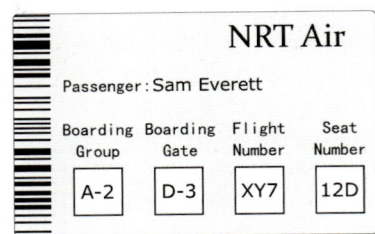

Attention passengers. NRT Air's flight XY7 to Sydney is still scheduled to arrive on time at 12:15. However, the jet bridge at the boarding gate is not functioning properly this morning, so **the flight will board at gate G-1 instead**. The G terminal is on the other side of the airport, so **the best way to get there is by using the shuttle buses**. You can board these buses outside of any of the main entrances to each terminal, but **you'll need to go through the security check again** when you reenter the airport, so please give yourself enough time to do that. Thank you.

탑승객 여러분께 알려 드립니다. NRT 항공의 시드니행 XY7 항공편은 그대로 12시 15분 정시에 도착할 예정입니다. 그러나 해당 탑승구의 탑승교가 오늘 아침에 제대로 작동하지 않기 때문에 G-1 탑승구에서 대신 탑승을 진행할 예정입니다. G 터미널은 공항 반대편에 있으므로 그곳으로 가는 최선의 방법은 셔틀버스를 이용하는 것입니다. 이 버스들은 각 터미널의 모든 정문 밖에서 탑승할 수 있지만 공항에 다시 들어갈 때 보안 검색대를 다시 통과해야 할 것이므로 그렇게 할 시간을 충분히 잡으시기 바랍니다. 감사합니다.

Q1. Look at the graphic. **What item** is no longer accurate?
↳ A: D-3

> 담화문과 시각정보를 연계해 풀어야 하는 문제이다. 탑승구의 탑승교(jet bridge)가 제대로 작동하지 않아 G-1 탑승구에서 대신 탑승을 진행한다고 했다. 그림을 보면 변경 전의 Boarding Gate 번호가 D-3이므로 이것이 정답이 된다.

Q2. **How** does the speaker suggest moving to the other side of the airport?
↳ A: By taking a bus

> 공항 반대편에 있는 G 터미널에 도착하는 최선의 방법은 셔틀버스를 이용하는 것(using the shuttle buses)이라고 했다.

Q3. **Why** does the speaker encourage listeners to arrive early?
↳ A: To go through a security checkpoint

> 청자들에게 공항에 다시 들어갈 때 보안 검색대를 다시 통과하기 위해(go through the security check again) 시간을 충분히 잡으라고 했다.

어휘 flight 항공편 · be scheduled to + 동사원형 ~할 예정이다 · on time 정시에 · jet bridge 탑승교 · boarding gate 탑승구 · function 기능하다, 작동하다 · properly 제대로, 적절히 · board 탑승시키다, 탑승하다 · instead 대신에 · terminal 터미널, 종점 · on the other side of ~의 반대편에 · go through 통과하다 · security check 보안 검색 · reenter 다시 들어가다

리스닝 감 잡기 🎧 P4-U15-4

STEP 1 먼저 안내 방송을 들어보세요.

STEP 2 답을 체크하세요.

Where might this announcement be heard?
(A) At a train station
(B) At a museum

이 안내 방송을 어디에서 들을 수 있는가?
(A) 기차역에서
(B) 박물관에서

STEP 3 어떤 내용인지 확인해 볼까요? 안내 방송을 다시 들으면서 빈칸을 채워보세요.

Ladies and gentlemen, may we please have your attention? The train into the city is currently _____ _____. If you would like to go to the city, please use the _____ _____. If you are going to the city square, our museum also offers a complimentary nonstop shuttle bus. Thank you for visiting us and have a good day.	신사 숙녀 여러분, 주목해 주시겠습니까? 시내로 들어가는 기차가 현재 수리 중입니다. 시내로 가시려면 박물관 셔틀버스를 이용해 주십시오. 시내 광장으로 가신다면 저희 박물관이 무료 직행 셔틀버스도 제공합니다. 방문해 주셔서 감사 드리며 즐거운 하루 보내십시오.

STEP 4 내용을 분석해 볼까요?

museum shuttles에서 museum이 먼저 나오고, 이어서 our museum also offers a complimentary non-stop shuttle bus에서도 나오므로 정답은 (B)다. The train into the city라는 말만 듣고 안내 방송의 장소를 기차역이라고 착각하기 쉬우므로 주의해야 한다.

정답 (B) undergoing repairs/museum shuttles

어휘 attention 주목, 집중　currently 현재　undergo 겪다　repair 수리　museum 박물관　shuttle 셔틀버스　square 광장　complimentary 무료의　nonstop 직행의

빈출 표현_안내 방송 P4-U15-5

안내 방송에서 자주 나오는 표현들입니다. 여러 번 들으면서 발음에 익숙해지세요.

필수 어휘

announce 발표하다, 알리다
boarding gate 탑승구
flight 비행편, 항공편
depart 출발하다
take off 이륙하다 *cf)* land 착륙하다
shuttle bus 셔틀버스
inconvenience 불편함   extend 연장하다
cooperation 협조   upcoming 다가오는
attention 주목, 집중   undergo 겪다, 거치다
follow 지키다, 따르다   reschedule (일정을) 조정하다
traffic[weather] report 교통[날씨] 정보
commute 통근(하다)

필수 구문

Flight 123 bound for + 장소 ~행 123 항공편
ensure[make sure] that 반드시 ~하다
take advantage of ~을 이용하다
I'd like to remind you that ~을 재공지하다
I'm pleased to announce that
　~을 알려 드리게 되어 기쁘다
due to[because of, owing to] ~ 때문에, 덕분에
beginning[starting, as of, effective]
　March 1 3월 1일부터
feel free to + 동사원형 편하게 ~하다
get to work 출근하다 *cf)* get off work 퇴근하다
take + 도로 ~를 이용하다

필수 문장

Attention all employees. 전 직원 여러분, 주목해 주십시오.

I have an announcement to make. 안내 말씀이 있습니다.

The flight will be delayed for two hours due to bad weather conditions.
악천후로 항공편이 2시간 지연됩니다.

The store is closing in 30 minutes. 매장이 30분 후에 문을 닫습니다.

We ask that you make your final purchases. 구매를 마무리해 주시기 바랍니다.

The banquet will be held at the Crown Hotel next Friday. 연회는 다음 주 금요일 크라운 호텔에서 열립니다.

Please proceed to Boarding Gate 3. 3번 탑승구로 가시기 바랍니다.

Feel free to ask one of our customer service representatives.
저희 고객서비스 직원에게 편하게 문의하시기 바랍니다.

Thank you for your cooperation. 협조해 주셔서 감사합니다.

We apologize for the inconvenience. 불편을 끼친 점 사과 드립니다.

청취 집중 훈련 1 🎧 P4-U15-6

안내 방송을 들으면서 답을 체크하세요.

1. Who should go to the Green section?
   (A) People who have registered
   (B) People who have not registered

2. What is mentioned about the dinner?
   (A) It will start at 6:30 P.M.
   (B) It will take place in the auditorium.

안내 방송을 다시 한 번 들으면서 빈칸을 채워 보세요.

May I have your attention, please? Welcome to the _____ for small businesses. If you have not registered for the conference, and would like to do so, please go to the "_____" section of the auditorium. **If you have registered for the conference, please get your information package at the "Green" section.** I would like to remind you all that our **opening _____ will be tonight at 6:30** at the Queen Grand Hotel. If you have any questions, please visit the information booth.

▶ 문제의 핵심어가 green section이므로 green section이 언급되는 부분에서 정답의 단서를 찾아야 한다.

▶ 문제의 핵심어가 dinner이므로 안내 방송에서 dinner가 언급되는 부분을 잘 들어야 한다. 안내 방송 후반부에 our opening welcome dinner will be tonight at 6:30라고 말한 부분에 집중하자.

여러분 주목해 주시겠습니까? 소기업 총회에 오신 걸 환영합니다. 총회에 등록하지 않으셨지만 등록을 원하시는 분들은 강당의 청색 구역으로 가시기 바랍니다. 총회에 등록하신 분들은 녹색 구역에서 안내 자료집을 받으시기 바랍니다. 오늘 밤 6시 30분 퀸 그랜드 호텔에서 개회 환영 만찬이 있다는 것을 여러분 모두에게 다시 한 번 알려 드립니다. 질문이 있으시면 안내 센터로 오시기 바랍니다.

정답 1 (A) 2 (A) conference/Blue/welcome dinner

어휘 conference 회의, 총회 small business 소기업 register 등록하다 section 구역 auditorium 강당
information packet 안내 자료집 remind 상기시키다 opening 개막의, 개회의 welcome dinner 환영 만찬
information booth 안내 센터

UNIT 15. 안내 방송 **147**

청취 집중 훈련 2 🎧 P4-U15-7 / 해설 p.49

실전과 가깝게 보기가 3개인 문제로 연습해 보세요. 안내 방송을 듣고 시각정보를 참고하여 질문에 알맞은 답을 체크하세요.

This month's Store hours

Day	Store hours
Monday through Friday	7:00 A.M. – 8:00 P.M.
Saturday and Sunday	7:00 A.M. – 10:00 P.M.
Note! New store hours will be announced soon.	

1. What offer does the speaker mention?
   (A) Free gift-wrapping
   (B) Free delivery
   (C) A free coupon

2. Look at the Graphic. What time will the store close on weekdays next month?
   (A) At 8 P.M.
   (B) At 9 P.M.
   (C) At 10 P.M.

3. How can customers find upcoming sales?
   (A) By looking online
   (B) By looking at the newspaper
   (C) By asking a customer service representative

안내 방송을 다시 한 번 들으면서 빈칸을 채워 보세요.

Attention all shoppers. This week only, we're offering free gift-wrapping for all purchases. In addition, we're _____ our store hours by two hours both on weekdays and weekends starting next month. That's right, you can take advantage of our _____ prices for two more hours every day as of June 1. For a list of our upcoming sales events, please visit our Web site www.kensingtonstore.com. If you don't have time to visit the store, don't forget we have special _____ sales. Thank you for shopping with us and have a nice day.

실력 점검 문제

안내 방송을 듣고 질문에 맞는 답을 고르세요.

1. What is the purpose of the announcement?
   (A) To announce a new service
   (B) To announce the store is closing
   (C) To inform of a special offer
   (D) To announce a clearance sale

2. Where might this announcement be heard?
   (A) At a grocery store
   (B) At a museum
   (C) At a cafeteria
   (D) At an office

3. What does the speaker suggest?
   (A) For customers to get a sample
   (B) For customers to become club members
   (C) For customers to try a new product
   (D) For customers to order from a Web site

4. Where will the flight go?
   (A) To Milan
   (B) To Dublin
   (C) To Berlin
   (D) To London

5. What is causing the delay?
   (A) Bad weather
   (B) Technical problems
   (C) Too much air traffic
   (D) A late connecting flight

6. What time should passengers check in?
   (A) At 8 o'clock
   (B) At 9 o'clock
   (C) At 10 o'clock
   (D) At 11 o'clock

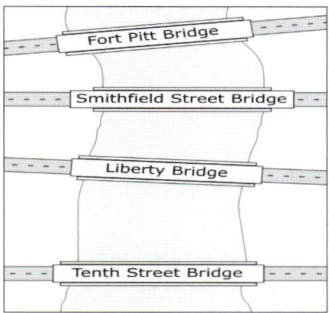

7. Look at the graphic. Which bridge does the speaker recommend drivers avoid?
   (A) The Fort Pitt Bridge
   (B) The Smithfield Street Bridge
   (C) The Liberty Bridge
   (D) The Tenth Street Bridge

8. What does the speaker say is causing the traffic congestion?
   (A) A sporting event
   (B) A construction project
   (C) An outdoor concert
   (D) An abandoned vehicle

9. What will listeners hear next?
   (A) A sports broadcast
   (B) A business news update
   (C) A music program
   (D) An interview

REVIEW TEST

1. Why does the speaker leave a message?
   (A) To postpone a meeting
   (B) To advertise a new product
   (C) To inquire about a job opening
   (D) To book a room

2. How many people will be at the dinner?
   (A) 3
   (B) 4
   (C) 5
   (D) 6

3. What does the speaker request?
   (A) A private room
   (B) A group discount
   (C) A particular server
   (D) A table on the balcony

4. What are listeners encouraged to do?
   (A) Purchase items with cash
   (B) Use the store's delivery service
   (C) Bring their purchases to a counter
   (D) Visit the store's another location

5. What is part of the store's current Big Winter promotion?
   (A) Free deliveries on furniture items
   (B) Price reductions
   (C) A new store credit card
   (D) Discounted furniture repairs.

6. When will the prize winners be announced?
   (A) At 5:00 P.M.
   (B) At 6:00 P.M.
   (C) At 7:00 P.M.
   (D) At 8:00 P.M.

7. What is the purpose of the call?
   (A) To cancel an order
   (B) To confirm an appointment
   (C) To reschedule an interview
   (D) To announce a special offer

8. Who most likely is Mr. Booker?
   (A) A client
   (B) A salesperson
   (C) A travel agent
   (D) A hiring manager

9. What information does the speaker give?
   (A) An address
   (B) A phone number
   (C) An order number
   (D) An e-mail address

10. Where might this announcement be heard?

(A) On a train
(B) On an airplane
(C) At a bus station
(D) In a subway station

11. What is the purpose of the announcement?

(A) To announce gift sales
(B) To announce a departure
(C) To inform passengers of a delay
(D) To inform passengers of arrival procedures

12. What is mentioned about the subway?

(A) It is located at the west side.
(B) It is under construction.
(C) It will be closed.
(D) It does not connect with the airport.

13. Where does the announcement most likely take place?

(A) At a restaurant
(B) At a grocery shop
(C) At a furniture factory
(D) At a cleaning-supply store

14. Why does the speaker say, "There will be a cleanup in aisle eight"?

(A) To explain a task
(B) To request assistance
(C) To give a warning
(D) To make a suggestion

15. Why are customers unable to access some items?

(A) They were knocked off a shelf.
(B) They were placed in the wrong section.
(C) A refrigerator was being fixed.
(D) A liquid was spilled on the floor.

Curt's Home Goods Customer: Madeline Clark	
Item #	Item name
A-2	Pull-down curtains
A-4	Striped curtains
B-2	Curtain rods
B-4	Mounting hardware

16. What does the speaker say she received in an e-mail?

(A) An advertisement
(B) A receipt
(C) A contact number
(D) A coupon

17. Look at the graphic. What item does the speaker want to replace?

(A) Pull-down curtains
(B) Striped curtains
(C) Curtain rods
(D) Mounting hardware

18. What does the speaker ask the listener to do?

(A) Complete a form
(B) Retrieve a package
(C) Install some furniture
(D) Return a phone call

RC

문법 기초다지기

8품사

문장 속에서 어떤 역할을 하는지에 상관없이, 어휘 자체만을 놓고서 부를 때 사용하는 용어입니다.

1 명사

사람이나 사물 등 우리 주변의 모든 것들에 대한 '이름'을 명사라고 합니다. 이름뿐 아니라 shoes(신발), bag(가방)과 같은 사물과 love(사랑), dream(꿈)과 같은 추상적인 것들을 모두 통틀어 일컫는 용어가 명사입니다. 명사는 크게 셀 수 있는 가산명사와 셀 수 없는 불가산명사로 나눌 수 있습니다.

명사 예: **company** 회사　**product** 제품　**customers** 고객들　**money** 돈

2 대명사

대명사란 말 그대로 명사를 '대신해서 쓰는 명사'를 말하며, 앞이나 뒤에 나오는 명사를 대신해서 지칭하는 기능을 합니다. 대명사는 그 나름대로 단수와 복수, 인칭, 격이 존재합니다.

대명사 예: **I** 나　**you** 너　**it** 그것　**they** 그들　**he** 그　**she** 그녀

3 동사

다른 품사와는 다르게 동사는 문장 요소로서도 동사라는 명칭을 그대로 사용합니다. 누군가가 또는 무엇이 '~하다/~되다'라는 뜻으로, 사람이나 사물의 동작이나 상태를 나타내는 단어입니다. 동사는 크게 뒤에 목적어가 필요 없는 자동사와 목적어를 필요로 하는 타동사로 구분합니다.

자동사 예: **go** 가다　**come** 오다　**rise** 상승하다　**arrive** 도착하다
타동사 예: **have** ~를 가지고 있다　**make** ~를 만들다　**say** ~를 말하다　**discuss** ~를 논의하다

4 형용사

사람이나 사물의 성질이나 상태를 나타내는 단어를 형용사라고 칭합니다. 우리말로 'ㄴ'으로 끝나는 대부분의 말은 형용사로 볼 수 있습니다. '예쁜', '사랑스러운', '멋진', '아름다운' 등이 모두 형용사입니다.

형용사 예: **beautiful** 아름다운　**big** 큰　**interesting** 재미있는　**new** 새로운　**old** 오래된

5 관사

a, an, the를 통틀어서 관사라 하는데, 반드시 명사를 꾸미기 위해서 존재하는 어휘입니다. 부정관사인 a나 an은 셀 수 있는 단수 가산명사 앞에만 붙을 수 있지만, 정관사 the는 명사의 종류에 상관없이 모든 명사 앞에서 사용할 수 있습니다. 우리말에서는 관사의 개념이 존재하지 않기 때문에 정확하게 우리말로 딱 맞는 해석이 없지만, 보통 a와 an은 '하나의'라고 해석하고, the는 '그'라는 해석을 붙이는 경우가 많습니다.

6 부사

부사는 동사뿐만 아니라 형용사, 부사, 문장 전체도 수식하면서 의미를 풍부하게 만들어 주는 품사입니다. 수식어 역할을 하는 대표적 품사이며, 대체로 문장에서 빠져도 구조적으로 큰 영향을 주지 않는 품사이기도 합니다.

부사 예: **normally** 보통　**really** 정말　**very** 매우　**dramatically** 급격하게

7 전치사

전치사란 우리말의 조사와 같이 '~에, ~부터' 등으로 해석되는 단어들이며 명사를 연결할 때 사용합니다. 예를 들어 the book on the desk(책상 위의 그 책)처럼 the book(책)과 the desk(책상)라는 두 개의 명사를 the book the desk(그 책 그 책상)라고 쓸 수 없으므로 중간에 전치사를 사용하여 연결하는 것입니다.

전치사 예: **in** ~ 안에　**on** ~ 위에　**at** ~에　**from** ~로부터　**between** ~ 사이에서

8 접속사

접속사는 한 문장이 끝나고 나서 또 다른 문장을 연결하여 말할 때 쓰는 어휘들입니다. 전치사와는 다르게 뒤에 〈주어+동사〉로 구성되는 문장을 수반하며, 어떤 기능을 하느냐에 따라서 몇 가지 종류로 세분화할 수 있습니다.

접속사 예: **and** 그리고　**or** 또는　**but** 그러나　**because** ~ 때문에

문장 요소

1 주어(S)

문장 전체의 주체로서, 우리말로 '~은/는/이/가'를 붙여서 해석하며, 주로 문장 맨 앞에 위치합니다.

He has two cars. 그는 두 대의 차를 가지고 있다.
The company sells various products. 그 회사는 다양한 제품들을 판매한다.

2 동사(V)

주어의 동작이나 상태를 나타내는 서술어(~하다/~되다)를 말하며, 주어와 더불어 문장의 핵심 요소입니다.

We **built** the house last year. 우리는 그 집을 작년에 지었다.

3 목적어(O)

주어가 하는 동작의 대상이 되는 어휘로서, 영어에서는 주로 동사 다음에 위치합니다. 예를 들어 '나는 신문을 읽는다'에서 우리말로 '~을/~를'을 붙여서 해석하는 '신문을'이 목적어에 해당됩니다.

They discussed **the topic**. 그들은 그 주제를 논의했다.

4 보어(C)

보어는 말 그대로 보충하는 말로서, 주어나 목적어를 더 명확하게 묘사할 때 사용합니다. 주어를 보충 설명하는 것을 주격보어, 목적어를 보충 설명하는 것을 목적격보어라고 합니다.

Their presentation was **excellent**. (주격보어) 그들의 발표는 훌륭했다.
Many people consider credit cards **convenient**. (목적격보어) 많은 사람들이 신용카드를 편리하게 생각한다.

5 수식어

문장을 구성하는 필수 요소는 아니지만, 그러한 필수 요소들을 꾸며주는 역할을 담당하는 것을 수식어라고 합니다. 예를 들어 '구름이 높이 떠 있다.'라고 한다면 구름이 떠 있는 모습에 '높이'라는 의미를 추가한 것입니다. 이러한 수식어가 들어감으로써 문장의 의미를 좀 더 풍부하게 만들어줄 수 있습니다.

The train arrived **late**. 기차가 늦게 도착했다.
Employees **in the sales department** work **rapidly**. 영업부의 직원들은 일을 빨리 한다.

구와 절

단어 하나가 문장 내에서 명사, 동사 등의 품사로 쓰이듯이 구와 절도 문장 내에서 품사와 같은 역할을 할 수 있습니다.

구 [단어+단어]

구는 단어와 단어가 합쳐 쓰이는 것을 말합니다. 문장이나 절의 일부분으로 쓰여요.

구 예: **on the stage** 그 무대에서 = **on** ~에서 + **the** 그 + **stage** 무대

절 [주어+동사]

절은 구보다 큰 개념으로 〈주어+동사〉 형태가 문장의 일부분으로 쓰이는 것을 뜻해요.

절 예: This is the laptop **that I bought yesterday**. 이게 내가 어제 산 노트북 컴퓨터야.

1. 명사구 / 명사절 : 명사처럼 주어, 목적어, 보어로 쓰입니다.

명사구	명사절
To make new friends is exciting. （주어） 새로운 친구를 사귀는 것은 흥미롭다.	I hope **that everything goes well for you**. （hope의 목적어） 모든 일이 잘 되길 바라.
I want **to buy a new mobile phone**. （want의 목적어） 새 휴대폰을 사고 싶어.	My hope is **that we will win the game**. （보어） 제 소망은 우리가 그 경기에서 이기는 것입니다.

2. 형용사구 / 형용사절 : 명사를 수식합니다.

형용사구	형용사절
I ate the cookies **on the table**. 명사 cookies를 수식 내가 탁자 위에 있는 쿠키를 먹었어.	I will try the restaurant **that Amy recommended**. restaurant를 수식 에이미가 권한 식당에 가볼 거야.

3. 부사구 / 부사절 : 동사, 형용사, 또는 문장 전체를 수식합니다.

부사구	부사절
He usually studies **in the library**. 동사 studies를 수식 그는 대개 도서관에서 공부해.	**Because the price is low**, I will buy that dress. 앞에서 콤마 뒤 문장 전체를 수식 가격이 저렴하니까 그 드레스를 살 거야.
I'm happy **to hear the news**. 형용사 happy를 수식 그 소식을 들으니 기쁘군요.	I was watching TV **when Tim got home**. 뒤에서 앞 문장 전체를 수식 팀이 집에 왔을 때 나는 TV를 보고 있었어.

PART 5 & 6

Unit 1	명사	**Unit 8**	수동태
Unit 2	대명사	**Unit 9**	부정사
Unit 3	형용사	**Unit 10**	동명사
Unit 4	부사	**Unit 11**	분사
Unit 5	동사	**Unit 12**	전치사와 접속사
Unit 6	수일치		
Unit 7	시제	**Part 5&6**	Review Test

UNIT 1 명사

★ 콕콕 찍어 주는 출제 포인트

사람이나 사물 등 우리 주변의 모든 것들을 부르는 이름을 명사라고 한다. 사람의 이름뿐 아니라 shoes(신발), bag(가방) 같은 사물과 love(사랑), dream(꿈) 같은 추상적인 개념을 일컫는 모든 말이 명사에 속한다.

1 셀 수 있는 명사(가산명사)

명사는 크게 셀 수 있는 가산명사와 셀 수 없는 불가산명사로 나뉘는데, 우리말로 생각하는 것과 달리 의외로 추상적 개념도 가산명사인 경우가 많다.

가산명사	단수명사	관사(a, an, the) 중 하나를 반드시 붙인다.
	복수명사	부정관사(a, an)가 붙지 않고, 명사 뒤에 (e)s를 붙인다.

→ 정관사 the는 단수, 복수에 상관없이 다 붙일 수 있다.

1〉 단수명사와 복수명사

우리말로 '하나, 둘' 개수를 셀 수 있는 명사를 가산명사라 하는데, 하나를 지칭하는 단수와 둘 이상을 지칭하는 복수로 나눈다.

단수 형태		복수 형태	
an employee	직원	employees	직원들
a customer	고객	customers	고객들
a product	제품	products	제품들
a dish	접시	dishes	접시들
a factory	공장	factories	공장들

→ 대부분의 명사는 뒤에 s만 붙이면 되지만, -ch, -sh, -s, -x로 끝나는 명사는 뒤에 es를 붙이고, y로 끝나는 명사는 y를 빼고 뒤에 ies를 붙여서 복수를 만든다.

An employee is assembling **a product**. 한 직원이 제품 하나를 조립하고 있다.
Employees are assembling **products**. 직원들이 제품들을 조립하고 있다.

> **TIP** 간혹 복수 중에는 (e)s를 붙이지 않는 불규칙한 형태도 있다.
>
> | 단수 형태 | | 복수 형태 | |
> |---|---|---|---|
> | a person | 사람 | people | 사람들 |
> | a man | 남자 | men | 남자들 |
> | a woman | 여자 | women | 여자들 |

2) 가산명사와 어울리는 표현

다음 표현들은 가산명사 앞에 쓰이는데 단수를 나타내는 표현은 가산 단수명사, 복수를 나타내는 표현은 가산 복수명사와 어울려 쓰인다.

a/an	하나의		many	많은	
one	하나의		several	몇 개의	
another	다른 하나의	+ 가산 단수명사	a number of	많은 수의	+ 가산 복수명사
every	모든		two, three...	둘, 셋…	
each	각각의		(a) few	적은, 약간의	

We looked carefully at every car. 우리는 모든 차를 주의 깊게 살펴보았다.
→ every(모든)는 의미는 복수지만 단수명사를 수식한다는 점에 주의해야 한다.

Many people drive a car to commute. 많은 사람들이 차를 몰고 통근한다.
→ many(많은) 다음에는 복수명사를 써야 한다. person(사람)의 복수는 people(사람들)이다.

Check-up / 해설 p.56

STEP 1

1. .... are making a purchase.
   (A) Customer   (B) Customers

2. Another .... will be coming.
   (A) bus   (B) buses

3. Several .... went bankrupt last month.
   (A) company   (B) companies

STEP 2

4. Flight attendant candidates have to undergo .... tests before starting their job.
   (A) another   (B) every   (C) each   (D) many

어휘 purchase 구입, 구입품   make a purchase 구매하다, 구입하다   customer 소비자   several 몇몇의, 몇 개의
go bankrupt 파산하다   last month 지난달   flight attendant (비행기) 승무원   candidate 지원자, 후보자
have to + 동사원형 ~해야 한다   undergo 겪다, 경험하다   test 검사, 실험   start a job 일을 시작하다

2 셀 수 없는 명사(불가산명사)

셀 수 없는 불가산명사는 가산명사와 달리 앞에 부정관사 a나 an을 붙일 수 없고 뒤에 s를 붙여서 복수로 사용할 수 없다.

불가산명사	• 부정관사(a, an)가 붙지 않는다. • 복수 형태가 존재하지 않는다. • 정관사(the)나 소유격(one's) 대명사가 붙을 수 있다.

1〉 대표적인 불가산명사

TOEIC에 자주 나오는 불가산명사는 가산명사보다도 그 개수가 적으므로 외워두는 게 유리하다. TOEIC에 자주 출제되는 대표적인 불가산명사는 다음과 같다.

information 정보	advice 충고, 자문	equipment 장비
furniture 가구	access 접근, 접속	merchandise 상품
mail 우편	luggage(= baggage) 짐, 수화물	machinery 기계류

We have to receive **information**. (O) 우리는 정보를 받아야 한다.
→ 불가산명사 information 앞에 아무것도 없는 형태가 기본이다.

We have to receive **an information**. (X)
→ 부정관사 an은 가산 단수명사 앞에 붙여야 하므로 틀린 표현이다.

We have to receive **informations**. (X)
→ 불가산명사는 복수 형태가 불가능하다.

We have to receive **the information**. (O) 우리는 그 정보를 받아야 한다.
→ 불가산명사 information 앞에 정관사 the를 붙이는 것은 괜찮다.

We have to receive **your information**. (O) 우리는 당신의 정보를 받아야 한다.
→ 불가산명사 information 앞에 대명사의 소유격인 your를 붙이는 것도 괜찮다.

2〉 불가산명사와 어울리는 표현

가산명사와 함께 쓰는 표현보다 불가산명사와 함께 쓰는 수량 형용사가 적다. 그리고 가산명사 및 불가산명사와 모두 어울릴 수 있는 표현도 같이 정리해 보자.

much 많은	+ 불가산명사	a lot of 많은	+ 가산 복수명사 또는 + 불가산명사
(a) little 적은		all 모든	
		some 약간의	
less 더 적은		more 더 많은	
		most 대부분의	

The consultant gave us so **much advice**. 그 컨설턴트는 우리에게 매우 많은 충고를 해주었다.
All equipment is guaranteed for three years. 모든 장비는 3년 동안 품질보증된다.

TIP all이 명사를 꾸미는 방식

일반 형용사와 달리 all은 명사를 꾸밀 때 세 가지 방식으로 표현할 수 있으므로 주의한다.

all + 명사	all the 명사	all of the 명사

All people in the group are from Europe.
All the people in the group are from Europe. } 그 집단의 모든 사람들은 유럽에서 왔다.
All of the people in the group are from Europe.

Check-up / 해설 p.56

STEP 1 1. .... furniture looks very old.

  (A) Every   (B) Some

  2. The manager requested .... to the budget report.

  (A) access   (B) approach

  3. For .... information, visit our Web site.

  (A) more   (B) another

STEP 2 4. .... luggage should be stored under the seat in front of you.

  (A) Each   (B) Every   (C) All   (D) A few

어휘 furniture 가구   look 보이다   request 요청하다, 요구하다   budget 예산(안)   report 보고(서)   access 접근, 접속
approach 접근   visit 방문하다   luggage 짐, 가방   store 보관하다, 저장하다   under the seat 좌석 아래에
in front of ~ 앞에

UNIT 1. 명사

3 명사 자리

문장 전체에서 보면 주어나 목적어 자리에 명사가 들어가는데 관사나 전치사가 명사 자리를 나타내는 힌트가 된다.

1〉 문장의 주어 자리
문장 전체의 주어는 우리말로 '~은/는/이/가'를 붙여서 해석하며 주로 맨 앞에 위치한다.

Registration is necessary for this program. 이 프로그램은 등록이 필요하다.

→ TOEIC에서는 명사 registration(등록)과 동사 register(등록하다)를 모두 보기로 내어 혼동을 유발하는데 주어 자리면 명사를 골라야 한다.

2〉 동사의 목적어 자리
목적어란 동사의 동작 대상이 되는 어휘로, 영어에서는 주로 동사 다음에 위치한다. 동사의 목적어는 명사가 들어갈 자리다.

We **guarantee delivery** within four days. 우리는 4일 이내 배송을 보장한다.

→ 동사 guarantee(~를 보장하다)의 목적어가 되는 명사 delivery(배송)가 들어가야 한다. TOEIC에서는 동사 deliver(배송하다)를 보기로 내서 혼동을 유발하므로 목적어 자리에는 명사를 골라야 한다.

3〉 전치사의 목적어 자리
전치사란 우리말의 조사처럼 '~에, ~와, ~로, ~부터' 등으로 해석하는 단어들이며 명사를 연결할 때 사용하므로 전치사 다음에는 명사가 온다.

You should handle it **with care**. 당신은 그것을 조심스럽게 취급해야 한다.

→ 전치사 with(~를 가지고) 다음에 명사 care(조심)를 연결해서 with care(조심을 가지고 = 조심스럽게)라는 표현이 된다.

TIP   with + care = carefully (전치사 + 명사 = 부사)

전치사가 명사와 함께 쓰여 부사 역할을 하는 경우가 많다.

You can replace the battery **with ease**. 당신은 쉽게 배터리를 교체할 수 있다.
= easily
→ 전치사 with와 명사 ease가 합쳐지면서 easily(쉽게)와 같은 의미가 된다.

The chemicals should be treated **with caution**. 그 화학물질들은 조심스럽게 취급해야 한다.
= cautiously
→ 전치사 with와 명사 caution이 합쳐지면서 cautiously(조심스럽게)와 같은 의미가 된다.

4〉 관사 + _____ + 전치사

관사의 수식을 받으며 전치사 앞에 올 수 있는 품사는 명사로 이 자리는 대표적인 명사 자리다.

The location of the shopping center is very convenient. 그 쇼핑센터의 위치는 매우 편리하다.

→ 정관사 the와 전치사 of 사이에 빈칸이 있으면 명사 자리다. TOEIC에서는 명사 location(위치)과 동사 locate(위치시키다)를 모두 보기로 내서 혼동을 유발하기도 한다.

5〉 관사 + 형용사 + _____

관사란 명사를 맨 앞에서 수식하는 어휘이며, 형용사는 명사를 앞에서 수식하는 품사이므로 관사와 형용사 다음에는 명사가 들어갈 자리다.

The salesperson gave us **a short explanation**. 그 영업사원은 우리에게 짧은 설명을 해주었다.

→ TOEIC에서는 명사 explanation(설명)과 동사 explain(설명하다)을 모두 보기로 내서 명사 자리를 알고 있는지 묻는다.

Check-up / 해설 p.56

STEP 1

1. _____ is not required for the program.
   (A) Enroll
   (B) Enrollment

2. Upon _____, please collect your luggage.
   (A) arrival
   (B) arrive

3. You can believe the _____ of the data.
   (A) reliable
   (B) reliability

STEP 2

4. We should discuss an effective _____ to improve employee productivity.
   (A) strategies
   (B) strategic
   (C) strategy
   (D) strategically

어휘 be required 요구되다　enroll(= apply for) 등록하다　enrollment 등록, 신청　upon ~하자마자　collect (물건을) 가져오다　luggage 짐, 수화물　arrival 도착　arrive 도착하다　believe 믿다, 생각하다　reliable 믿을 만한, 신뢰할 만한　reliability 신뢰성　discuss(= talk about) 토론하다, 논의하다　effective 효과적인　improve 개선하다, 높이다　employee 직원　productivity 생산성　strategy 계획, 전략　strategic 전략적인　strategically 전략적으로

UNIT 1. 명사

4 복합명사

명사를 앞에서 수식하는 기본적인 품사는 형용사다. 하지만 명사가 명사를 꾸미면서 하나의 의미를 만들어 내는 것을 복합명사라 하는데, 이때 몇 가지 규칙이 있다.

1〉복합명사의 앞 명사는 단수

복수인 명사만 단수로 바꾸고 원래부터 단수이거나 불가산인 명사는 그대로 두면 된다.

| shoes 신발 | + | a store 가게 | = a shoe store 신발 가게 |
| customers 고객들 | + | satisfaction 만족 | = customer satisfaction 고객 만족 |

Customer satisfaction is our highest priority. 고객 만족이 우리의 최우선순위다.

> **TIP** 앞의 명사를 복수로 쓰는 경우도 있다.
>
> 복합명사에서 앞의 명사를 단수로 바꿀 경우 품사가 달라지거나 의미가 퇴색될 때는 앞의 명사를 복수 형태로 쓰기도 한다.
>
> | a savings bank 저축 은행 | savings 저축 | → saving은 '저축행위'를 의미한다. |
> | customs duties 관세 | customs 세관 | → custom은 '관습'을 의미한다. |

2〉복합명사의 수는 뒤의 명사가 결정

복합명사에서 앞의 명사는 형용사 역할이므로 수를 결정하는 것은 뒤의 명사다. 즉 뒤의 명사가 가산명사면 부정관사(a, an)를 붙여도 되고 복수로 쓸 수도 있으며, 뒤의 명사가 불가산명사면 부정관사를 붙일 수 없다.

A consumer **survey is** useful for marketers. 소비자 설문조사는 마케터들에게 유용하다.
→ survey(설문조사)가 단수명사이므로 앞의 명사에 상관없이 단수 취급한다.

Conference **rooms are** usually available in the morning. 회의실들은 보통 오전에 이용할 수 있다.
→ rooms가 복수명사이므로 앞의 명사에 상관없이 복수 취급한다.

Product **information is** provided by the manufacturer. 제품 정보는 제조업체에 의해서 제공된다.
→ information이 불가산명사이므로 앞의 명사에 상관없이 단수 취급한다.

3〉TOEIC에 자주 나오는 복합명사

account number 계좌번호	advertising strategy 광고 전략	application form 신청서
arrival date 도착일	assembly line 조립 라인	attendance records 출근 기록
board meeting 이사회 회의	tax law 세법	travel agency 여행사
business trip 출장	occupancy rate 점유율	press conference 기자회견
construction delay 공사 지연	reference letter 추천서	security deposit 보증금
production figures 생산 통계	identity badge 신분 배지	job application 입사 지원
market survey 시장 조사	communication skills 소통 능력	employee participation 직원 참여

You should submit a report of **the business trip**. 당신은 출장 보고서를 제출해야 한다.

The company wants to increase **employee participation**. 그 회사는 직원 참여를 늘리고 싶어한다.

The president will announce a plan at **the press conference**. 사장은 기자회견에서 계획을 발표할 것이다.

Check-up / 해설 p.57

STEP 1

1. You should submit your .... form.
   (A) apply
   (B) application

2. The factory will automate its .... line.
   (A) assembly
   (B) assemble

3. Employees will be given a .... review at the end of the year.
   (A) performing
   (B) performance

STEP 2

4. Your e-mail address must be valid because it will be used for the .... process.
   (A) registers   (B) registration   (C) register   (D) registered

---

어휘 submit 제출하다   form 양식, 서식   apply 신청하다   application 신청, 등록   factory 공장   automate 자동화하다
line 선, 작업라인   assembly 조립   assemble 조립하다, 모으다   address 주소   valid 유효한, 타당한   process 과정
register 등록하다   registration 등록

UNIT 1. 명사 **167**

토익 필수 명사 1

approval
n. 승인, 인정, 찬성

official approval by the board of directors 이사회에 의한 공식적인 승인
give approval for the new business plan 신규 사업 계획을 승인하다

attendee
n. 참석자

convention attendees 회의 참석자들
a lot of attendees 수많은 참석자들

budget
n. 예산, 예산안, 비용   *v.* 예산안을 수립하다

a portion of the department's budget 부서 예산의 일부
because of the recent budget cuts 최근의 예산 삭감 때문에

competition
n. 경쟁, 시합

strong competition for sales jobs 영업직에 채용되기 위한 극심한 경쟁
competition in the automotive industry 자동차 업계의 경쟁

contract
n. 계약, 계약서   *v.* 계약을 맺다

according to the terms of the contract 계약 조항에 따르면
draft a contract 계약서 초안을 작성하다

direction
n. 지시, 사용법, 방향, 감독

under the direction of the manager 관리자의 지시 하에
directions for using the equipment 장비 사용법

growth
n. 성장, 증가

earnings growth 수익 증대
expect substantial growth 상당한 성장을 기대하다

maintenance
n. 유지보수, 정비

aircraft maintenance 항공기 정비
temporarily closed for maintenance work 유지보수 작업으로 일시적으로 폐쇄된

opening
n. 개점(식), 개관(식), 공석, 결원

the official opening of the new branch 신규 지점의 공식 개점
several openings in the marketing department 마케팅부의 공석 몇 자리

opportunity
n. 기회

miss an opportunity 기회를 놓치다
equal opportunity to take a course 교육 받을 동등한 기회

property
n. 재산, 부동산, 건물

national[public, private] property 국유[공유, 사유] 재산
property management firm 부동산 관리회사

standard
n. 표준, 기준, 규범

standard business hours 표준 근무시간
strict quality control standards 엄격한 품질관리 기준

subscription
n. 구독(료), 기부금

cancel[renew] a subscription 구독을 취소하다[갱신하다]
a one-year subscription 1년 정기 구독료

Check-up

밑줄 친 단어의 우리말 뜻을 고르세요.

1. aircraft maintenance 항공기 (A 정비 / B 운항)
2. property management firm
   (A 인력 / B 부동산) 관리회사
3. a one-year subscription
   1년 정기 (A 구독료 / B 예금)

   1. A   2. B   3. A

우리말 뜻에 맞게 빈칸을 채우세요.

1. 최근 예산 삭감 the recent b_____ cuts
2. 표준 근무시간 s_____ business hours
3. 관리자의 지시 하에
   under the d_____ of the manager

   1. budget   2. standard   3. direction

UNIT 1. 명사 **169**

실력 점검 문제 해설 p.57~59

1. The hospital has an .... for a qualified doctor with at least 5 years of experience.

   (A) open (B) opens
   (C) opened (D) opening

2. Rising .... makes it harder and harder to retain talented employees.

   (A) competition (B) opposition
   (C) challenge (D) dominance

3. Under the .... of the newly appointed CEO, Zymtech will exceed all expectations.

   (A) directs (B) directed
   (C) direction (D) directly

4. Documents about the seminar will be sent to all .... a week in advance.

   (A) attendance (B) attends
   (C) attendees (D) attend

5. Costcom will announce the reason for its dramatic .... at the annual meeting.

   (A) grow (B) grown
   (C) grew (D) growth

6. To attract more customers, Valley Bank guarantees the highest .... of its service.

   (A) standard (B) guide
   (C) document (D) precaution

7. Search Tool Inc. has invested billions of dollars in its advertising ....

   (A) prices (B) budgets
   (C) incentives (D) subscription

8. Dalton Inc. has been trying to negotiate a new .... to replace the old one.

   (A) expenses (B) contract
   (C) dialogue (D) meeting

9. Plans to construct a shopping mall still need .... from the county's elected governor.

   (A) approve (B) approved
   (C) approvingly (D) approval

10. Don't miss this .... to own the best audio system at an affordable price.

    (A) agreement (B) opportunity
    (C) requirement (D) responsibility

Questions 11-14 refer to the following advertisement.

FOR SALE — Brand new "History of Jazz" 8-CD box set — only $30

This limited-edition CD ....**11.**........ of great jazz music is in its original package, and it has never been opened. It was purchased for me as a gift, but I had already bought a set for myself the previous month. The music on the CDs is wonderful, and the set comes with a bonus DVD and an illustrated ....**12.**........ about jazz's history. ....**13.**........ So, call Brad ....**14.**........ (585) 555-0016 today.

---

11. (A) collect
(B) collects
(C) collected
(D) collection

12. (A) performance
(B) booklet
(C) player
(D) tour

13. (A) Some parts of this product are broken.
(B) You need to have additional skills.
(C) This item will probably sell quickly.
(D) A musical performance will be popular.

14. (A) at
(B) in
(C) on
(D) to

UNIT 2 대명사

★ 콕콕 찍어 주는 출제 포인트

'대명사'는 '대신하는 명사'라는 의미로 앞에 나오는 명사의 반복을 피하기 위해 쓴다. 이처럼 문장을 간결하게 만들어 주는 대명사는 항상 똑같은 형태가 아니라 문장에서의 역할에 따라 격(주격, 목적격, 소유격 등)이 달라진다.

1 인칭대명사

인칭대명사란 나, 너, 그리고 다른 사람(사물)을 가리킬 때 쓰는 대명사로 크게 다음 3가지 인칭으로 나뉜다.

인 칭	종 류	뜻
1 인 칭	I	나
2 인 칭	you	너, 너희들
3 인 칭	he / she / it / they	그 / 그녀 / 그것 / 그들(그것들)

1〉 인칭대명사의 격과 형태

인칭대명사는 문장에서의 쓰임에 따라서 다음과 같이 격이 달라진다.

주 격		소유격		목적격		소유대명사	
I	나	my	나의	me	나를	mine	내 것
you	너	your	너의	you	너를	yours	네 것
he	그	his	그의	him	그를	his	그의 것
she	그녀	her	그녀의	her	그녀를	hers	그녀의 것
it	그것	its	그것의	it	그것을	—	
we	우리	our	우리의	us	우리를	ours	우리 것
they	그들	their	그들의	them	그들을	theirs	그들 것

❶ **주격 대명사 + 동사**: 문장 전체의 주어가 되는 자리에서 대명사는 주격을 사용하며, 주로 문장의 앞에 위치한다.

Him will be in Athens on business. (X)
He will be in Athens on business. (O) 그는 출장차 아테네에 있을 것이다.

→ 문장 전체의 주어 자리에는 목적격(Him)이 아니라 주격(He) 대명사가 들어가야 한다.

❷ **타동사 + 목적격 대명사 / 전치사 + 목적격 대명사**: 대명사가 동사나 전치사 다음에 쓰일 때는 목적격으로 쓴다.

I lent him several books, but he hasn't read **it**. (X)
I lent him several books, but he hasn't read **them**. (O) 나는 그에게 책 여러 권을 빌려 주었지만, 그는 그것들을 읽지 않았다.

→ 앞의 명사가 several books(책 여러 권)이므로 복수로 받고, 동사 read(읽다) 뒤에 있으므로 목적격 them을 쓴다.

I'm expecting a call from **he**. (X)
I'm expecting a call from **him**. (O) 나는 그의 전화를 기다리고 있다.

→ from이 전치사이므로 그 다음에는 목적격 him을 써야 한다.

❸ **대명사의 소유격 + 명사**: 대명사로 명사를 앞에서 수식할 때는 소유격으로 쓴다. 즉 소유격은 명사를 수식할 때 사용한다.
We want to express **us** thanks to you. (X)
We want to express **our** thanks to you. (O) 우리는 당신에게 감사하는 마음을 전하고 싶습니다.
→ thanks(감사하는 마음)는 명사이므로 명사를 앞에서 수식하는 것은 소유격(our)이다.

❹ **소유대명사**: 소유대명사는 '~의 것'으로 해석되는 표현으로 앞에 사용된 명사의 반복을 피하기 위한 것이다.
Your system is totally different from **we**. (X)
Your system is totally different from **ours**. (O) 당신의 시스템은 우리 것과 완전히 다르다.
→ 여기서 ours(우리 것)는 our system(우리의 시스템)을 의미한다.

> **TIP** 형태가 똑같은 대명사들 you, her 그리고 his
>
> you는 주격과 목적격의 형태가 같고, her는 목적격과 소유격이 같으며, his는 소유격과 소유대명사의 형태가 같다.
>
> I asked **her** to clean the room. 나는 그녀에게 방을 청소하라고 요청했다.
> **Her** presentation was very impressive. 그녀의 발표는 매우 인상적이었다.
> → 첫 번째 문장에서 her는 목적격, 두 번째 문장에서 her는 소유격이다.
>
> I truly appreciate **his** help. 나는 그의 도움을 진심으로 감사한다.
> In fact, the report was **his**. 사실 그 보고서는 그의 것이었다.
> → 첫 번째 문장에서 his는 소유격, 두 번째 문장에서 his는 his report를 대신하는 소유대명사다.

Check-up / 해설 p.59

STEP 1

1. Both of .... are from Asia.
   (A) they   (B) them

2. .... clients will visit us tomorrow.
   (A) We   (B) Our

3. Our sales figures are similar to ....
   (A) their   (B) theirs

STEP 2

4. Ms. Taylor took Mr. Martin's briefcase because she mistakenly thought it was ....
   (A) she   (B) her   (C) hers   (D) herself

어휘 both of them 그들 둘 모두   client 고객   visit 방문하다, 머물다   sales figures 매출액, 판매고   be similar to ~와 유사하다   briefcase 서류가방   mistakenly 실수로, 잘못하여   mistakenly think ~라고 잘못 생각하다, 착각하다

2 재귀대명사

'재귀'는 '원래 자리로 돌아오다'는 의미로 재귀대명사란 주어가 주어 자신을 가리킬 때 사용되는 대명사다. 인칭대명사 뒤에 -self나 -selves를 붙인 형태를 말한다.

1〉형태

❶ 단수 형태

인칭대명사	I	you	he	she	it
재귀대명사	myself	yourself	himself	herself	itself

→ 1인칭 I와 2인칭 you는 소유격 my와 your에 self를 붙이고, 3인칭 he, she, it은 목적격 him, her, it에 self를 붙여서 재귀대명사를 만든다.

❷ 복수 형태

인칭대명사	we	you	they
재귀대명사	ourselves	yourselves	themselves

→ 복수가 되면 selves를 뒤에 붙인다.

2〉재귀적 용법

주어와 목적어가 동일할 때 사용하는 용법으로 이 경우는 반드시 재귀대명사를 써야 한다. 이때 재귀대명사는 '자신'이라고 해석하면 된다.

I will introduce **me**. (X)
I will introduce **myself**. (O) 저를 소개하겠습니다.
→ 주어인 I와 목적어인 me가 동일하므로 이 경우는 반드시 myself(나 자신)를 써야 한다.

He will introduce **him**. (O) 그는 그를 소개할 것이다.
→ 주어인 he와 목적어인 him이 다른 사람임을 의미한다.

He will introduce **himself**. (O) 그는 자신을 소개할 것이다.
→ 주어인 he와 목적어인 himself는 동일한 사람이다.

3〉강조 용법

문장에서 주어나 목적어의 행위나 상태를 강조하기 위해 재귀대명사를 쓰기도 하는데, 이때는 강조하기 위해 쓴 것이므로 생략해도 문장이 성립되어야 하고, '직접'이라고 해석한다.

I **myself** entered the account number.
= I entered the account number **myself**. 내가 직접 계좌번호를 입력했다.
→ myself를 생략해도 문장이 성립되고, 이때 myself는 '내가 직접'했다는 것을 강조하는 표현이다.

4〉 관용 표현

by oneself 홀로 / 스스로, 남의 도움 없이	for oneself 자신을 위해서

Robert likes living **by himself**.
= Robert likes living **alone**. 로버트는 혼자 사는 것을 좋아한다.
→ 이 경우 by himself는 '홀로, 혼자서'라는 의미다.

I repaired my car **by myself**.
= I repaired my car **on my own**. 나는 내 차를 스스로 고쳤다.
→ 이 경우 by myself는 '스스로, 남의 도움 없이'라는 의미로 on my own으로 바꿀 수 있다.

She wants to go into business **for herself**. 그녀는 자영업을 하고 싶어한다.

> **TIP** TOEIC에서는 by oneself와 on one's own이 자주 나온다.
>
> They had to move the furniture **on their own**. (= by themselves)
> 그들은 그 가구를 스스로 옮겨야 했다.
> → 보기에 their own과 themselves가 모두 있으면, 빈칸 앞의 전치사를 보고 판단한다.

Check-up / 해설 p.59

STEP 1

1. Ms. Kim introduced _____ at the meeting.
   (A) she   (B) herself

2. They repaired the fence _____.
   (A) them   (B) themselves

3. We moved the office equipment by _____.
   (A) our own   (B) ourselves

STEP 2

4. After 12 weeks of training, new engineers should develop a new product on _____.
   (A) they   (B) themselves   (C) their own   (D) them

어휘 introduce 소개하다, 선보이다   meeting 회의, 모임   repair 수리하다, 고치다   fence 울타리   move 옮기다, 이사하다   office 사무실   equipment 장비   after ~ 후에   week 1주일   training 교육, 훈련   engineer 기술자, 공학자   develop 개발하다   product 상품, 제품   new product 신제품

3 지시대명사

지시대명사는 사물(사람)을 가리키거나 이전에 언급된 내용을 가리킬 때 쓰인다. 거리, 시간상 가까운 것을 가리킬 때 this를 쓰고, 먼 것을 가리킬 때는 that을 쓰며 복수형은 각각 these와 those다.

단수	복수
this 이것, 이 사람	these 이것들, 이 사람들
that 저것, 저 사람 / 그것, 그 사람	those 저것들, 저 사람들 / 그것들, 그 사람들

1> 사람, 사물 지칭

거리나 시간상 또는 심정적으로 가까운 것은 this와 these를 쓰고, 상대적으로 먼 것을 지칭할 때 that과 those를 사용한다.

This/That works well. 이것/저것은 잘 작동한다.
These/Those work well. 이것들/저것들은 잘 작동한다.

This/That is my coworker. 이 사람/저 사람은 내 동료다.
These/Those are my coworkers. 이 사람들/저 사람들은 내 동료들이다.
→ this와 that은 단수이므로 is로 받고, these와 those는 복수이므로 동사를 are로 써야 한다.

2> 앞의 명사를 다시 지칭

문장 속에서 앞의 명사를 다시 지칭할 때도 지시대명사를 쓴다. 역시 단수는 this/that으로 받고 복수는 these/those로 받는다.

The photocopier is old and **this/that** is out of order. 그 복사기는 오래되었고 이것/저것은 고장 났다.
I would like to introduce them. **These/those** are our salespersons.
나는 그들을 소개하고 싶습니다. 이들/저들은 우리 영업직원들입니다.

3> 명사를 앞에서 수식

지시대명사는 형용사 역할도 가능하므로 뒤에 오는 명사를 수식할 수도 있다.

This/That store is conveniently located. 이/저 가게는 편리한 곳에 위치해 있다.
These/Those people standing beside him are our business partners.
그 옆에 서 있는 이/저 사람들은 우리의 사업 파트너들이다.

4> 일반 사람을 지칭하는 those

다른 지시대명사와 달리 those는 일반 사람을 지칭하여 흔히 people을 대신해서 사용된다. 대개 뒤에 who가 와서 those who(~하는 사람들) 형태로 쓰이므로 관용구로 기억하는 것이 좋다.

Those who wish to attend the meeting should contact me. 회의에 참석하기 원하는 사람들은 제게 연락하십시오.
We will send invitation letters to **those who** registered. 우리는 등록한 사람들에게 초청장을 보낼 것이다.

> **TIP** those who와 anyone who의 차이점
>
> TOEIC에서는 those who(~하는 사람들)와 anyone who(~하는 누구든지)의 차이를 종종 묻는다. 해석으로 구분하기 어려우므로 수일치로 구분해야 한다.
>
> | those who + 복수동사 (~하는 사람들) | anyone who + 단수동사 (~하는 누구든지) |
> | --- | --- |
>
> **Those who want** to participate in the game should register in advance.
> 그 경기에 참가하기 원하는 사람들은 미리 등록해야 한다.
>
> **Anyone who wants** to participate in the game should register in advance.
> 그 경기에 참가하기 원하는 사람은 누구든지 미리 등록해야 한다.

Check-up / 해설 p.59

STEP 1

1. .... is a new product.
   (A) This   (B) These

2. .... contain very delicate items.
   (A) That   (B) Those

3. The profit figures of their company are higher than .... of our firm.
   (A) that   (B) those

STEP 2

4. .... who order office supplies should tell the manager in advance.
   (A) This   (B) Anyone   (C) Those   (D) That

어휘 contain 포함하다   delicate 민감한, 깨지기 쉬운   item 상품   profit figures 수익액   higher 더 높은
order 주문하다, 명령하다   office supplies 사무용품   in advance 미리, 먼저

4 부정대명사

부정대명사란 부정적(negative)이라는 뜻이 아니라, 구체적이고 정확한 숫자가 언급되지 않는 것을 의미한다. 즉 불특정한 (indefinite) 대명사를 의미한다.

1〉 one and the other
둘이 있을 때 그중 하나는 one, 나머지 하나는 the other라 한다.

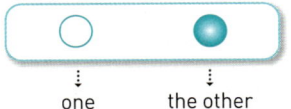

I have two cars. **One** is red and **the other** is black. 나는 차 두 대를 가지고 있다. 하나는 빨간색이고 하나는 검정색이다.

2〉 one and another
셋 이상이 있을 때 그중 하나는 one, 다른 하나는 another라 한다.

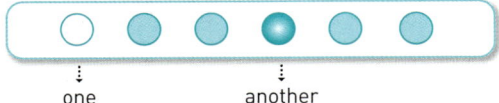

One of the ten items is missing and **another** is damaged.
10개의 물건 중에서 하나는 사라졌고, 다른 하나는 파손되었다.

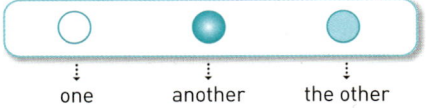

One became a doctor, and **another** started a business, and **the other** retired last year.
한 명은 의사가 되었고, 다른 한 명은 사업을 시작했으며, 나머지 한 명은 지난해에 은퇴했다.

3〉 one and the others
셋 이상이 있을 때 하나는 one, 나머지 전부는 the others라 한다.

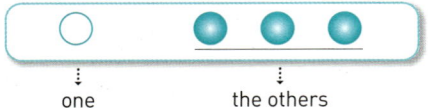

I have **three sisters**. **One** lives in Busan and **the others** live in Seoul.
나는 누나가 세 명 있다. 한 명은 부산에 거주하고 나머지 두 명은 서울에 거주한다.

4〉 some and others

여럿이 있을 때 일부는 some, 다른 일부는 others라 한다.

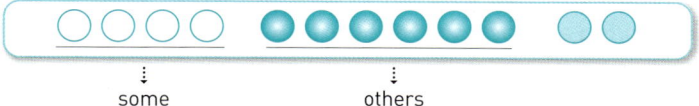

Some workers like to use laptops and **others** like to use desktops.
일부 직원들은 노트북을 쓰기 좋아하고 다른 직원들은 데스크탑 컴퓨터를 쓰기 좋아한다.

> **TIP**   each other는 무엇일까?
>
> each other는 우리말로 '서로'에 해당하는 대명사다. one another도 같은 말이다.
>
> The colleagues are looking at **each other**. (= one another)
> 그 동료들은 서로 쳐다보고 있다.

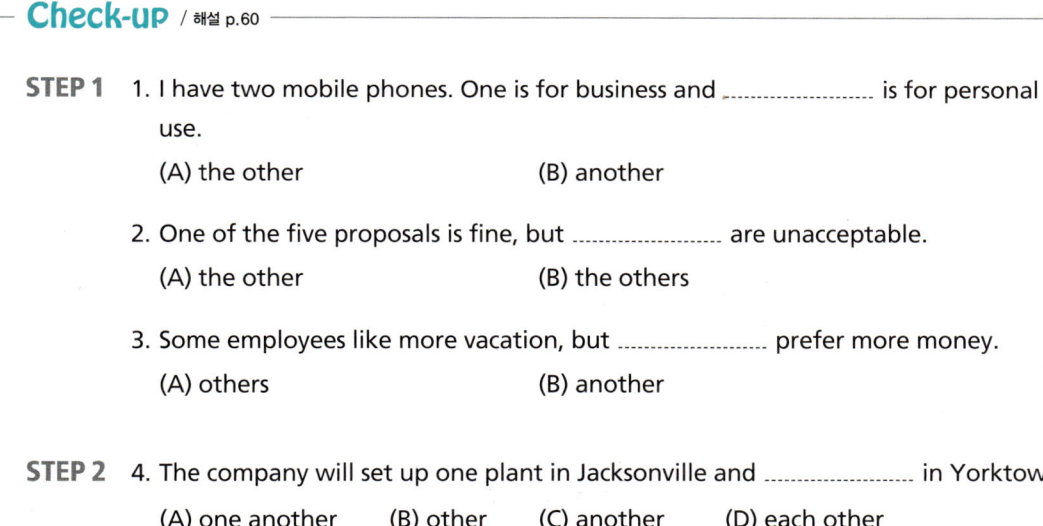

STEP 1

1. I have two mobile phones. One is for business and .... is for personal use.
   (A) the other   (B) another

2. One of the five proposals is fine, but .... are unacceptable.
   (A) the other   (B) the others

3. Some employees like more vacation, but .... prefer more money.
   (A) others   (B) another

STEP 2

4. The company will set up one plant in Jacksonville and .... in Yorktown.
   (A) one another   (B) other   (C) another   (D) each other

어휘 mobile phone 휴대폰   business 사업, 업무   personal 개인적인, 사적인   proposal 제안, 제안서   unacceptable 용인할 수 없는, 마음에 들지 않는   employee 직원   vacation 휴가   prefer 선호하다   announce 발표하다, 공표하다   set up 세우다, 설립하다   plant 공장, 식물

토익 필수 명사 2

alternative
n. 대안 *a.* 양자택일의, 대체 가능한

there is no alternative 대안이 없다
an alternative to hiring employees 직원 채용에 대한 대안

application
n. 신청(서), 적용

fill out the application form 신청서를 작성하다
the application of new skills 새로운 기술의 적용

benefit
n. 혜택, 복리후생, 자선 *v.* 혜택을 받다(from), 혜택을 주다

as a benefit of membership 회원의 혜택으로
participate in the benefit show 자선 행사에 참여하다

candidate
n. 후보자, 지원자

highly qualified candidates 자질이 뛰어난 후보자들
the successful candidates for this position 본 직종에 적합한 후보자들

contact
n. 연락, 접촉 *v.* 연락하다

contact information 연락처 정보
frequent contact with clients 고객과의 빈번한 접촉

department
n. 부서, 학과

the personnel department 인사부
the accounting department 경리부

performance
n. 실적, 성능, 공연

evaluate the employee's performance 직원의 실적을 평가하다
compare prices and performance 가격과 성능을 비교하다

potential
n. 가능성, 잠재력 *a.* 잠재적인

show full potential 최대한의 잠재력을 보이다
have enormous potential for global sales 전 세계 판매를 위한 거대한 잠재력을 지니다

professional	*n.* 전문가 *a.* 전문적인, 직업의
	investment professionals 투자 전문가들
	inspections conducted by professionals 전문가에 의해 수행된 검사

requirement	*n.* 자격요건
	requirements for graduation 졸업 요건
	meet the requirements 필요한 자격요건을 갖추다

risk	*n.* 위험, 위험요소
	risk factors 위험 요소들
	face the risk of injury 부상 위험에 직면하다

shift	*n.* 교대 근무, 변경 *v.* 이동하다, 옮기다
	work the night shift 야간 근무조로 일하다
	work in two shifts 2교대로 일하다

shipment	*n.* 배송, 선적, 운송품
	a shipment will be delayed 배송이 지연될 예정이다
	unload the shipment 운송품을 차에서 내리다

Check-up

밑줄 친 단어의 우리말 뜻을 고르세요.

1. night <u>shift</u> 야간 (A 순찰 / B 근무조)
2. meet the <u>requirements</u> (A 조직 / B 자격요건)을 갖추다
3. delayed <u>shipment</u> 지연된 (A 배송 / B 청구)

1. B 2. B 3. A

우리말 뜻에 맞게 빈칸을 채우세요.

1. 거대한 잠재력   enormous p_____
2. 신청서   the a_____ form
3. 자질이 뛰어난 후보자들
   highly qualified c_____

1. potential 2. application 3. candidates

UNIT 2. 대명사 **181**

실력 점검 문제

1. The accounting manager helped new employees achieve .... goals.
   (A) them
   (B) they
   (C) their
   (D) theirs

2. Accountants and other finance .... are busy before the due date for the tax returns.
   (A) professions
   (B) professionals
   (C) professionalism
   (D) professionally

3. After filling out your time sheets, please submit .... to the department manager directly.
   (A) them
   (B) their
   (C) they
   (D) themselves

4. Because of the .... of infection, laboratory workers wash their hands regularly.
   (A) failure
   (B) ruin
   (C) fault
   (D) risk

5. All candidates who have qualifications in marketing should send in .... applications.
   (A) they
   (B) their
   (C) them
   (D) theirs

6. Star Print offers generous salary and .... package to attract workers.
   (A) interest
   (B) control
   (C) benefits
   (D) force

7. Mr. Lee is working far from .... house and has to get up early.
   (A) he
   (B) his
   (C) him
   (D) himself

8. Before the .... begins, tickets for the musical *Arirang* may be purchased at the box office.
   (A) contact
   (B) stage
   (C) preservation
   (D) performance

9. A rival company moved the branch office next to .... at the end of last month.
   (A) my
   (B) I
   (C) myself
   (D) mine

10. Though Light Corp. was hesitant to raise product prices, there was really no ....
    (A) alternate
    (B) alternated
    (C) alternative
    (D) alternatively

Questions 11-14 refer to the following notice.

The bank will be closed next Monday for Labor Day. In order to better accommodate ___**11.**___ customers, we will be extending our Saturday hours. Normally we are open from 8 A.M. to 1 P.M. on Saturdays, but this weekend we will remain ___**12.**___ until 5 P.M. ___**13.**___. We will reopen at the usual time on Tuesday. Please ___**14.**___ that our ATMs will still be operational.

11. (A) we
    (B) our
    (C) us
    (D) ours

12. (A) open
    (B) opening
    (C) openness
    (D) be open

13. (A) Nevertheless, we have not met customer satisfaction.
    (B) First of all, the deadline for the event should be met.
    (C) This will lessen the inconvenience our closing will cause.
    (D) Some clients will make a complaint about bank services in writing.

14. (A) proceed
    (B) notify
    (C) call
    (D) remember

UNIT 3 형용사

★ 콕콕 찍어 주는 출제 포인트

사람 또는 사물의 성질이나 상태를 나타내는 단어를 형용사라고 한다. 사람이나 사물의 이름을 '명사'라 하는데 형용사는 이를 꾸며주거나 설명하는 역할을 한다.

1 형용사의 역할

형용사는 기본적으로 명사를 꾸미기 위해 사용되기도 하지만, 특정 동사를 뒤에서 보충하는 보어 역할도 한다.

1) 명사 수식
형용사는 명사를 앞에서 수식하는 것이 기본이지만, 대명사를 꾸밀 때는 뒤에서 수식한다.

Mr. Baker wrote a clear proposal. 베이커 씨는 명쾌한 제안서를 작성했다.
→ 형용사 clear가 명사 proposal을 앞에서 수식한다.

Anyone smart will be fine. 현명하다면 누구든지 괜찮다.
→ 형용사 smart가 anyone을 뒤에서 수식한다. 형용사가 대명사를 수식할 때는 뒤에서 꾸민다.

2) be동사 + 보어 역할
be동사는 그 자체로 주어를 설명하기에 부족하기 때문에 뒤에 보충하는 말을 달고 다닌다. 이를 보어라고 하는데 보어 자리에는 흔히 형용사가 온다.

be + 형용사 ~하다	become + 형용사 ~해지다	seem + 형용사 ~인 듯하다	remain + 형용사 ~한 상태로 남다

→ 위 동사들 뒤에 언제나 형용사만 오는 것은 아니지만 흔히 형용사가 보어로 쓰인다.

The hotel's rooms were clean. 그 호텔 방들은 깨끗했다.
→ be동사 다음에 형용사가 오면 '형용사 + 하다'로 해석한다. (be clean = 깨끗하다)

The new product became popular. 그 신제품은 인기가 많아졌다.
→ become 다음에 형용사가 오면 '형용사 + (해)지다'로 해석한다. (become popular = 인기가 많아지다)

He seems hesitant. 그는 주저하는 듯하다.
→ seem 다음에 형용사가 오면 '형용사 + 인 듯하다'로 해석한다. (seem hesitant = 주저하는 듯하다)

The factory remained operational. 공장은 계속 가동되었다.
→ remain 다음에 형용사가 오면 '~인 상태로 남다'로 해석하거나 '계속 ~하다'로 해석한다. (remain operational = 가동되는 상태로 남다 / 계속 가동되다)

3) 동사 + 목적어 + 형용사

make 같은 동사 뒤에는 목적어가 오고 그 뒤에 목적격 보어(목적어를 보충하는 어휘)로 형용사가 따라온다.

동사 + 목적어 + 형용사	의 미
make + A + 형용사	A를 ~한 상태로 / 하도록 만들다
find + A + 형용사	A가 ~하다고 생각하다 / 알게 되다
keep + A + 형용사	A를 ~한 상태로 유지하다

The investors found the presentation **interestingly**. (X)
The investors found the presentation **interesting**. (O) 투자자들은 발표가 흥미롭다고 생각했다.
→ 목적어인 명사 the presentation(발표)을 보충해야 하므로 뒤에 형용사 interesting(흥미로운)을 써야 한다.

Every member should keep his locker **cleanly**. (X)
Every member should keep his locker **clean**. (O) 모든 회원은 사물함을 깨끗한 상태로 유지해야 한다.
→ 목적어인 명사 his locker(사물함)를 보충해야 하므로 뒤에 형용사 clean(깨끗한)을 써야 한다.

Check-up / 해설 p.62

STEP 1

1. The gallery has .... paintings.
   (A) beautiful   (B) beautifully

2. The position become ....
   (A) vacate   (B) vacant

3. We found yesterday's seminar ....
   (A) helpful   (B) helps

STEP 2

4. The traffic signs in the country seem .... to foreign people.
   (A) confuse   (B) confusing   (C) confusingly   (D) confuses

---

어휘 gallery 갤러리, 화랑   painting 그림   beautiful 아름다운   beautifully 아름답게   position 직위, 위치
vacate 비우다, (일자리, 직장을) 떠나다   vacant 빈, 공석인   seminar 세미나   helpful 유용한   help 돕다
traffic 차량, 교통량   sign 신호, 징후   traffic sign 교통신호   foreign people 외국인들   confuse 혼란시키다
confusing 혼란시키는, 당황하게 하는   confusingly 혼란스럽게

2 형용사 자리

TOEIC 파트 5, 6에서는 품사 자리를 물어보는 문제가 계속 출제된다. 형용사가 들어가는 대표적인 자리는 다음과 같다.

1〉 a / an / the + _____ + 명사

관사와 명사 사이에 빈칸이 있으면 형용사 자리다. 기본적으로 명사를 앞에서 꾸미는 것은 형용사이기 때문이다.

They purchased a **newly** house. (X)
They purchased a **new** house. (O) 그들은 새 집을 구매했다.
→ 부정관사 a와 명사 house(집) 사이에는 부사 newly(새롭게)가 아니라 형용사 new(새로운)가 들어가야 한다.

The **majorly** cities are always crowded. (X)
The **major** cities are always crowded. (O) 주요 도시들은 항상 붐빈다.
→ 정관사 the와 명사 cities(도시들) 사이에는 부사 majorly(아주)가 아니라 형용사 major(주요한)가 들어가야 한다.

2〉 전치사 + _____ + 명사

전치사 다음에는 목적어로 명사가 와야 하는데, 만약 전치사와 명사 사이에 빈칸이 있으면 형용사를 써야 한다.

He showed me a list of **recently** styles. (X)
He showed me a list of **recent** styles. (O) 그는 내게 최근 스타일의 목록을 보여주었다.
→ 전치사 of와 명사 styles(스타일) 사이에는 부사 recently(최근에)가 아니라 형용사 recent(최근의)가 들어가야 한다.

After **carefully** consideration, we chose you. (X)
After **careful** consideration, we chose you. (O) 주의 깊은 고려 후에, 우리는 당신을 선택했다.
→ 전치사 after와 명사 consideration(고려) 사이에는 부사 carefully(주의 깊게)가 아니라 형용사 careful(주의 깊은)이 들어가야 한다.

3〉 be동사 + 부사 + _____

be동사 다음에 보어로 명사와 형용사가 모두 올 수 있지만 빈칸 앞에 부사가 있다면 그 자리는 형용사 자리다.

The project was extremely **success**. (X)
The project was extremely **successful**. (O) 그 프로젝트는 대단히 성공적이었다.
→ be동사 was 다음에 부사 extremely(대단히)가 있으므로 그 뒤에는 명사 success(성공)가 아니라 형용사 successful(성공적인)이 들어가야 한다.

Mr. Simpson's lecture will be very **information**. (X)
Mr. Simpson's lecture will be very **informative**. (O) 심슨 씨의 강연은 매우 유익할 것이다.
→ be동사 다음에 부사 very(매우)가 있으므로 그 뒤에는 명사 information(정보)이 아니라 형용사 informative(유익한)가 들어가야 한다.

4〉 ─────── + ─────── + 명사

명사 앞에 형용사를 둘 이상 쓸 수도 있는데, 이 경우 형용사가 형용사를 수식하는 것이 아니라 형용사 모두가 명사를 수식한다.

He will report the **total financial** expenses. 그는 총 재무비용을 보고할 것이다.
→ 형용사 total(총)은 명사 expenses(비용)를 수식하며, 형용사 financial도 그 뒤의 명사 expenses를 수식하고 있다.

We need **innovative educational** programs. 우리는 혁신적이면서 교육적인 프로그램이 필요하다.
→ 형용사 innovative(혁신적인)는 명사 programs(프로그램)를 수식하며, 형용사 educational(교육적인)도 명사 programs를 꾸미고 있다.

TIP '부사 + 형용사 + 명사'

명사 앞에 형용사가 둘 이상 올 수도 있지만, 대개는 '형용사 + 명사'가 있으면 그 앞에는 형용사를 수식하는 부사가 들어간다.

They manufacture **very cheap** products. 그들은 매우 저렴한 제품을 제조한다.
→ 부사 very(매우)는 형용사 cheap(저렴한)를 수식하고, 형용사 cheap는 명사 products를 수식한다.

The participants gained **quite valuable** experience. 참가자들은 꽤 귀중한 경험을 얻었다.
→ 부사 quite(꽤)가 형용사 valuable(귀중한)을 수식하고, 형용사 valuable은 명사 experience를 수식한다.

Check-up / 해설 p.62

STEP 1

1. The customers need a ─────── car.
   (A) reliance   (B) reliable

2. The new product will be released in the ─────── future.
   (A) near   (B) nearly

3. Their Internet service was too ─────── and expensive.
   (A) slow   (B) slowly

STEP 2

4. It is especially ─────── to read the safety manual completely before using the equipment.
   (A) importance   (B) importantly   (C) important   (D) importances

---

어휘 need 필요하다   reliance 의존, 의존도   reliable 신뢰할 수 있는   release 출시하다   future 미래   expensive 비싼
slow 느린   slowly 느리게   especially 특히   read 읽다   safety 안전   manual 설명서, 매뉴얼   completely 완전히, 철저하게   importance 중요성   importantly 중요하게   important 중요한

3 수량 형용사

형용사의 기본적인 역할은 명사를 수식하는 것이다. 그런데 명사가 셀 수 있는 가산명사인지 불가산명사인지에 따라서 수식하는 형용사의 종류 또한 달라진다.

1〉형용사 + 가산 단수명사

one	하나의		one of the	복수명사	~ 중의 하나
every	모든	+ 단수명사	every of the (X)		
each	각각의		each of the	복수명사	~ 중의 각각

→ 형용사 every는 'every of the 명사'의 형태로 사용하지 않는다.

One passenger is waiting. 한 승객이 기다리고 있다.
One of the passengers is waiting. 승객들 중 한 사람이 기다리고 있다.

→ one of the 복수명사(~중의 하나)는 주어가 one이므로 동사는 is를 사용한다.

2〉형용사 + 복수명사

❶ '많은 / 적은' + 복수명사

many	많은		few	적은	
a number of	많은	+ 복수명사			+ 복수명사
numerous	많은		a few	약간의	

→ few(적은)는 수가 거의 없다는 부정적 의미인 반면 a few(약간의)는 약간 있다는 긍정적 의미다.

Many people will come to the party. 많은 사람들이 파티에 올 것이다.
A few products were damaged. 일부 제품들이 파손되었다.

❷ 형용사 + 복수명사

various	다양한	+ 복수명사	various foods	다양한 음식들
several	몇몇의		several foods	몇 가지 음식들

We offer **various services** for our customers. 우리는 고객들에게 다양한 서비스를 제공한다.
The governor visited **several areas**. 주지사는 몇몇 지역들을 방문했다.

3〉형용사 + 불가산명사

❶ '많은 / 적은' + 불가산명사

much	많은		little	적은	
a large amount of	많은 양의	+ 불가산명사	a little	약간의	+ 불가산명사

→ little(적은)은 거의 없다는 부정적 의미인 반면 a little(약간의)은 약간 있다는 긍정적 의미다.

There was not **much difference**. 많은 차이는 없었다.
They spent **a large amount of money** on renovations. 그들은 보수공사에 거금을 썼다.
There is **a little money** left in my account. 내 계좌에는 돈이 조금 남아 있다.

❷ '많은' + 복수명사 / 불가산명사

a lot of	많은	
lots of	많은	+ 복수명사 / 불가산명사
plenty of	많은	
enough	많은, 충분한	

Nowadays, **a lot of people** use social network services. 요즘 많은 사람들이 소셜 네트워크 서비스를 이용한다.
You can save **a lot of time**. 당신은 많은 시간을 절약할 수 있다.

TIP a number of와 the number of는 다르다

a number of		a number of people	많은 사람들
the number of	+ 복수명사	the number of people	사람들의 숫자

A number of people came to the party last night. 어젯밤에 많은 사람들이 파티에 왔다.
The number of people in the city has increased. 그 도시의 인구가 증가했다.

Check-up / 해설 p.62

STEP 1 1. Each .... will give a speech.

   (A) participant   (B) participants

2. Travelers can enjoy numerous .... here.

   (A) activity   (B) activities

3. There is not .... legroom on the plane.

   (A) many   (B) enough

STEP 2 4. Students from .... universities did internships at YSN Corporation last year.

   (A) much   (B) every   (C) various   (D) each

어휘 give a speech 발표하다, 연설하다   participant 참가자   traveler 여행자   enjoy 즐기다   activity 활동, 여가활동
legroom 다리를 뻗는 공간   plane 비행기   enough 충분한, 충분히   university 대학   internship 인턴과정, 연수
corporation 기업, 법인   last year 지난해

UNIT 3. 형용사 **189**

4 혼동하기 쉬운 형용사

1〉 형태에 주의해야 하는 형용사

영어 어휘가 -ly로 끝나면 대부분이 부사다. 하지만 -ly로 끝나는 형태의 형용사들도 있으므로 주의해야 한다.

형용사 + ly = 부사	easy + ly = easily	쉽게
명사 + ly = 형용사	time + ly = timely	시기 적절한

→ 형용사에 ly를 붙이면 부사가 되지만, 명사에 ly를 붙이면 형용사가 된다.

명사 + ly	형용사	
time(시간) + ly	timely	시기 적절한
friend(친구) + ly	friendly	친절한, 친밀한
cost(비용) + ly	costly	비싼
hour(시간) + ly	hourly	매 시간의, 빈번한
day(날) + ly	daily	매일의
month(달) + ly	monthly	매월의
quarter(분기) + ly	quarterly	분기별의
year(년) + ly	yearly	연간의

→ hourly, daily, monthly, quarterly, yearly는 형용사와 부사의 형태가 동일하므로 문맥에 따라 품사가 무엇인지 판단해야 한다.

The technician solved the problem in a **timely manner**. 그 기술자는 시기 적절한 방식으로 그 문제를 해결했다.
→ timely(시기 적절한)는 보기에는 부사처럼 보이지만 명사 manner(방식, 자세)를 앞에서 수식하는 형용사다.

The secretary attended **the monthly staff seminar**. 그 비서는 월간 직원 세미나에 참석했다.
→ 여기서 monthly(월간의)는 명사 staff seminar(직원 세미나)를 앞에서 수식하므로 형용사다.

We will **bill you monthly** from next year. 우리는 내년부터 당신에게 월 단위로 요금을 청구할 것이다.
→ 여기서 monthly(월 단위로)는 동사 bill(~에게 청구하다)을 뒤에서 수식하므로 부사다.

2〉 의미에 주의해야 하는 형용사

어원이 동일한 형용사는 모양은 비슷하지만 의미가 다를 수 있으므로 주의해야 한다.

reliant = dependent	의존하는	reliable = dependable	믿을 만한, 신뢰할 만한
argumentative	논쟁적인, 따지기 좋아하는	arguable	논란의 여지가 있는
considerate	사려 깊은, 배려 깊은	considerable	상당한
compatible	사이좋게 지내는, (기계) 호환성이 있는	comparable	필적할 만한, 비슷한
sensitive	민감한, 예민한	sensible	분별력 있는
intelligent	교양 있는, 똑똑한	intelligible	이해하기 쉬운
comprehensive	종합적인	comprehensible	이해할 수 있는

This is a more **reliant car**. (X)
This is a more **reliable car**. (O) 이것이 더욱 믿을 만한 차다.
→ reliant 뒤에는 on이 오고, reliable은 주로 명사를 앞에서 꾸민다는 것을 기억하자.

It was an **argumentative topic**. (X)
It was an **arguable topic**. (O) 그것은 논란의 여지가 있는 주제였다.
→ argumentative는 사람을 수식하는 형용사이며, arguable은 topic(주제)을 꾸밀 수 있다.

The new plan will save a **considerate** amount of time. (X)
The new plan will save a **considerable** amount of time. (O) 새로운 계획으로 상당한 시간이 절약될 것이다.
→ considerate는 사람을 수식하는 형용사이며, 상당한 양이라는 의미로는 considerable을 써야 한다.

Check-up / 해설 p.63

STEP 1

1. The new system will be extremely ....
   (A) cost   (B) costly

2. Skywalker Airlines operate .... flights to Seoul.
   (A) day   (B) daily

3. The company could save a .... amount of money.
   (A) considerable (B) considerate

STEP 2

4. During busy periods, we are .... on volunteers to assist us with phone calls.
   (A) depend   (B) dependable   (C) dependent   (D) depends

어휘 system 조직, 시스템   extremely 극도로, 대단히   operate 운영하다, 운행하다   flight 비행기, 항공편   daily 매일의
save 절약하다   amount 금액   during 동안에   period 시기, 기간   volunteer 자원봉사자
assist A with B A가 B하는 것을 돕다

토익 필수 명사 3

access
n. 접근, 접근권   v. 접근하다
access to information 정보에 대한 접근
unrestricted access to financial reports 재무제표에 대한 무제한 접근

appointment
n. (특히 진료 등 업무 관련) 예약, 약속, 임명
a dental appointment 치과 진료 예약
approve the appointment of a new CEO 신임 CEO 임명을 승인하다

duty
n. 의무, 직무, 세금
while on duty 근무 시간 중에
duty-free goods 면세품

exhibit
n. 전시품, 전시회, 증거물   v. 전시하다
a landscape photograph exhibit 풍경 사진 전시회
make video recordings of exhibits 전시회를 비디오로 녹화하다

expense
n. 비용, 경비
spare no expense 비용을 아끼지 않다
submit a travel expense report 출장 경비 보고서를 제출하다

experience
n. 경력, 경험, 체험   v. 겪다, 경험하다
a minimum of three years' experience 최소 3년의 경력
a wide range of experience and expertise 폭넓은 경험과 전문지식

knowledge
n. 지식, 알고 있음
a broad knowledge of accounting theory 회계 이론에 관한 폭넓은 지식
increase knowledge 지식을 늘리다

leave
n. 휴가   v. 떠나다
10 days of paid leave 10일간의 유급 휴가
on sick leave 병가 중인

permission
n. 허락, 허가, 승인
get a supervisor's permission 상사의 승인을 얻다
without written permission 서면 허가 없이

personality
n. 성격, 인격, 개성
an outgoing personality 외향적인 성격
personality development training 인성 발달 교육

position
n. 일자리, 위치, 상황 *v.* 배치하다
apply for the management position 관리직에 지원하다
global positioning system devices 위성 위치 확인 장치

presentation
n. 프레젠테이션, 발표, 수여
make[give, deliver] a presentation 발표하다
a presentation ceremony 수여식

refund
n. 환불, 환급, 상환 *v.* 환불하다, 환급하다, 상환하다
give a full refund 전액 환불을 해주다
claim tax refund 세금 환급 신청을 하다

Check-up

밑줄 친 단어의 우리말 뜻을 고르세요.

1. on sick <u>leave</u> 병으로 인한 (A 휴가 / B 입원) 중인
2. a dental <u>appointment</u>
   치과 진료 (A 예약 / B 검사 결과)
3. a travel <u>expense</u> report
   출장 (A 회의 / B 경비) 보고서

1. A   2. A   3. B

우리말 뜻에 맞게 빈칸을 채우세요.

1. 상사의 승인   a supervisor's p_____
2. 3년의 경력   three years' e_____
3. 정보에 대한 접근   a_____ to information

1. permission   2. experience   3. access

실력 점검 문제 해설 p.63~65

1. Ms. Christa is the .... person to lead the project for opening the special exhibit.
   (A) idea
   (B) idealize
   (C) ideal
   (D) idealism

2. Customers at Dailygo shops can no longer request .... without a valid receipt.
   (A) profits
   (B) savings
   (C) refunds
   (D) registers

3. Mr. Danbury's workshop will show you how to give .... presentations.
   (A) persuade
   (B) persuaded
   (C) persuasive
   (D) persuasively

4. Thanks to their .... graphics, design software programs have become important tools.
   (A) really
   (B) realistic
   (C) realistically
   (D) realism

5. Managers from .... departments registered for the upcoming conference in Busan.
   (A) various
   (B) variety
   (C) vary
   (D) variation

6. A minimum of two years' .... in photography is required for the vacant position.
   (A) majority
   (B) personality
   (C) benefit
   (D) experience

7. Employees who are late more than three times per month are .... to extra duties.
   (A) subject
   (B) subjects
   (C) subjecting
   (D) subjective

8. The sessions are designed to increase your .... of laws and policies.
   (A) thoughts
   (B) instruction
   (C) knowledge
   (D) ability

9. A .... interview which would be conducted by the CEO is scheduled for September 30.
   (A) personally
   (B) personal
   (C) personalize
   (D) personable

10. Our company gives .... to the construction site only to the visitors with visitor badges.
    (A) pass
    (B) access
    (C) approach
    (D) line

Questions 11-14 refer to the following e-mail.

Greetings Ms. Lee,

I received your résumé and cover letter yesterday, and I am happy to say that we would like to .... you an interview. Your experiences doing charity work in hospitals
         11.

overseas, as well as your degree in children's medicine, make you .... suited to
                                                                          12.
work in our Pediatric Unit.

Our unit has been voted the Best Provider of Child Medical Care three times. We are always

looking to bring .... people like you onto our staff.
                13.

Please contact me at your earliest convenience. .... You may respond to this
                                                 14.
e-mail or call me at 555-8328. Thank you.

Sincerely,
Ada Inman
Human Resources
Ontario Central Hospital

---

11. (A) grant
(B) interfere
(C) discuss
(D) violate

12. (A) ideally
(B) idea
(C) idealism
(D) ideal

13. (A) dedication
(B) dedicated
(C) dedicating
(D) dedicative

14. (A) I am sorry to hear you have been removed from the list.
(B) You will be reimbursed for your trip.
(C) Your work area will be relocated elsewhere.
(D) We will arrange a time for your interview.

UNIT 4　부사

★ 콕콕 찍어 주는 출제 포인트
부사는 동사뿐만 아니라 형용사, 부사, 문장 전체도 수식하면서 의미를 풍부하게 만들어 주는 품사다. 수식어 역할을 하는 대표적 어휘이며, 대체로 문장에서 빠져도 구조에는 영향을 주지 않는 품사이기도 하다.

1 부사의 형태와 역할

대부분의 부사들은 형용사에서 파생된 것이므로 대체로 형용사에 ly를 붙여 부사를 만든다. 형용사는 명사를 꾸미지만 동사를 꾸미지 못하므로 이를 부사로 만든 것이라 생각하면 된다.

1〉 부사의 형태

형용사		부사	
easy	쉬운	easily	쉽게
quick	빠른	quickly	빠르게
usual	보통의, 평범한	usually	보통
careful	주의 깊은, 신중한	carefully	주의 깊게, 신중하게
clear	명확한	clearly	명확하게
certain	확실한	certainly	확실하게
sure	확실한	surely	확실하게
relative	상대적인	relatively	상대적으로

He is a **careful driver**. 그는 신중한 운전자다.
→ careful은 명사를 수식하는 형용사다.

He **drives carefully**. 그는 조심스럽게 운전한다.
→ carefully는 동사를 수식하는 부사다.

2〉 부사의 역할

❶ 동사 수식
　We should **work quickly**.
　= We should **quickly work**. 우리는 빨리 일해야 한다.
　→ 부사는 동사를 앞이나 뒤에서 모두 수식할 수 있다.

❷ 형용사 수식
　The project was **so easy**. 그 프로젝트는 매우 쉬웠다.
　→ 대부분의 부사는 형용사를 앞에서 수식한다.

❸ 다른 부사 수식

Motorists drove **very cautiously**. 운전자들은 매우 조심스럽게 운전했다.
→ 부사 very가 다른 부사인 cautiously를 꾸미고 cautiously는 동사 drove를 꾸민다.

❹ 문장 전체 수식

Increasingly, people are relying on their smartphones. 점점 더 사람들은 스마트폰에 의존하고 있다.
→ 문장 전체를 수식하는 부사는 보통 문장의 맨앞에 온다.

Check-up / 해설 p.65

STEP 1

1. The new employees speak English ....
   (A) fluent   (B) fluently

2. The local magazine is .... successful.
   (A) extreme   (B) extremely

3. ...., people in the city commute by cars.
   (A) Usual   (B) Usually

STEP 2

4. The two software companies agreed to work .... to develop a new product.
   (A) cooperate   (B) cooperation
   (C) cooperative   (D) cooperatively

어휘 new employee 신입사원   fluent 유창한, 능숙한   fluently 유창하게   local 지역의   magazine 잡지
successful 성공적인   extremely 극도로, 대단히   commute 통근하다   software 소프트웨어   agree 동의하다
develop 개발하다, 발전시키다   product 제품   cooperate 협조하다, 협력하다   cooperation 협조, 협력
cooperative 협동하는, 협조적인   cooperatively 협력하여

2 부사 자리

TOEIC 시험에서는 빈칸 앞뒤의 구조가 힌트가 되는 경우가 종종 있으므로 유의해서 보자. 부사가 들어가는 대표적인 자리는 다음과 같다.

1〉 have / has + ―――――― + p.p.

have / has p.p.의 동사 형태는 현재완료시제를 나타낸다. 이 현재완료시제 사이에서 동사를 꾸미는 품사는 부사다.

They **have strong criticized** the plan. (X)
They **have strongly criticized** the plan. (O) 그들은 그 계획을 강력하게 비판했다.

→ strong(강한)은 형용사, strongly(강하게)는 부사다.

2〉 be동사 + ―――――― + ~ing / p.p.

be동사 다음에 현재분사(~ing)를 쓰면 동사의 진행형이 되고, 과거분사(p.p.)를 쓰면 수동태가 되는데 이 사이에 들어가는 품사는 부사다.

The client **is continual waiting**. (X)
The client **is continually waiting**. (O) 그 고객은 계속 기다리고 있다.

→ continual(계속적인)은 형용사, continually(계속)는 부사다.

The computer **was recent replaced**. (X)
The computer **was recently replaced**. (O) 그 컴퓨터는 최근에 교체되었다.

→ recent(최근의)는 형용사, recently(최근에)는 부사다.

3〉 조동사 + ―――――― + 동사

will, can, may, should 같은 어휘를 조동사라 하는데, 이 조동사와 본동사 사이는 부사가 들어갈 자리다.

You **should regular meet** your supervisor. (X)
You **should regularly meet** your supervisor. (O) 당신은 상사와 정기적으로 면담해야 한다.

→ regular(정기적인)는 형용사, regularly(정기적으로)는 부사다.

I **will certain go** there. (X)
I **will certainly go** there. (O) 나는 틀림없이 거기에 갈 것이다.

→ certain(확실한)은 형용사, certainly(틀림없이)는 부사다.

4〉 be동사 + ―――――― + 형용사

형용사를 앞에서 수식하는 품사가 부사이므로 be동사와 형용사 사이는 부사가 들어갈 자리다.

The brands **are extreme valuable**. (X)
The brands **are extremely valuable**. (O) 그 브랜드들은 대단히 가치가 높다.

→ extreme(대단한)은 형용사, extremely(대단히)는 부사다.

5〉 자동사 + _____

동사 중에서 rise, come, go, arrive, happen, work 등과 같이 뒤에 목적어를 수반하지 않는 동사를 자동사라 하는데, 확실한 자동사 다음에 빈칸이 있다면 부사가 들어갈 자리이다.

The price **rose sharp**. (X)
The price **rose sharply**. (O) 가격이 급격하게 상승했다.
→ sharp(급격한)는 형용사, sharply(급격하게)는 부사다.

He is **working diligent**. (X)
He **is working diligently**. (O) 그는 열심히 일하고 있다.
→ diligent(열성적인, 주의 깊은)은 형용사이고, diligently(열심히, 주의 깊게)는 부사이다.

 **Check-up** / 해설 p.65

STEP 1 1. They have _____ examined all options.
(A) thorough (B) thoroughly

2. Taking photographs is _____ prohibited.
(A) strict (B) strictly

3. The number of applications rose _____.
(A) dramatic (B) dramatically

STEP 2 4. We will _____ refund your money as long as you have the receipt.
(A) happy (B) happily (C) happiness (D) happier

어휘 examine 검토하다 option 옵션, 선택사항 thorough 철저한 thoroughly 철저하게 take photographs 사진을 찍다
prohibit 금지하다, 못하게 하다 strict 엄격한, 엄밀한 strictly 엄격하게 the number of ~의 수
application 신청(서) rise 증가하다 dramatic 급격한 dramatically 급격하게 refund 환불하다
as long as ~하기만 하면 receipt 영수증, 수령 happily 기꺼이

3 혼동하기 쉬운 부사

1〉형용사일까 부사일까?

영어에는 형용사와 형태가 같은 부사들이 꽤 많다. 무엇을 수식하는지에 따라서 품사가 달라지므로 주의해야 한다.

단어	형용사의 의미	부사의 의미	단어	형용사의 의미	부사의 의미
early	이른	일찍	enough	충분한	충분히
fast	빠른	빨리	high	높은	높게
hard	어려운, 단단한	열심히, 심하게	late	늦은	늦게

David decided to take **early retirement**. 데이비드는 조기은퇴하기로 결심했다.
→ 여기서 early는 명사 retirement(은퇴)를 앞에서 수식하는 형용사다.

We **arrived early** this morning. 우리는 오늘 아침 일찍 도착했다.
→ 여기서 early는 동사 arrived(도착했다)를 뒤에서 수식하는 부사다.

2〉같은 듯 다른 부사

❶ hard(열심히)와 hardly(거의 ~아니다)

이 두 개의 부사는 의미가 다를 뿐 아니라 hard는 동사를 뒤에서 수식하고 hardly는 동사를 앞에서 수식한다는 차이도 있다.

The entire division **worked hardly**. (X)
The entire division **worked hard**. (O) 부서 전체가 열심히 일했다.

❷ formally(공식적으로)와 formerly(예전에)

formally와 formerly는 철자가 유사할 뿐 의미는 다르다. 또한 formerly는 '예전에'라는 의미이므로 미래시제와 함께 사용할 수 없다.

The committee will **formerly** approve the plan. (X)
The committee will **formally** approve the plan. (O) 위원회는 공식적으로 그 계획을 승인할 것이다.

❸ highly(매우, 높은 수준으로)와 high(높게)

'매우' 또는 '높은 수준으로' 등 추상적인 의미를 나타낼 때는 highly를 쓰고 '높이 날다'처럼 물리적인 위치가 높다고 할 때는 high를 쓴다.

We **high** recommend the item. (X)
We **highly** recommend the item. (O) 우리는 그 상품을 적극 추천한다.

❹ late(늦게)과 lately(최근에)

lately는 '최근에 일어난 일'을 나타내므로 과거나 현재완료시제와 어울리며 미래시제와 같이 쓸 수 없다.

The shipment will arrive **lately**. (X)
The shipment will arrive **late**. (O) 그 선적품은 늦게 도착할 것이다.

3〉 already / still / yet

	already	still	yet
의미	이미, 벌써	아직도, 여전히	아직
문장	긍정문	긍정문, 부정문	부정문, 의문문

❶ **already(벌써, 이미)**
예상보다 빨리 발생한 상황이나 이전에 일어났던 일이나 말에 대해서 강조하는 의미다.
The flight is **already** fully booked. 그 비행기는 벌써 예약이 꽉 차 있다.

❷ **still(여전히)**
어떤 일이 예상보다 '여전히' 이루어지지 않았거나 '여전히' 계속되고 있을 때 사용한다. still은 not 앞에 쓴다.
I **still** have **not** finished it. 나는 그것을 여전히 끝내지 않았다.

❸ **yet(아직)**
예상했던 일이 '아직' 이루어지지 않았을 때 사용하며, '앞으로 할 것'이라는 의미도 포함된다. yet은 not 뒤에 쓴다.
I have **not** finished it **yet**. 나는 그것을 아직 끝내지 않았다.

 / 해설 p.65

STEP 1

1. We could .... believe the results.
   (A) hard   (B) hardly

2. Some guests will arrive .... for the ceremony.
   (A) late   (B) lately

3. The company will .... announce the new plan.
   (A) formally   (B) formerly

STEP 2

4. The Human Resources manager has not .... decided how many workers he will hire.
   (A) still   (B) hardly   (C) soon   (D) yet

어휘 believe 믿다, ~라고 생각하다   ceremony 식, 의식   announce 발표하다, 공표하다   plan 계획
Human Resources 인사부   manager 관리자, 부장   decide 결심하다, 결정하다   worker 근로자, 직원
hire 고용하다, 채용하다   soon 곧, 머지않아

4 중요한 부사들

1〉 very(매우)
부사는 동사를 수식하는 품사지만 very는 동사와 비교급을 수식하지 못하고 일반 형용사나 부사를 수식한다.

The traffic is moving **very**. (X)
The traffic is moving **very slowly**. (O) 차량이 매우 느리게 움직인다.
→ 부사 very는 동사 is moving이 아니라 부사 slowly(느리게)를 수식한다.
The garden is **very bigger**. (X)
The garden is **very big**. (O) 그 정원은 매우 크다.
→ 부사 very는 형용사 big을 수식할 수는 있지만, 비교급 bigger를 수식하지는 못한다.

2〉 extremely(대단히)
부사 extremely 또한 very와 마찬가지로 동사를 수식하지 못한다.

New car sales **increased extremely**. (X)
New car sales **increased dramatically**. (O) 신차 판매가 급격하게 증가했다.
→ extremely는 형용사나 부사를 강조할 때만 사용하므로 동사를 수식할 수 없다.

3〉 enough(충분히)
부사 enough는 형용사도 되는 어휘이므로 주의해야 한다.

We don't have **enough time**. 우리는 충분한 시간이 없다.
→ 명사 앞에 enough는 부사가 아니라 '충분한'이라는 형용사다.
He hasn't **practiced enough**. 그는 충분히 연습하지 않았다.
The meeting room is **large enough**. 회의실은 충분히 크다.
→ 부사 enough는 동사, 형용사, 부사를 수식할 때 반드시 뒤에서 수식한다.

4〉 almost(거의) = nearly
부사 almost는 명사를 직접 수식하지 못하고 all이나 숫자를 수식한다.

Almost the employees attended the party. (X)
Almost all the employees attended the party. (O) 거의 모든 직원들이 파티에 참석했다.
→ almost는 명사를 직접 꾸미지 못하고 뒤에 형용사 all이 있으면 가능하다.
We spent **almost three** million dollars. 우리는 거의 3백만 달러를 썼다.
→ 부사 almost는 숫자를 수식할 수 있다.

5〉 just(단지, 방금 전, 바로)
부사 just는 only의 동의어이기도 하지만 그밖에 다른 의미도 있다.

❶ just = only(단지)
　　The library lends books **just for two weeks**. 그 도서관은 2주 동안만 책을 빌려준다.

❷ just(방금 전, 이제 막)
The director **has just announced** a new plan. 국장이 방금 새로운 계획을 발표했다.

❸ just = exactly(바로, 아주)
The two items are **just alike**. 그 두 상품은 아주 똑같다.

TIP 숫자를 수식하는 부사들

TOEIC에서는 almost와 nearly뿐만 아니라 숫자를 꾸미는 부사가 꾸준히 출제된다.

거의	almost = nearly	
대략	approximately = around = about = roughly	
~까지	up to	+ 숫자
이상 / 이하	more than = over / less than	
최소한	at least	

Traffic accidents have decreased by **almost forty** percent. 교통사고는 약 40% 감소했다.
Mr. Lim lives **approximately** 2 kilometers from the airport. Lim 씨는 공항에서 약 2킬로미터 떨어진 곳에 거주한다.

Check-up / 해설 p.66

STEP 1 1. The cost of production has risen ....
   (A) extremely   (B) sharply

2. The car is popular and fast ....
   (A) very   (B) enough

3. The advertising team spent .... two thousand dollars.
   (A) almost   (B) near

STEP 2 4. The company predicts that there will be .... 3,000 people attending the convention.
   (A) approximately (B) approximate (C) approximation (D) approximated

---

어휘 cost of production 생산비   rise 상승하다   extremely 대단히   sharply 급격하게   popular 인기 있는
fast 빠른, 빨리   enough 충분한, 충분히   advertising team 광고팀   spend 쓰다   predict 예측하다
attend(= participate in) 참석하다   convention 회담, 총회   approximate 대략의   approximation 근사치, 어림셈

토익 필수 명사 4

account
n. 계좌, 계정
open a bank account 은행 계좌를 개설하다
create a computer account 컴퓨터 계정을 생성하다

characteristic
n. 특징, 특성
individual characteristics 개인의 특성
an important characteristic of an executive 경영자의 중요한 특징

complaint
n. 불만, 불평
make a complaint 불만을 제기하다
handle all customer complaints 고객의 불만 사항을 모두 처리하다

contribution
n. 기부(금), 기여, 기고
the additional contributions 추가 기부금
make significant contributions to our company 우리 회사에 상당한 기여를 하다

demand
n. 수요
the gap between demand and supply 수요와 공급의 격차
keep up with market demand 시장 수요에 맞추다

facility
n. 시설, 설비
production facilities 생산 설비
a swimming pool and other facilities 수영장 및 기타 편의시설

influence
n. 영향, 영향력   v. ~에 영향을 끼치다
cultural influences 문화적인 영향
a profound influence on a long-range plan 장기 계획에 미치는 지대한 영향력

operation
n. 운영, 작동, 수술
the state-of-the-art operations systems 최첨단 운영 시스템
far more complicated operations 훨씬 더 복잡한 수술

promotion	*n.* 판촉, 홍보, 승진	
	a new marketing promotion 새로운 마케팅 판촉 활동	
	eligible for a promotion 승진 자격이 있는	
release	*n.* 출시, 출간, 발표, 개봉　*v.* 출시하다, 공개하다	
	delay the book's release 책의 출간을 연기하다	
	a press release 보도 자료	
reservation	*n.* 예약, 유보	
	make[cancel] a reservation 예약하다[예약을 취소하다]	
	change the time of a reservation 예약 시간을 변경하다	
seating	*n.* 좌석, 자리	
	improve the seating capacity 좌석 수용 인원을 늘리다	
	the seating arrangement for the banquet 연회를 위한 좌석 배치	
survey	*n.* 조사, 투표　*v.* 조사하다, 검토하다	
	the customers' satisfaction survey 고객 만족도 조사	
	conduct a survey 조사를 실시하다	

Check-up

밑줄 친 단어의 우리말 뜻을 고르세요.

1. a computer <u>account</u> 컴퓨터 (A 설치 / B 계정)
2. market <u>demand</u> 시장 (A 공급 / B 수요)
3. production <u>facilities</u> 생산 (A 공정 / B 설비)

　　1. B　2. B　3. B

우리말 뜻에 맞게 빈칸을 채우세요.

1. 고객 불만 사항　a customer c_____
2. 보도 자료　a press r_____
3. 상당한 기여　significant c_____

　　1. complaint　2. release　3. contribution

UNIT 4. 부사　**205**

실력 점검 문제

1. Please .... say whether or not you can help me to conduct customer service surveys.

   (A) definitely
   (B) definite
   (C) definitive
   (D) defined

2. Diners should make a .... at the restaurant at least 7 days in advance.

   (A) resignation
   (B) relation
   (C) reservation
   (D) program

3. The NKN running shoe brand was .... designed for professional athletes.

   (A) original
   (B) originally
   (C) originality
   (D) more original

4. Thanks to his contribution, Mr. Emerson may receive a .... at the end of this month.

   (A) credit
   (B) promotion
   (C) refund
   (D) complaint

5. All laboratory employees should read safety guidelines .... before working with chemicals.

   (A) care
   (B) careful
   (C) carefully
   (D) careless

6. The .... of a good project manager are fairness and confidence.

   (A) characters
   (B) negotiations
   (C) reports
   (D) characteristics

7. Our company is .... located near Times Square station where there are many tourists.

   (A) conveniently
   (B) convenience
   (C) convenient
   (D) conveniences

8. Before you are in .... of electronic equipment, please dry your hands completely.

   (A) influence
   (B) response
   (C) operation
   (D) cooperation

9. All trainees go .... to work after the course except for special cases.

   (A) directionality
   (B) direction
   (C) directly
   (D) directive

10. Sales of mobile phones rose .... after the introduction of new technologies.

    (A) sharp
    (B) sharply
    (C) sharpen
    (D) sharpness

Questions 11-14 refer to the following memo.

To: All Employees
From: Management
Date: January 28
Subject: Inclement Weather Office Closure

According to the National Weather Agency, Fullerton City is predicted to experience a severe storm. .... Therefore, the office will close early today at 2 P.M. The office will be closed tomorrow, January 29, ... Despite this upcoming closure, all supervisors .... via e-mail. The current forecasts show the weather should .... over the weekend. So the office will reopen on Monday unless notified otherwise. Please contact Martin Lucas at lucas@veratras.com for further inquiries.

11. (A) They will be informed of the weather updates tomorrow.
(B) The office will resume its regular hours of operation.
(C) Those supervisors can also be reached by phone.
(D) There will be heavy snow and freezing temperatures.

12. (A) yet
(B) also
(C) always
(D) nevertheless

13. (A) available
(B) were available
(C) having been available
(D) will be available

14. (A) improve
(B) continue
(C) dampen
(D) observe

UNIT 5 동사

> ★ **콕콕 찍어 주는 출제 포인트**
> 동사는 누군가가 또는 무엇이 '~하다 /~되다' 처럼 사람이나 사물의 동작이나 상태를 나타내는 품사다. 동사는 크게 뒤에 목적어가 필요 없는 자동사와 목적어가 따라오는 타동사로 구분한다.

1 동사의 형태와 종류

우리말로 '먹다'를 '먹었다' 또는 '먹고 있다'로 표현할 수 있듯이 영어도 기본형을 조금씩 변화시켜서 여러 가지 의미를 만든다.

1〉 동사의 형태

동사는 다음 다섯 가지 형태를 띠는데 문장 속에서 각각 경우에 맞게 사용된다.

구분	동사원형	단수형	과거형	현재분사형	과거분사형
형태	원래의 모양	동사원형 + (e)s	동사원형 + (e)d (또는 불규칙 변화)	동사원형 + ~ing	동사원형 + (e)d (또는 불규칙 변화)
예	make	makes	made	making	made
	want	wants	wanted	wanting	wanted
	go	goes	went	going	gone

❶ **동사원형**: 동사의 기본형으로, 3인칭 단수를 제외한 주어(I, you, we, they) 뒤에서 현재를 표현한다.
I **go** to work by bus. 나는 버스로 출근한다.
→ 주어 I(나)는 단수지만 동사는 기본형(원형)으로 쓴다.

❷ **3인칭 단수형**: 3인칭 주어(he, she, it) 뒤에서 동사가 현재를 나타낼 때는 3인칭 단수형이 온다.
He **goes** to work by bus. 그는 버스로 출근한다.
→ 주어인 he(그)는 3인칭 단수이므로 동사 go는 단수형 goes로 써야 한다.

❸ **과거형**: 주어의 단수/복수에 상관없이 동사가 과거를 나타낼 때는 동사의 과거형이 온다.
The accountants **prepared** the report. 회계사들은 보고서를 준비했다.
→ 동사 prepare(준비하다)의 과거형은 prepared(준비했다)다.

❹ **현재분사형**: 동사의 현재분사형(~ing)은 be동사 다음에 붙어서 진행형의 의미를 나타낸다.
Ms. Song **is looking** through the documents. 송 씨는 서류를 훑어보고 있다.
→ 동사 기본형인 look은 '보다', is looking은 '보고 있다'는 진행의 의미를 나타낸다.

❺ **과거분사형**: 동사의 과거분사형(~ed)은 be동사나 have 다음에 붙어서 수동이나 완료의 의미를 나타낸다.
The elevator **was installed**. 엘리베이터가 설치되었다.
→ be동사 was 다음에 과거분사 installed가 결합되어 '설치되었다'는 수동의 의미가 된다.
They **have finished** reviewing all the proposals. 그들은 모든 제안서 검토를 끝냈다.
→ 동사 have 다음에 과거분사 finished가 결합되어 '끝냈다'는 완료의 의미가 된다.

2〉 자동사와 타동사

자동사는 혼자서도 의미가 완전해서 뒤에 목적어가 따라오지 않지만 타동사는 행위의 대상이 되는 목적어(명사)가 따라온다.

동사	자동사 + ~~목적어(명사)~~	자동사 + 전치사 + 목적어
	타동사 + 목적어(명사)	타동사 + ~~전치사~~ + 목적어

The guest speaker **arrived the hotel**. (X)
The guest speaker **arrived at the hotel**. (O) 초청연사는 호텔에 도착했다.

→ 동사 arrive(도착하다)는 자동사이므로 그 다음에 목적어(the hotel)가 곧바로 나올 수 없고 전치사(at)가 있어야 한다.

The engineers will **discuss about it** tomorrow. (X)
The engineers will **discuss it** tomorrow. (O) 기술자들이 내일 그것을 논의할 것이다.

→ 동사 discuss(~를 논의하다)는 타동사이므로 그 다음에 전치사가 올 수 없다

TIP 같은 의미의 자동사와 타동사

TOEIC에서는 자동사와 타동사 구분을 묻는 문제가 자주 출제되는데, 전치사가 있는지 없는지가 힌트가 된다.

자동사 + 전치사(= 타동사)			
talk about(= discuss)	~에 대해서 논의[이야기]하다	respond to(= answer)	~에 응답하다
participate in(= attend)	~에 참석하다	wait for(= await)	~를 기다리다
deal with(= handle)	~를 다루다	comply with(= follow)	~를 준수하다

Check-up / 해설 p.68

STEP 1

1. The writer ……………… in Seattle.
   (A) live (B) lives

2. The developers are ……………… for user feedback.
   (A) wait (B) waiting

3. The maintenance team ……………… with the problem.
   (A) dealt (B) handled

STEP 2

4. If you ……………… in the seminar on November 12, please contact us by Friday.
   (A) attend (B) complete (C) participate (D) discuss

어휘 developer 개발자 wait for ~를 기다리다 user 사용자 feedback 피드백, 의견 maintenance team 시설관리팀
problem 문제, 걱정거리 contact 연락하다 by (시간) ~까지 complete 완료하다

2 자동사

1〉 완전 자동사
완전 자동사란 혼자서도 의미가 완벽한 동사를 말한다. 수식어가 붙을 수도 있고 없어도 괜찮은 동사들이다.

❶ 완전 자동사 구문

완전 자동사 (예: work)	+	뒤에 아무것도 없어도 됨
		부사
		전치사 + 명사

He **worked**. 그는 일했다.
→ 완전 자동사는 그 자체로 의미가 완전하므로 뒤에 아무것도 없어도 된다.

He **worked hard**. 그는 열심히 일했다.
→ 완전 자동사를 수식하는 것은 부사며 여기서 hard는 '열심히'라는 뜻이다.

He **worked at a law firm**. 그는 법률회사에서 일했다.
→ at a law firm(전치사 + 명사구)도 수식어이므로 빼도 문장에 영향이 없다.

❷ TOEIC 빈출 완전 자동사

come	오다	go	가다	work	일하다	live	살다	speak	말하다
happen	발생하다	grow	성장하다	arrive	도착하다	exist	존재하다	appear	나타나다
function	작동하다	vary	다양하다	rise	상승하다	emerge	나타나다	disappear	사라지다

The business **grew** fast. 그 사업은 빨리 성장했다.
→ 부사 fast(빨리)가 grew를 뒤에서 수식한다.

Oil prices will continually **rise**. 유가는 계속 상승할 것이다.
→ rise(상승하다)는 뒤에 수식어가 없어도 되는 대표적인 완전 자동사다.

2〉 불완전 자동사
자동사 중 의미가 불완전해서 보충하는 어휘를 붙여야 하는 것들을 불완전 자동사라 한다. 이때 보충하는 어휘를 '보어'라 한다.

❶ 불완전 자동사 구문

불완전 자동사 (예: be)	+	명사 보어 (주어와 동격)
		형용사 보어 (주어의 상태 설명)

He **is a researcher**. 그는 연구원이다.
→ 주어인 he(그)와 명사 보어인 researcher(연구원)는 동격이므로 올바른 표현이다.

He **is optimism**. (X)
→ 주어인 he와 명사 보어인 optimism(낙관주의)이 동격이 아니므로 틀린 표현이다.

He **is optimistic**. (O) 그는 낙관적이다.
→ 형용사 보어 optimistic(낙관적인)이 주어(he)의 상태를 설명하므로 올바른 표현이다.

❷ TOEIC 빈출 불완전 자동사

불완전 자동사	+ 명사 보어일 때 의미	불완전 자동사	+ 형용사 보어일 때 의미
be	~이다	be	~하다
become	~가 되다	become	~되다
seem + like	~처럼 보이다	seem	~인 듯하다
remain	~로 남다	remain	~한 상태로 남다

→ 위 동사들 중에서 seem만 뒤에 명사 보어를 붙일 때 전치사 like(처럼)와 함께 명사를 연결한다.

He **became a doctor**. 그는 의사가 되었다.
→ become 다음에 명사가 나오면 '~가 되다'로 해석한다.

The position **became available**. 그 자리는 공석이 되었다.
→ become 다음에 형용사가 나오면 '~되다'로 해석한다.

It **seems risky**. 그것은 위험한 듯하다.
It **seems like** a risky investment. 그것은 위험한 투자인 듯하다.
→ seem 다음에 형용사는 그대로 붙이지만, 명사를 붙일 때는 전치사 like를 이용해서 연결한다.

Check-up / 해설 p.68

STEP 1   1. The director spoke ....

    (A) quiet   (B) quietly

2. The weather was .... for a company picnic.

    (A) perfect   (B) perfection

3. The factory will remain ....

    (A) operation   (B) operational

STEP 2   4. Street names in the city are unique, but may seem .... to visitors.

    (A) confusing   (B) confuses   (C) confusingly   (D) confuse

어휘 director 이사, 임원   weather 날씨   company picnic 회사 야유회   perfect 완전한, 완벽한   perfection 완벽, 완성   factory 공장   operation 운영, 작업   operational 운영되는   street name 도로명   unique 특정한, 독특한   visitor 방문자   confusing 혼란스러운   confuse 혼란시키다   confusingly 혼란스럽게

3 타동사

뒤에 행위의 대상인 목적어(명사)가 따라오는 동사를 타동사라고 한다. 주로 '~를 하다,' '…에게 ~하다'로 해석한다.

1〉 TOEIC에 잘 나오는 타동사

TOEIC에 잘 나오는 타동사는 다음과 같다. 타동사 뒤에는 전치사 없이 명사 목적어가 곧바로 나온다는 점이 중요하다.

올바른 용법	틀린 용법	해 석
join + 명사 (O)	join to + 명사 (X)	~에 가입하다, 합류하다
mention + 명사 (O)	mention about + 명사 (X)	~를 언급하다
contact + 명사 (O)	contact with + 명사 (X)	~에게 연락하다
access + 명사 (O)	access to + 명사 (X)	~에 접근하다, 접속하다
attract + 명사 (O)	attract to + 명사 (X)	~를 매료시키다
reach + 명사 (O)	reach at + 명사 (X)	~에 도달하다
emphasize + 명사 (O)	emphasize on + 명사 (X)	~를 강조하다

→ 우리말 의미로는 전치사가 필요한 자동사 같지만 뒤에 전치사를 붙이지 않는 타동사들이다.

Mr. Carter **joined to the company** last year. (X)
Mr. Carter **joined the company** last year. (O) 카터 씨는 지난해에 입사했다.

We will **contact with you** soon. (X)
We will **contact you** soon. (O) 당신에게 곧 연락드리겠습니다.

The director always **emphasizes on collaboration**. (X)
The director always **emphasizes collaboration**. (O) 그 이사는 항상 협업을 강조한다.

2〉 타동사 + 사람 목적어

타동사 중에서 뒤에 사람 목적어가 오면서 '~에게 말하다, 통보하다'를 의미하는 동사들이 있다. 이 동사들은 목적어가 사람이므로 '~를'이 아니라 '~에게'로 해석한다.

타동사 (+ 사람 목적어)		틀린 해석	올바른 해석
tell	+ 사람	~를 말하다 (X)	~에게 말하다 (O)
inform = notify		~를 통보하다 (X)	~에게 통보하다 (O)
remind		~를 상기시키다 (X)	~에게 상기시키다 (O)
advise		~를 충고하다 (X)	~에게 충고하다 (O)

→ 사람뿐 아니라, 사람들로 구성된 회사나 부서 등도 사람과 마찬가지로 취급한다.

We will **inform the plan**. (X)
→ inform 다음에는 통보를 받는 대상(사람)이 나오므로 틀린 표현이다.

We will **inform you**. (O) 우리가 당신에게 통보할 것이다.
→ inform 다음에 사람 목적어가 나왔으므로 올바른 표현이다.

He **reminded the delivery date**. (X)
→ remind 다음에는 사람이 나오므로 틀린 표현이다.

He **reminded the company** of the delivery date. (O) 그는 그 회사에 배송날짜를 재통보했다.
→ remind 다음에 the company는 사람들이 근무하는 회사이므로 올바른 표현이다.

Check-up / 해설 p.69

STEP 1

1. The product .... young people.
   (A) attracts (B) appeals

2. You should contact .... immediately.
   (A) the client (B) with the client

3. The manager didn't .... about the agreement.
   (A) mention (B) talk

STEP 2

4. The company president will .... the names of the best regional salespersons.
   (A) remind (B) notify (C) announce (D) advise

어휘 product 제품 young 젊은, 어린 appeal 호소하다 appeal to ~에게 호소하다, 매료하다 contact 연락하다 immediately 당장, 즉시 client 고객 agreement 계약, 합의 president 회장, (단체의) 장 regional 지역의, 지방의 salesperson 판매사원, 영업사원 announce 발표하다, 공표하다

4 수여동사

타동사 중에서 give(주다)처럼 뒤에 목적어 두 개가 나란히 오는 동사를 수여동사라 한다. 보통 '주다'라는 의미를 갖는 어휘들이므로 이들을 수여동사라 부른다.

1〉 TOEIC에 잘 나오는 수여동사

수여동사 + A(사람) + B(사물)	→ 타동사 B(사물) to A(사람)	의 미
give + A + B	→ give B to A	A에게 B를 주다
offer + A + B	→ offer B to A	A에게 B를 제안[제공]하다
lend + A + B	→ lend B to A	A에게 B를 빌려 주다
send + A + B	→ send B to A	A에게 B를 보내다
grant + A + B	→ grant B to A	A에게 B를 주다

→ 수여동사 다음에 목적어 두 개를 A와 B라고 할 때 이 순서를 바꾸면 일반 타동사가 된다.

He **offered me a job**. (O)
= He **offered a job** to me. (O) 그는 나에게 일자리를 제안했다.

I will **send you a letter**. (O)
= I will **send a letter** to you. (O) 당신에게 편지를 보낼 것이다.

2〉 수여동사로 착각하기 쉬운 타동사

우리말 의미로는 수여동사 같지만 그렇지 않은 타동사들이 있다.

틀린 표현	올바른 표현	의 미
suggest + A + B (X)	→ suggest B to A (O)	A에게 B를 제안하다
recommend + A + B (X)	→ recommend B to A (O)	A에게 B를 추천하다

I **recommend you this book**. (X)
I **recommend** this book **to** you. (O) 나는 당신에게 이 책을 추천한다.

→ recommend는 수여동사가 아니므로 목적어 두 개를 연속해서 쓸 수 없다.

He **suggested me a training book**. (X)
He **suggested** a training book **to** me. (O) 그는 나에게 교재 한 권을 주었다.
He **offered me a training book**. (O) 그는 나에게 교재 한 권을 주었다.

→ offer는 수여동사이므로 목적어 두 개가 연속해서 나올 수 있지만 suggest는 수여동사가 아니므로 목적어 두 개가 나란히 올 수 없다.

TIP   provide와 supply

동사 provide(제공하다)와 supply(제공하다)는 의미와 용법이 비슷하다. 아래처럼 주로 provide[supply] A with B의 형태로 쓰인다.

We **provide[supply] our customers good service**. (X)
We **provide[supply] our customers with good service**. (O) 우리는 고객들에게 훌륭한 서비스를 제공한다.

My assistant will **provide[supply] you the information**. (X)
My assistant will **provide[supply] you with the information**. (O) 내 비서가 당신에게 정보를 제공할 것이다.

Check-up / 해설 p.69

STEP 1   1. He .... me a book.
   (A) borrowed   (B) lent

2. The sales staff .... me the newest model.
   (A) recommended   (B) offered

3. They .... him a wrong item.
   (A) sent   (B) suggested

STEP 2   4. Sales representatives will .... customers with an expected delivery date.
   (A) offer   (B) give   (C) provide   (D) grant

어휘 borrow 빌리다   sales staff 영업사원   newest 최신의(new의 최상급)   item 상품, 항목
sales representative 영업사원   expected 예상되는   delivery date 배송일

토익 필수 동사 1

apply for
v. ~에 지원하다, ~을 신청하다 (=enroll in)
apply for the position of director 감독직에 지원하다
apply for a position overseas 해외 근무를 신청하다

complete
v. 완료하다, 작성하다   a. 완전한
complete a project 프로젝트를 완료하다
complete an online survey 온라인 설문지를 작성하다

depend on
v. ~에 의존하다, ~에 따라 결정되다
depend on exports 수출에 의존하다
depend on market conditions 시장 상황에 달려 있다

notify
v. 알리다, 통지하다
notify their immediate supervisors 그들의 직속 상사에게 통지하다
notify personnel of vacation preferences 인사부에 선호하는 휴가 기간을 알려주다

obtain
v. 얻다, 획득하다
obtain consent 동의를 얻다
obtain the appropriate certification 적절한 자격증을 취득하다

offer
v. 제안[제공]하다   n. 제의, 제안
offer fixed-price menus 정가 메뉴를 제공하다
offer passengers a discount coupon 승객들에게 할인권을 제공하다

place
v. 두다, 준비하다   n. 장소, 집
place[make] an order 주문하다
place emphasis on safety 안전에 중점을 두다

postpone
v. 연기하다, 뒤로 미루다
postpone the meeting until next week 회의를 다음 주로 연기하다
decide to postpone the deadline 마감시한을 연기하기로 결정하다

provide	*v.* 제공하다 **provide** training programs 훈련 프로그램을 제공하다 **provide** participants with information 참가자들에게 정보를 제공하다
raise	*v.* 증가시키다, 올리다 *n.* 상승, 인상 **raise** interest rates 금리를 인상하다 **raise** the public's awareness 대중의 의식을 높이다
resume	*v.* 재개하다, 되찾다 **resume** business operations 사업 운영을 재개하다 **resume** one's project 프로젝트를 재개하다
satisfy	*v.* 만족시키다, 충족하다 **satisfy** consumers of all ages 연령을 불문한 모든 고객을 만족시키다 **satisfy** one half of the national demand 국내 수요의 절반을 충족하다
speak	*v.* 말하다, (언어)를 구사하다 **speak** politely to customers 고객에게 정중하게 말하다 **speak** two languages fluently 2개 언어를 유창하게 구사하다

Check-up

밑줄 친 단어의 우리말 뜻을 고르세요.

1. depend on exports
   수출에 (A 의존하다 / B 투자하다)

2. complete an online survey
   온라인 설문지를 (A 배포하다 / B 작성하다)

3. postpone the meeting
   회의를 (A 연기하다 / B 취소하다)

   1. A 2. B 3. A

우리말 뜻에 맞게 빈칸을 채우세요.

1. 해외 근무를 신청하다
   a_____ for a position overseas

2. 참가자들에게 정보를 제공하다
   p_____ participants with information

3. 금리를 인상하다
   r_____ interest rates

   1. apply 2. provide 3. raise

실력 점검 문제 해설 p.69~71

1. Our restaurant tries to .... customers by updating the menu regularly.

   (A) satisfaction   (B) satisfied
   (C) satisfactory   (D) satisfy

2. Candidates should .... the appropriate license before applying for internship program.

   (A) restrict   (B) obtain
   (C) succeed   (D) enhance

3. A number of people working for this lab .... highly qualified engineers.

   (A) are   (B) has
   (C) is   (D) to have

4. Because she lived abroad for 10 years, the manager .... five languages fluently.

   (A) speaks   (B) tells
   (C) says   (D) talks

5. After the 5-day meeting, the central bank announced that it would .... interest rates.

   (A) raise   (B) raising
   (C) have risen   (D) raises

6. If your store can ensure delivery within five days, we intend to .... orders for office supplies.

   (A) cause   (B) contact
   (C) elect   (D) place

7. The car assembly plant will not operate next week, but it will .... production after two weeks.

   (A) resume   (B) resumed
   (C) resuming   (D) resumes

8. Until the CEO makes a decision, the company cannot .... the media.

   (A) reflect   (B) announce
   (C) succeed   (D) contact

9. Starting next month, free Internet access .... offered to all passengers at Chiang Mai Airport.

   (A) been   (B) to be
   (C) being   (D) will be

10. All the divisions must .... workers with outside volunteer opportunities.

    (A) complete   (B) operate
    (C) provide   (D) announce

Questions 11-14 refer to the following memo.

Memorandum

Next Friday will be our company's anniversary party. We will be going to the Seaway Buffet Restaurant. All employees _____ to attend, but you must register with the Human
                                                                    11.
Resources Department before Wednesday, November 28. The restaurant needs to have an accurate count of the number of people in our party _____ they may separate a
                                                                                            12.
large enough seating area for us. _____ Please _____ soon, and we look
                                   13.   **14.**
forward to seeing all of you there.

11. (A) invites
    (B) inviting
    (C) invitation
    (D) are invited

12. (A) while
    (B) although
    (C) so that
    (D) because

13. (A) The company will pay for everyone's food.
    (B) The restaurant will reopen in celebration of a new menu.
    (C) We need to conduct a survey to provide a precise estimate.
    (D) The party will last a few days in honor of the company's founder.

14. (A) registered
    (B) register
    (C) to register
    (D) registering

UNIT 6 수일치

★ 콕콕 찍어 주는 출제 포인트

수일치란 단수주어에는 단수동사, 복수주어에는 복수동사를 쓰는 것을 말한다. 그런데 명사는 복수를 만들 때 뒤에 (e)s를 붙이지만, 동사는 단수일 때 뒤에 (e)s를 붙이는 것에 주의해야 한다.

1 단수동사와 복수동사

명사가 단수와 복수로 나뉘듯이 동사도 단수와 복수로 나눌 수 있다. 하지만 현재(완료)시제나 be동사를 제외한 과거나 미래시제에서는 단수/복수 구분이 따로 필요가 없으므로 다음의 세 가지 경우에 주의한다.

1) 현재시제 동사의 단수/복수

모든 동사의 현재시제는 단수/복수로 구분한다. 동사 뒤에 (e)s를 붙이면 단수이고, 복수는 동사의 기본형(원형)을 그대로 사용한다.

I like the city. 나는 그 도시를 좋아한다.
→ I(나)는 의미상으로는 단수지만 동사는 기본형(복수형과 같음)을 쓴다.

They like the city. 그들은 그 도시를 좋아한다.
→ 주어가 복수 they이므로 동사도 복수형 like를 쓴다.

He likes the city. 그는 그 도시를 좋아한다.
→ 3인칭 단수(he, she, it)가 주어일 때 동사는 단수형을 쓴다.

2) be동사의 단수/복수

영어에서 주어의 동작이 아니라 상태를 나타낼 때 쓰는 동사를 be동사라 한다. 이 be동사도 주어에 따라서 몇 가지 형태로 나뉜다.

수	주어	+ be동사 (현재 / 과거)
단수	I	am / was
	you	are / were
	모든 단수명사	is / was
복수	we	are / were
	you	
	모든 복수명사	

I am a manager. 나는 부장이다.
→ be동사 am은 주어가 I(나)일 때만 붙이는 특별한 동사다.

I was a member of the club. 나는 그 클럽의 회원이었다.
→ be동사 was는 주어가 I(나)일 때뿐 아니라 3인칭 단수명사가 주어일 때도 사용한다.

You are/were a valued client. 당신은 귀중한 고객입니다./고객이었습니다.
→ be동사 are/were는 주어가 you(당신)일 때뿐 아니라 복수명사가 주어일 때도 사용한다.

3〉 have동사의 단수/복수

영어에서 동사 have의 쓰임은 두 가지다. 하나는 '~를 가지고 있다'는 의미, 또 하나는 현재완료시제를 만들 때 과거분사 앞에 쓰는 조동사 have다.

	일반동사	현재완료시제
단수	has + 명사 ~를 가지고 있다	has + 과거분사 ~를 했다, 해왔다
복수	have + 명사 ~를 가지고 있다	have + 과거분사 ~를 했다, 해왔다

→ have/has 뒤에 명사가 있는지 과거분사가 있는지를 보면 have의 쓰임을 판단할 수 있다.

He has a car. 그는 차를 가지고 있다.
→ 여기서 has는 뒤에 명사 a car가 있으므로 '가지고 있다'는 의미이다. 주어가 he이므로 have가 아니라 has를 썼다.

We have repaired the car. 우리는 그 차를 고쳤다.
→ 여기서 have는 뒤에 과거분사 repaired가 있으므로 현재완료시제를 만드는 역할이다. have repaired는 '고쳤다 = 고치는 일이 끝났다'는 '완료'의 의미다.

Check-up / 해설 p.71

STEP 1

1. They _____ delicious cakes.
   (A) make   (B) makes

2. The hotel _____ near the airport.
   (A) is   (B) are

3. I _____ to attend the training course.
   (A) plan   (B) plans

STEP 2

4. Many staff members _____ on public transportation for commuting.
   (A) relies   (B) reliable   (C) reliant   (D) rely

어휘 delicious 맛있는   make 만들다   airport 공항   training course 교육 과정   staff member 직원
public transportation 대중교통   commuting 통근   rely on(= depend on) ~에 의존하다

2 단수주어 + 단수동사

1〉 가산 단수명사 주어
가산 단수명사가 주어일 때와 3인칭 단수 대명사(he, she, it)가 주어일 때는 단수로 받는다.

A position is vacant. 직책 하나가 공석이다.
It is important to attend tomorrow's meeting. 내일 회의에 참석하는 것은 중요하다.

2〉 불가산명사 주어
불가산명사는 단수형태지만 앞에 부정관사 a나 an을 붙일 수 없다. 그러나 정관사 the는 특정한 명사라면 다 붙일 수 있다는 점에 주의하자.

Access to the paper **is** restricted. 그 문서는 접근이 제한되어 있다.
The equipment is very heavy. 그 장비는 매우 무겁다.

> **TIP** TOEIC에 나오는 대표 불가산명사 복습!
>
> | information | 정보 | advice | 충고, 자문 | equipment | 장비 |
> |---|---|---|---|---|---|
> | furniture | 가구 | access | 접근, 접속 | merchandise | 상품 |
> | mail | 우편 | luggage = baggage | 짐, 수화물 | knowledge | 지식 |

3〉 동명사 주어
동명사는 동사를 명사처럼 쓰려고 만든 것으로 우리말로 '~하는 것'이라 해석한다. 동사 끝에 ~ing를 붙여서 사용하고, 동명사가 주어일 경우 동사는 단수로 받는다.

Developing good products **is** not always easy. 좋은 제품들을 개발하는 것이 언제나 쉽지는 않다.
→ 동명사 developing 다음에 있는 동명사의 목적어 good products(좋은 제품들)를 주어로 착각하지 않도록 조심해야 한다.

4〉 each / every / one + 단수명사
형용사 each/every/one은 의미를 떠나서 뒤에 가산 단수명사를 수식하므로 동사도 단수로 받아야 한다.

Each employee receives a business diary. 모든 직원은 업무용 수첩을 받는다.
Every candidate has good skills. 모든 후보자가 훌륭한 기술을 가지고 있다.
One flight was canceled. 비행기 한 편이 취소되었다.

TIP   each / one of the + 복수명사 + 단수동사

every는 형용사만 가능하므로 뒤에 'of the + 복수명사'가 올 수 없지만 each와 one은 대명사로도 쓰이므로 뒤에 'of the + 복수명사'가 올 수 있다.

Each of the customers is fully satisfied. 고객들 모두가 전적으로 만족했다.
→ 뒤에 복수명사 customers(고객들)가 있어도 주어가 each이므로 동사는 단수로 받는다.

One of the receptionists is at the desk. 접수원들 중 한 명이 데스크에 있다.
→ 뒤에 복수명사 receptionists(접수원들)가 있어도 주어가 one이므로 동사는 단수로 받는다.

Check-up / 해설 p.71

STEP 1

1. The product .... well online.
   (A) sell   (B) sells

2. Retaining good employees .... not easy.
   (A) is   (B) are

3. Each visitor .... a security pass.
   (A) receive   (B) receives

STEP 2

4. On the first of the month, each of the department heads .... to the vice president.
   (A) reporting   (B) report   (C) reporter   (D) reports

어휘 well 잘, 매우   online 온라인에서   sell 팔다, 팔리다   retain 유지하다   employee 직원   receive 받다
security 보안, 경비   pass 합격, 출입증   on the first of the month 매월 1일   department 부서, 국
head (단체, 조직의) 장   vice president 부사장   reporter 기자, 리포터   report 보고하다

3 복수주어 + 복수동사

1〉 가산 복수명사 주어

모든 복수명사와 복수대명사 주어에는 복수동사를 쓴다. 하지만 대명사 I(나)와 you(너)는 의미상으로는 단수이지만 동사는 복수로 쓴다.

The trainees expect good results. 연수생들은 좋은 결과를 기대한다.
→ 정관사 the는 뒤에 오는 명사에 상관없이 쓸 수 있다. 복수명사 trainees가 주어이므로 동사도 복수로 쓴다.

You are requested to stay here. 여러분은 여기서 대기해 주십시오.
→ 대명사 주어 you는 단수와 복수가 동일한 형태이며 동사도 둘 다 복수로 쓴다.

2〉 many / a number of / several + 복수명사

수량 형용사 many(많은) / a number of(많은 수의) / several(몇몇의)은 뒤에 복수명사가 오므로 동사도 복수로 쓴다.

Many workers have worked here for over 10 years. 많은 직원들이 여기서 10년 넘게 일해왔다.
A number of consumers are inquiring about our product. 많은 소비자들이 우리 제품에 대해서 문의하고 있다.
Several participants are reviewing the plan. 몇몇 참가자들이 그 계획을 검토하고 있다.

> **TIP** a number of와 the number of는 수일치도 다르다.
>
> 형용사 편에서 a number of(많은 수의)와 the number of(~의 숫자)는 의미가 다르다는 점을 배웠다. 그런데 알고 보면 이 두 표현은 수일치도 다르다.
>
> | a number of | + 복수명사 | + 복수동사 |
> | --- | --- | --- |
> | the number of | + 복수명사 | + 단수동사 |
>
> **A number of colleagues recommend** him for the position. 많은 동료들이 그를 그 직책에 추천한다.
> **The number of tourists has decreased** recently. 최근 관광객 수가 감소했다.

3〉 various / both / a few + 복수명사

형용사 various(다양한) / both(둘 다) / a few(몇몇의) 뒤에도 복수명사가 오므로 동사도 복수로 쓴다.

Various meals are made with cheese. 다양한 음식들이 치즈로 만들어진다.
Both clerks work diligently. 두 점원 모두 부지런히 일한다.
A few computers need maintenance. 컴퓨터 몇 대는 정비가 필요하다.

> **TIP** various와 a variety of는 같은 표현이다.
>
> 형용사 various(다양한)와 a variety of(다양한)는 서로 바꿔 쓸 수 있는 표현이다. 따라서 a variety of 뒤에도 복수명사와 복수 동사가 온다.
>
> **A variety of issues are** discussed at the meeting. 회의에서 다양한 사안들이 논의된다.
> The company offers **a variety of services**. 그 회사는 다양한 서비스를 제공한다.

Check-up / 해설 p.72

STEP 1

1. Several companies .... for a government contract.
   (A) bid   (B) bids

2. A number of papers .... errors.
   (A) have   (B) has

3. A few .... commute to work by bus.
   (A) worker   (B) workers

STEP 2

4. The number of security specialists .... over the past five years.
   (A) have increased   (B) are increasing
   (C) has increased   (D) have been increased

어휘 government 정부   contract 계약   bid for ~에 입찰하다   paper 자료, 논문   error 실수, 오류   commute 통근하다
by bus 버스로   security specialist 보안 전문가   increase 증가하다

4 주의해야 할 수일치

1〉 수식어가 있는 경우

주어와 동사 사이에 수식어가 있으면 주어와 동사가 떨어져 있기 때문에 수일치에 주의해야 한다. 보통 수식어로는 '전치사 + 명사'가 잘 쓰인다.

The goal [of the seminars] **is** very clear. 이 세미나들의 목표는 매우 명확하다.
→ 주어는 goal(목표)이므로 뒤에 있는 of the seminars에 상관없이 동사는 단수로 쓴다.

The guided tours [of the museum] **are** offered every day. 박물관 가이드 동반 투어는 매일 제공된다.
→ 주어는 guided tours(가이드 동반 투어)이므로 뒤에 있는 of the museum에 상관없이 동사는 복수로 쓴다.

2〉 There 구문

'~가 있다'는 존재를 알리는 there 구문에서는 주어가 동사 뒤에 오므로 수일치에 주의해야 한다.

There is / was / has been	+ 단수명사 주어
There are / were / have been	+ 복수명사 주어

There **is / was / has been a problem**. 문제점이 하나 있다/있었다/있어왔다.
There **are / were / have been vacant rooms**. 빈 방들이 있다/있었다/있어왔다.

3〉 all / most / some / half + of the + 명사

all(모두) / most(대부분) / some(약간) / half(반)는 뒤에 오는 명사에 따라서 수일치가 달라지므로 주의해야 한다.

all / most / some / half	+ of the +	불가산명사 + 단수동사
		복수명사 + 복수동사

→ all / most / some / half 뒤에는 가산 단수명사가 올 수 없고 불가산명사가 온다. 가산명사가 오면 복수로 써야 한다.

All of the equipment is thoroughly tested. 모든 장비는 철저히 검사 받는다.
→ equipment(장비)가 불가산명사이므로 동사는 단수로 써야 한다.

All of the respondents have expressed their concerns. 모든 응답자가 우려를 표명했다.
→ respondents(응답자들)가 복수명사이므로 동사도 복수로 쓴다.

Some of the information is incorrect. 그 정보 중 일부는 정확하지 않다.
→ information(정보)이 불가산명사이므로 동사는 단수로 써야 한다.

Some of my colleagues work from home. 내 동료들 중 일부는 재택근무한다.
→ colleagues(동료들)가 복수명사이므로 동사도 복수로 쓴다.

TIP all의 수일치

| all + 명사 | all the + 명사 | all of the + 명사 |

→ all 뒤에 오는 명사는 복수명사와 불가산명사이며 그 명사에 따라 수일치를 하면 된다.

All information / All the information / All of the information is useful.
모든 정보가 유용하다.
→ all 다음에 information이 불가산명사이므로 동사는 단수로 쓴다

All managers / All the managers / All of the managers report to the president.
모든 부장이 회장에게 업무를 보고한다.
→ all 다음에 managers가 복수명사이므로 동사는 복수로 쓴다.

Check-up / 해설 p.72

STEP 1 1. The gift from my friends .... lost.

(A) was (B) were

2. There are some .... to discuss.

(A) issue (B) issues

3. Most of the merchandise .... discounted.

(A) was (B) were

STEP 2 4. We believe that the suggestions in this report .... to be revised.

(A) need (B) needs (C) needing (D) has needed

어휘 gift 선물, 재능 lose 잃다 issue 쟁점, 사안 discuss 토론하다, 논의하다 merchandise 상품 discount 할인하다
believe 믿다, 생각하다 suggestion 제안, 의견 report 보고서, 공식문서 revise 개정하다, 수정하다

토익 필수 동사 2

attract	*v.* 끌다, 끌어모으다, 유치하다 attract[catch] shopper's attention 쇼핑객들의 주의를 끌다 attract new customers 신규 고객을 유치하다
comply with	*v.* 지키다, 따르다 comply with the guidelines 지침을 준수하다 comply with the new building codes 새 건축 법규를 따르다
conduct	*v.* 실시하다, 지휘하다, 안내하다 conduct new research 새로운 연구를 실시하다 conduct an orchestra 오케스트라를 지휘하다
encourage	*v.* 권장하다, 장려하다, 격려하다 encourage to wear comfortable shoes 발이 편한 신발을 신도록 권장하다 encourage employee participation 직원 참여를 장려하다
handle	*v.* 다루다, 처리하다 *n.* 손잡이 handle high staff turnover 높은 직원 이직률을 다루다 handle customer suggestions 고객 제안들을 처리하다
launch	*v.* 출시하다, 시작하다 launch a new journal 새로운 잡지를 출간하다 launch the reconstruction project 재건축 사업을 시작하다
observe	*v.* 준수하다, 관찰하다 observe the safety instructions 안전 지시사항을 준수하다 observe dolphins in the wild 야생에서 돌고래를 관찰하다
participate in	*v.* ~에 참여하다 participate in the auction 경매에 참여하다 participate in a training session 교육 과정에 참가하다

prohibit	v. 금지하다 prohibit the use of cellular phones 휴대폰 사용을 금지하다 smoking is prohibited throughout the building 건물 전체에서 흡연이 금지되다
register	v. 등록하다(= sign up) must register in advance 반드시 사전에 등록해야 한다 register for the seminar 세미나에 등록하다
succeed	v. 성공하다(in), 물려받다 succeed in business 사업에 성공하다 decide who will succeed him 누가 그의 후임이 될지 결정하다
tend	v. ~하는 경향이 있다 tend to lose self-confidence 자신감을 잃는 경향이 있다 tend to skip breakfast 아침을 거르는 경향이 있다
understand	v. 이해하다 understand the installation instructions 설치 설명서를 이해하다 understand the recent downturn 최근 매출감소를 이해하다

Check-up

밑줄 친 단어의 우리말 뜻을 고르세요.

1. register in advance
   사전에 (A 연습하다 / B 등록하다)

2. prohibit the use of cellular phones
   휴대폰 사용을 (A 금지하다 / B 장려하다)

3. attract new customers
   신규 고객을 (A 유치하다 / B 놓치다)

   1. B 2. A 3. A

우리말 뜻에 맞게 빈칸을 채우세요.

1. 직원 참여를 장려하다
   e_____ employee participation

2. 누가 그의 후임이 될지 결정하다
   decide who will s_____ him

3. 안전 지시사항을 준수하다
   o_____ the safety instructions

   1. encourage 2. succeed 3. observe

UNIT 6. 수일치

실력 점검 문제 해설 p.72~74

1. All employees who .... new machines must read the safety guides first.
   (A) to handle
   (B) handle
   (C) handles
   (D) has handled

2. A good manager .... all team members to participate in decision-making.
   (A) encourages
   (B) prohibits
   (C) warns
   (D) responds

3. Many employees learning English as a foreign language .... a hard time understanding slangs.
   (A) has
   (B) have
   (C) to have
   (D) are

4. Next year, Thailand tourist board is expected to .... over 80,000 travelers in Pattaya.
   (A) proceed
   (B) appeal
   (C) attract
   (D) resume

5. There .... several good ways to recycle old cell phones left sitting in desk drawers.
   (A) is
   (B) are
   (C) to be
   (D) have

6. All companies which will .... in this job fair must contact the field manager beforehand.
   (A) release
   (B) participate
   (C) attend
   (D) promote

7. One of the characteristics of local architecture firms .... their eco-friendly designs.
   (A) are
   (B) to be
   (C) is
   (D) being

8. Few companies can .... new drug for the flu because of the budget required.
   (A) notify
   (B) exceed
   (C) take place
   (D) launch

9. The walking tours of Ciel Castle .... convenient and inexpensive.
   (A) been
   (B) have
   (C) is
   (D) are

10. *The New York Journal* .... a survey of subscriber attitudes towards the printed media last week.
    (A) disappeared
    (B) exceeded
    (C) conducted
    (D) complied

Questions 11-14 refer to the following advertisement.

South Florida Limousine Company

We serve all major airports and train stations. Also, we _____ comfortable and
                                                              11.
convenient early-morning and late-night service. Our luxury cars are available for a variety

of services, including weddings, dinner parties, and sightseeing tours.

All cars _____ with air conditioning and a state-of-the-art sound system. Book 24
        12.

hours ahead, and if you _____ this ad, you can ride to the airport at a $15 discount!
                        13.

Call now: 555-2268 or e-mail your request at reserve@centralcar.com.

_____
 14.

---

11. (A) providing
   (B) provide
   (C) provides
   (D) has provided

12. (A) has equipped
   (B) are equipped
   (C) equipping
   (D) equips

13. (A) mention
   (B) speak
   (C) tell
   (D) talk

14. (A) I am sorry that you have not chosen any option yet.
   (B) Otherwise, you cannot be offered a discount.
   (C) To this end, we will not charge additional fees.
   (D) Thank you for your consistent patronage.

UNIT 7 시제

> ★ 콕콕 찍어 주는 출제 포인트
>
> 우리말로 '간다'를 '갔다', '가고 있다', '갈 것이다'로 말할 수 있듯이 영어에서도 다양한 동사의 시제가 있다. TOEIC에서는 각 동사의 시제에 대한 힌트가 문장 안에 있으므로 시제별로 구문의 특징을 알아두어야 한다.

1 시제의 형태

동사는 시제에 따라서 형태가 달라진다. 크게는 과거, 현재, 미래로 나누고 각각 3가지 형태로 나눌 수 있다.

1〉 현재시제
현재 일어나고 있는 상황이나 동작을 말할 때 현재시제를 쓰는데, 다음 3종류가 있다.

❶ (단순)현재 (동사의 원형/3인칭 단수형)

I **attend** the meetings regularly. 나는 회의에 정기적으로 참석한다.
→ 현재시제는 동사의 원형(또는 기본형)을 쓴다.

She **attends** the meetings regularly. 그녀는 회의에 정기적으로 참석한다.
→ 현재시제에서 3인칭 단수형은 동사 뒤에 (e)s를 붙여야 한다.

❷ 현재진행 (be + ~ing)

I'm **attending** the meeting now. 나는 지금 회의에 참석하고 있다.
→ 현재진행시제는 be동사와 그 뒤에 동사의 현재분사형(~ing)을 붙여서 만든다.

❸ 현재완료 (have + p.p.)

I **have attended** the meeting recently. 나는 최근 회의에 참석했다.
→ 현재완료시제는 have 뒤에 동사의 과거분사형(p.p.)을 붙여서 만든다.

2〉 과거시제
과거에 있었던 일이나 상태, 동작을 말할 때 과거시제를 쓰는데, 다음 3종류가 있다.

❶ (단순)과거 (동사원형 + (e)d 또는 불규칙 변화)

I **attended** the meeting yesterday. 나는 어제 회의에 참석했다.
→ 과거시제는 동사의 원형 끝에 보통 ed를 붙여서 만든다.

I **saw** him last night. 나는 어젯밤에 그를 보았다.
→ see는 불규칙변화로 과거형은 seed가 아니라 saw다.

❷ 과거진행 (was/were + ~ing)

I **was attending** the meeting then. 나는 그때 회의에 참석하고 있었다.
→ 과거진행시제는 was/were 뒤에 현재분사형(~ing)을 붙여서 만든다.

❸ 과거완료 (had + p.p.)

I **had attended** the meeting before you came. 나는 네가 오기 전에 회의에 참석했다.

→ 과거완료시제는 had 뒤에 과거분사형(p.p.)을 붙여서 만든다.

3〉 미래시제

미래에 있을 일이나 동작, 상태를 말할 때 미래시제를 쓰는데, 다음 3종류가 있다.

❶ (단순)미래 (will + 동사원형)

I **will attend** the meeting tomorrow. 나는 내일 회의에 참석할 것이다.

→ 미래시제는 조동사 will 뒤에 동사의 원형을 붙여서 만든다.

❷ 미래진행 (will + be ~ing)

I **will be attending** the meeting next week. 나는 다음 주에 회의에 참석할 것이다.

→ 미래진행시제는 조동사 will 뒤에 be ~ing을 붙여서 만든다.

❸ 미래완료 (will + have p.p.)

I **will have attended** the meeting by 5 P.M. 나는 5시까지 회의에 참석하게 될 것이다.

→ 미래완료시제는 조동사 will 뒤에 have p.p.를 붙여서 만든다.

Check-up / 해설 p.74

STEP 1

1. I .... books from the library every day.
   (A) borrow   (B) borrowing

2. The staff is .... the new computer program.
   (A) learn   (B) learning

3. The chairman .... in the conference two days ago.
   (A) participate   (B) participated

STEP 2

4. Lately, some restaurants in the area have .... to use fresher ingredients.
   (A) begin   (B) began   (C) begun   (D) beginning

어휘 library 도서관   every day 매일   borrow 빌리다   chairman 회장   conference 회의, 총회
two days ago 이틀 전에   participate in ~에 참석하다   lately 최근에   restaurant 식당, 음식점   use 사용하다
fresh 신선한   ingredient 재료, 성분

2 현재(진행/완료)시제

현재시제 안에서도 상황에 따라서 다음 3가지 형태(단순, 진행, 완료)로 나뉘고 의미도 달라진다.

1〉 (단순)현재시제

❶ 현재의 사실, 반복되는 일 (~한다)

He **works** at a bank. 그는 은행에서 일한다.
→ 현재 은행에서 일한다는 사실, 그리고 매일 반복하여 일한다는 의미가 담겨 있다.

I usually **eat** lunch outside. 나는 보통 밖에서 점심을 먹는다.
→ '지금 먹고 있다'는 순간을 말하는 것이 아니라 반복되는 일을 말하고 있다.

> **TIP** 현재시제와 함께 잘 쓰이는 부사
>
> 반복되는 일을 나타내는 현재시제와 함께 잘 쓰이는 부사들은 다음과 같다.
>
> always 항상   usually 보통   frequently 자주   often 자주   every day 매일

❷ 계획된 일정 (~할 것이다)

현재시제가 미래시간 표현(tomorrow, next, soon 등)과 함께 쓰이면 계획된 일정을 의미한다.

The train **arrives** at 9 A.M. 기차가 오전 9시에 도착한다.
→ 기차가 늘 오전 9시에 '도착한다'는 의미다.

The train **arrives** at 9 A.M. tomorrow. 기차가 내일 오전 9시에 도착할 것이다.
→ 뒤에 tomorrow(내일)가 있으므로 오전 9시에 '도착할 것이다'는 의미다.

2〉 현재진행시제

❶ 지금 진행되는 일 (~하고 있다)

We **are looking** for participants. 우리는 참가자들을 찾고 있다.
→ 지금 이 순간 '찾고 있다'는 의미다.

❷ 가까운 미래 (~할 것이다)

미래시간 표현이 없어도 현재진행으로 가까운 미래를 의미할 수 있지만 보통은 (단순)현재시제처럼 미래시간 표현이 따라온다.

I'm **meeting** her at the station. 나는 역에서 그녀를 만날 것이다.
→ 특별한 미래시간 표현이 없어도 가까운 미래를 의미할 수 있다.

I'm **meeting** her at the station **tonight**. 나는 오늘 밤에 그녀를 역에서 만날 것이다.
→ 뒤에 tonight(오늘 밤)이 있으므로 더욱 확실하게 미래를 의미한다.

3〉 현재완료시제

❶ 이미 끝난 일 (~했다, 했던 적 있다)

I **have checked** my e-mails. 나는 이메일을 확인했다.
→ '이메일 확인을 끝냈다'는 완료의 의미다.

I **have met** her before. 나는 그녀를 전에 만난 적이 있다.
→ 이전에 '~했던 적 있다'는 경험을 의미한다.

❷ 계속되는 일 (~해왔다, 해오고 있다)
I **have lived** here since last year. 나는 지난해부터 여기서 살고 있다.
→ 여기서 have lived는 과거부터 지금까지 '죽 살고 있다'는 계속의 의미다.

> **TIP** 현재완료시제 + since/for
>
> 현재완료시제가 '~해왔다, 해오고 있다'는 계속의 의미로 사용될 때는 문장 속에 since(이래로)나 for(동안)에 같은 단서가 있다.
>
> Workers **have worked** on the wall **since** last Friday. 인부들은 지난 금요일부터 벽을 공사하고 있다.
> → since는 '과거부터 지금까지'라는 의미로 현재완료시제를 '~해왔다'는 의미로 만드는 중요한 단서가 된다.
>
> She **has worked** here **for** two years. 그녀는 2년째 여기서 일하고 있다.
> → 'for + 기간 (~동안)' 또한 현재완료시제를 계속의 의미로 만든다.

Check-up / 해설 p.74

STEP 1

1. The post office usually .... two forms of identification.
   (A) require   (B) requires

2. The company is .... solar energy now.
   (A) investigate   (B) investigating

3. The price of raw materials recently has ....
   (A) rose   (B) risen

STEP 2

4. A number of customers .... many questions about our new product since April.
   (A) send   (B) will send   (C) have sent   (D) have sending

---

어휘 post office 우체국   usually 보통, 대개   form 서식   identification 신분증   require 요구하다
solar energy 태양 에너지   investigate 조사하다   price 가격   raw materials 원자재
recently 최근에   rise 상승하다   customer 소비자   product 제품   April 4월

3 과거(진행/완료)시제

과거시제도 상황에 따라서 다음 3가지 형태(단순, 진행, 완료)로 나뉘고 의미도 달라진다.

1〉 (단순)과거시제 (~했다)
과거시제는 과거의 일이나 동작, 상태를 나타내며 과거에만 한정되고 현재와는 관련이 없다. 과거시점을 의미하는 표현을 잘 알아두어야 한다.

We **reached** the agreement **last week**. 우리는 지난주에 합의에 도달했다.
→ last week(지난주에)는 확실한 과거시간 표현이므로 동사를 과거시제로 써야 한다.

He **suggested** an idea **yesterday**. 그는 어제 아이디어 하나를 제안했다.
→ yesterday(어제)도 확실한 과거시간 표현이므로 동사를 과거시제로 써야 한다.

> **TIP** 이런 단어가 보이면 과거시제!
> 문장에서 다음 어휘들이 보이면 확실한 과거시간을 말하는 표현이므로 동사를 과거시제로 써야 한다.
>
> | yesterday | last + 시간 표현 | 시간 표현 + ago | in + 과거 연도 |
> |---|---|---|---|

2〉 과거진행시제 (~하고 있었다)
과거 동작의 한 순간을 나타낼 때 사용하며 was/were 다음에 현재분사형(~ing)을 붙여서 만든다.

She **was cooking** dinner. 그녀는 저녁을 요리하고 있었다.
→ '저녁을 요리하던 도중'이라는 의미이며, '끝냈다'는 의미는 아니다.

She **cooked** dinner. 그녀는 저녁을 요리했다.
→ (단순)과거시제를 쓰면 '저녁 요리를 끝냈다'는 의미다.

3〉 과거완료시제 (~했다)
과거의 두 사건 중 먼저 일어난 사건을 나타낼 때 사용하며 had 다음에 과거분사형(p.p.)을 붙여서 사용한다.

S + had p.p. + before S + V(과거시제)	S + V(과거시제) + after S + had p.p.
① ②	① ②
②하기 전에 ①했다	②한 후에 ①했다

→ TOEIC에서 과거완료시제가 나올 때는 시간의 전후를 명확하게 구분하도록 보통 before나 after가 함께 나온다.

The bus **had left before** I **reached** the bus stop. 내가 버스정류장에 도착하기 전에 버스는 떠났다.
→ 내가 정류장에 도착한 것보다 버스가 떠난 것이 먼저이므로 과거완료시제로 표현한다.

They **found** the document **after** I **had left**. 내가 떠난 후에 그들은 그 서류를 찾았다.
→ 내가 떠난 것이 그들이 찾은 시점보다 먼저이므로 과거완료시제로 표현한다.

> **TIP** (단순)과거와 과거완료시제가 같다?
>
> 현재시점으로 보면 (단순)과거시제와 과거완료시제는 둘 다 과거에 일어난 사건이므로 무엇이 먼저 일어났는지 꼭 구분해서 말할 필요가 없을 경우가 많다. 따라서 현대영어에서는 (단순)과거시제가 과거완료시제를 대신하는 경우가 많고 TOEIC에서는 종종 둘 중 하나만 보기에 제시된다.
>
> **After** they **had spent** a lot of time, they finally **agreed** on it.
> = **After** they **spent** a lot of time, they finally **agreed** on it. 그들은 오랜 시간을 보낸 후에 마침내 그것에 동의했다.
> → '그들이 오랜 시간을 보낸 것'이 '동의했다'는 것보다 먼저 일어난 사건이지만 둘 다 과거시제로 써도 올바른 표현이다.

Check-up / 해설 p.75

STEP 1

1. I .... the plant manager last week.
   (A) met (B) have met

2. The company .... the problem yesterday.
   (A) is inspecting (B) was inspecting

3. They .... twice before they finalized the contract.
   (A) have met (B) had met

STEP 2

4. The conference .... before the delegates of our division arrived at the meeting room.
   (A) will start (B) has started (C) had started (D) starts

어휘 plant manager 공장장 last week 지난주 problem 문제 inspect 조사하다, 검사하다 twice 두 번 finalize 마무리하다 contract 계약 conference 회의, 회담 delegate 대표자, 직원 division 부서 arrive 도착하다 start 시작하다

4 미래(진행/완료)시제

미래시제 안에서도 상황에 따라서 다음 3가지 형태(단순, 진행, 완료)로 나뉘고 의미도 달라진다.

1〉 (단순)미래 (~할 것이다)
미래의 일, 상태, 동작을 나타낼 때 쓰며, 조동사 will에 동사의 원형을 붙여서 사용한다.

She **will be** 23 years old next year.
= She**'ll be** 23 years old next year. 그녀는 내년에 23살이 된다.
→ 조동사 will은 종종 'll 형태로 축약해서 사용한다.

> **TIP** be going to와 will의 차이
>
> 미래의 일을 말할 때 회화에서는 be going to + 동사원형으로 말하는 경우가 많다. will과의 차이는 다음과 같다.
>
> | be going to + 동사원형 | will + 동사원형 |
> |---|---|
> | 이전부터 계획된 일을 말할 때 | 지금 막 생각한 일을 말할 때 |
>
> I have a vacation in August. I **am going to** fly to Vietnam. 나는 8월에 휴가가 있어서 베트남으로 갈 것이다.
> → 이전부터 베트남에 갈 계획을 하고 있었다는 의미다.
>
> I have a vacation in August. I **will probably** fly to Vietnam. 나는 8월에 휴가가 있어서 아마도 베트남으로 갈 것이다.
> → 지금 그런 생각이 들었다는 의미다.

2〉 미래진행시제 (~하고 있을 것이다 / ~할 것이다)
미래의 어느 한 시점에서 진행되는 사건을 말하기도 하지만 보통은 예정된 일을 표현할 때 더 많이 사용하며, TOEIC에서 미래진행시제(will be ~ing)가 나오면 대부분 두 번째 용법이다.

❶ 미래의 순간 (~하고 있을 것이다)

At 10 o'clock tomorrow he **will be working**. 내일 10시에 그는 일하고 있을 것이다.
→ 미래의 순간을 의미하므로 '~하고 있을 것이다'로 해석한다.

❷ 예정된 일 (~할 것이다)
이 경우 will be ~ing는 'will + 동사원형' 보다 be going to + 동사원형에 가깝다.

We **will be increasing** the shipping cost. 우리는 배송비를 인상할 것이다.
→ 미래시간 표현이 없으므로 여기서 will be increasing을 '인상하고 있을 것이다'가 아니라 '인상할 것이다'로 해석한다. 이때는 이미 예정된 일이라는 뜻이다.

3〉 미래완료시제 (~했을 것이다/하게 될 것이다)

미래완료는 어떤 사건이나 동작이 미래의 특정한 시점에 끝날 때 말하는 시제로 (단순)미래와 차이점을 알아두어야 한다.

❶ (단순)미래와 미래완료의 차이 (1)

(단순)미래 (will + 동사원형)	미래완료 (will have p.p.)
미래에 시작하는 일을 언급	미래에 끝나는 일을 언급(완료)

At 6 o'clock I **will leave**. 6시에 나는 떠날 것이다.
→ '떠나는 행동이 6시에 시작'한다는 의미다.

At 6 o'clock I **will have left**. 6시면 나는 떠났을 것이다.
→ '떠나는 행동이 6시까지 끝날 것', 즉 6시면 떠나고 없을 것이라는 의미다.

❷ (단순)미래와 미래완료의 차이 (2)

(단순)미래 (will + 동사원형)	미래완료 (will have p.p.)
미래의 한 순간을 표현	과거(또는 현재)부터 미래까지 기간을 표현

Mr. Gibson **will serve for** 30 **years** by the time he retires. (X)
Mr. Gibson **will have served for** 30 **years** by the time he retires. (O)
깁슨 씨가 은퇴할 무렵이면 30년 동안 근무한 셈이 된다.
→ 문장에서 'for+기간 (~동안)'이 있으면 과거부터 미래까지 '30년 동안'을 표현하기 위해서 미래완료를 쓴다.

Check-up / 해설 p.75

STEP 1
1. The shuttle bus will .... soon.
   (A) arrive   (B) arrives

2. We will be .... a new product at the meeting.
   (A) introduce   (B) introducing

3. The movie .... by the time we get to the theater.
   (A) has started   (B) will have started

STEP 2
4. Mr. Simpson .... the operations on the upcoming project as of tomorrow.
   (A) oversee   (B) will oversee   (C) overseeing   (D) oversaw

어휘 introduce 소개하다, 도입하다   by the time ~할 때 쯤   get to ~에 도착하다   theater 극장   operation 운영, 작업
upcoming 다가오는   project 프로젝트, 과제   as of ~부터   oversee 담당하다, 감독하다

토익 필수 형용사 1

additional
a. 추가적인, 추가의
additional membership benefits 추가적인 회원 혜택들
additional questions 추가 질문들

annual
a. 연례의, 연간의
annual conference 연례회의
annual rainfall 연간 강우량

available
a. 입수 가능한, 이용 가능한, 구매 가능한
the most accurate report available 입수 가능한 가장 정확한 보고서
the speediest laptop computer available 시중에서 구매 가능한 가장 빠른 노트북

convenient
a. 편리한, 가까운
convenient for suburban residents 교외 거주자에게 편리한
whenever it is convenient 언제든지 편리한 때에

leading
a. 선두적인, 가장 중요한
a leading financial publication 선두적인 금융 출판물
a leading distributor of auto parts 자동차 부품의 선두 유통업자

limited
a. 제한된, 한정된
a limited warranty 제한된 품질보증
a limited number of free tickets 수량이 한정된 무료입장권

long-term
a. 장기적인
a long-term strategy 장기 전략
a long-term economic forecast 장기적인 경제 전망

permanent
a. 영구적인
permanent damage 영구적인 손상
a permanent position 정규직

proper	*a.* 적절한, 올바른	
	follow the proper procedures 적절한 절차를 따르다	
	the proper sequence of steps 조치의 올바른 순서	
reliable	*a.* 믿을 만한	
	reliable information 믿을 만한 정보	
	produce reliable products 믿을 만한 제품을 생산하다	
responsible	*a.* 책임이 있는, 원인이 되는	
	responsible for the advertisements 광고 업무를 담당하는	
	responsible for increased productivity 높아진 생산성의 원인이 되는	
temporary	*a.* 일시적인, 임시의	
	a temporary position 임시직	
	the temporary cash-flow problem 일시적인 현금유동성 문제	
tentative	*a.* 임시의, 일시적인, 잠정적인	
	a tentative schedule 임시 일정	
	tentative agreements 잠정적인 합의	

Check-up

밑줄 친 단어의 우리말 뜻을 고르세요.

1. annual conference (A 연례의 / B 장시간의) 회의
2. reliable information
   (A 믿을 만한 / B 그릇된) 정보
3. a long-term economic forecast
   (A 급변하는 / B 장기적인) 경제 전망

   1. A 2. A 3. B

우리말 뜻에 맞게 빈칸을 채우세요.

1. 임시직   a t_____ position
2. 적절한 절차 the p_____ procedures
3. 추가적인 회원 혜택들
   a_____ membership benefits

   1. temporary 2. proper 3. additional

실력 점검 문제 해설 p.76~77

1. Accountants .... workshops next Monday to acquire knowledge about revised tax laws.

   (A) attend
   (B) attended
   (C) will attend
   (D) had attended

2. Some speakers want to find out .... ways to get the audience's attention.

   (A) limited
   (B) raised
   (C) proper
   (D) temporary

3. City Council .... yesterday to offer a scholarship program for needy teenagers.

   (A) has decided
   (B) decided
   (C) decide
   (D) will decide

4. Bell Tour has decided to recruit .... employees with experience in tourism-related activities.

   (A) unprepared
   (B) convenient
   (C) additional
   (D) limited

5. Mr. Daniel .... on creating new products since the company was founded.

   (A) works
   (B) has worked
   (C) worked
   (D) will work

6. Until our networks are improved, there will be .... inconveniences when using the Internet.

   (A) temporary
   (B) satisfied
   (C) leading
   (D) permanent

7. Tomorrow, a rock concert full of fantastic music .... at Olympic Stadium.

   (A) is held
   (B) has held
   (C) was held
   (D) will be held

8. The world's .... experts will be meeting in Seoul to discuss issues of data security.

   (A) defective
   (B) installing
   (C) corrupt
   (D) leading

9. If you .... this survey, our store will give you a coupon in return for your cooperation.

   (A) completed
   (B) complete
   (C) completing
   (D) will complete

10. The bus drivers are legally .... for the safety of its passengers.

    (A) additional
    (B) tentative
    (C) available
    (D) responsible

Questions 11-14 refer to the following e-mail.

TO: Anne Graig, Human Resources Manager
FROM: Franco Antonellie, Building Engineer
RE: Energy saving policies
DATE: March 30

Hi, Anne,

In the last four months, our energy costs for the building .... 20%. This reduction
                                                                    11.
can be mainly credited to the fact that the staff working during the weekend ....
                                                                              12.
to use only areas of the office where it was heated. .... Staff members planning
                                                      13.
to work on weekends should notify the human resources manager by 3:00 P.M. on Friday.

An overtime use form must be filled out, and it must include the names of the staff

members and the hours they .... in the office.
                            14.

Thank you for your cooperation.

---

11. (A) reduce
(B) reduced
(C) are reduced
(D) have been reduced

12. (A) was remained
(B) was allowed
(C) was prohibited
(D) was stayed

13. (A) We plan to continue this weekend policy.
(B) Heating system will be implemented next week.
(C) The manager is required to collect some feedback from customers.
(D) The Human Resources Department has distributed this pamphlet.

14. (A) were
(B) be
(C) will be
(D) have been

UNIT 8 수동태

★ 콕콕 찍어 주는 출제 포인트

주어가 능동적으로 행위를 하는 주체가 되면 '능동태'를 쓰고 주어가 동사의 행위를 당하는 대상이 되면 '수동태'를 쓴다. 능동태와 수동태를 구분하는 단서를 파악해 보자.

1 능동태를 수동태로 바꾸는 방법

능동태와 수동태는 같은 내용의 글을 다른 형태의 문장으로 나타내는 방법이다. 능동태 문장이 수동태로 바뀌려면 능동태 문장에 반드시 목적어가 있어야 한다.

1 능동태의 목적어를 수동태의 주어로 바꾼다.

They built **a house**. 그들은 집을 건축했다.

A house was built by them. 집은 그들에 의해서 건축되었다.

2 능동태의 동사를 'be동사 + 과거분사'로 바꾼다.

능동태의 동사를 수동태로 바꿀 때는 주어의 인칭, 수, 시제를 일치시킨다.

Mr. Jones **wrote** a book. 존스 씨는 책을 저술했다.

A book **was written** by Mr. Jones. 책은 존스 씨에 의해서 저술되었다.

→ wrote 저술하다 → was written 저술되었다

3 능동태의 주어를 by 다음에 놓는다.

이때 능동태의 주어가 대명사이면, 수동태로 바꿀 때는 목적격을 써야 한다.

They found the hotel. 그들은 호텔을 찾았다.

The hotel was found **by them**. 호텔은 그들에 의해서 발견되었다.

→ They 그들 → by them 그들에 의해서

> **TIP** 수동태 다음에 'by + 행위자'를 생략하는 경우
>
> English is spoken in the Philippines (by people). 필리핀에서는 영어를 쓴다.
> → 행위자가 일반적 사람일 때는 따로 표시할 필요가 없다.
>
> The house was built in 1470 (by somebody). 이 집은 1470년에 건축되었다.
> → 행위자가 명백하지 않을 때나 누군지 알 수 없을 때는 생략한다.
>
> Mary and I were invited to Jane's house. 매리와 나는 제인의 집에 초대 받았다.
> → 'Jane의 집'에서 이미 'Jane'이 나왔으므로 행위자를 따로 표시할 필요가 없다.

 / 해설 p.77

STEP 1

1. The letter .... to him yesterday.
   (A) sent   (B) was sent

2. The novel .... in 2013 by the author.
   (A) written   (B) was written

3. The doctor .... a vaccine for the disease.
   (A) developed   (B) was developed

STEP 2

4. Competition in the automotive industry is .... to increase next year.
   (A) expect   (B) expects   (C) expected   (D) expectation

어휘 letter 편지   send 보내다   novel 소설   author 작가   vaccine 백신   disease 병, 질병   develop 개발하다
competition 경쟁, 대회   automotive industry 자동차 산업, 자동차 업계   increase 증가하다   next year 다음해, 내년
expect 예상하다   expectation 예상, 기대

UNIT 8. 수동태

2 해석으로 수동태 찾기

수동태는 대체로 '~하다'가 아니라 '~되다' 또는 '당하다' 등으로 해석된다. 하지만 직역할 경우 어색한 표현이 종종 생기므로 '~하다'로 해석하는 것이 자연스러운 경우가 많다.

주의해야 할 동사	해석	수동태 표현	해석
promote (타) + 명사	~를 승진시키다	→ be promoted	승진되다/승진하다
satisfy (타) + 명사	~를 만족시키다	→ be satisfied	만족되다/만족하다
locate (타) + 명사	~를 위치시키다	→ be located	위치되다/위치하다
surprise (타) + 명사	~를 놀라게 하다	→ be surprised	놀라게 되다/놀라다
disappoint (타) + 명사	~를 실망시키다	→ be disappointed	실망되다/실망하다

The company **promoted** him to the job of manager. 회사는 그를 부장으로 승진시켰다.
→ 동사 promote는 '(누군가가) 승진하다'가 아니라 '(누군가를) 승진시키다'라는 뜻이다.

He **was promoted** to the job of manager. 그는 부장으로 승진했다.
→ be promoted는 수동태로 '승진되다'의 뜻으로, 보통 '승진하다'로 해석한다.

The product **satisfies** customers. 그 제품은 고객들을 만족시킨다.
→ 동사 satisfy는 '(누군가가) 만족하다'가 아니라 '(누군가를) 만족시키다'라는 뜻이다.

Customers **are satisfied with** the product. 고객들은 그 제품에 만족한다.
→ be satisfied는 수동태로 '만족감을 느끼다'라는 뜻으로, 보통 '만족하다'로 해석한다.

The test results **surprised** the researchers. 시험 결과는 연구자들을 놀라게 했다.
→ 동사 surprise는 '(누군가를) 놀라게 하다'라는 뜻이다.

The researchers **were surprised at** the test results. 연구자들은 시험 결과에 놀랐다.
→ be surprised는 수동태로 '놀라다'로 해석한다.

January sales figures **disappointed** investors. 1월 매출은 투자자들을 실망시켰다.
→ 동사 disappoint는 '(누군가를) 실망시키다'라는 뜻이다.

Investors **were disappointed with** January sales figures. 투자자들은 1월 매출에 실망했다.
→ be disappointed는 수동태로 '실망하다'로 해석한다.

> **TIP** 능동태가 부정문이면, 수동태도 부정문이다.
>
> 능동태를 수동태로 바꾸는 것은 형태를 바꾸는 것이며 긍정, 부정이 바뀌는 것은 아니다.
>
> They **do not accept** late applications. 그들은 늦은 지원서는 받지 않는다.
>
> Late applications **are not accepted** by them. 늦은 지원서는 받지 않는다.
>
> → 수동태의 부정형은 be동사와 p.p.사이에 not을 넣는다.

Check-up / 해설 p.78

STEP 1

1. Directors decided to .... Mr. Kim at the end of the year.
   (A) promote   (B) be promoted

2. This new product will definitely .... our customers.
   (A) satisfy   (B) be satisfied

3. An unexpected announcement .... the hotel employees.
   (A) surprised   (B) was surprised

STEP 2

4. The Rakuta Hotel is .... in the Bangkok business district.
   (A) located   (B) locates   (C) locate   (D) locating

어휘 director 임원, 부장, 감독   decide to+동사원형 ~하기로 결정하다, 결심하다   at the end of the year 연말에
definitely 분명히, 확실히   customer 소비자, 고객   unexpected 예상치 못한   announcement 발표
hotel employee 호텔 직원   business district 상업지역

3 자동사는 수동태 불가능

수동태는 능동태 문장에서 목적어가 주어로 가면서 만들어진 형태이므로 목적어가 없는 자동사는 수동태로 바꿀 수 없다.

자동사	해석	틀린 용법
work	일하다	be worked (X)
happen	일어나다, 발생하다	be happened (X)
rise	상승하다	be risen (X)
arrive	도착하다	be arrived (X)
seem	~인 듯 보이다	be seemed (X)
remain	~로 남다, 여전히 ~이다	be remained (X)
stay	~로 유지하다	be stayed (X)

He **is worked** closely with the sales team. (X)
He **works** closely with the sales team. (O) 그는 영업팀과 긴밀하게 협조하여 일한다.
→ work(일하다)는 자동사이므로 수동태(be + p.p.)로 쓸 수 없다.

Our market share **has been risen** by 10%. (X)
Our market share **has risen** by 10%. (O) 우리의 시장 점유율이 10% 상승했다.
→ rise(상승하다)는 자동사이므로 수동태(be + p.p.)로 쓸 수 없다.

I **was arrived** at the airport this morning. (X)
I **arrived** at the airport this morning. (O) 나는 오늘 아침에 공항에 도착했다.
→ arrive(도착하다)는 자동사이므로 수동태(be + p.p.)로 쓸 수 없다.

Production at the plant **was remained** steady. (X)
Production at the plant **remained** steady. (O) 공장의 생산은 꾸준한 상태를 유지했다.
→ remain(남다)은 자동사이므로 수동태(be + p.p.)로 쓸 수 없다.

The weather **was stayed** dry during the construction. (X)
The weather **stayed** dry during the construction. (O) 공사 기간에 날씨가 계속 건조했다.
→ stay(유지하다)는 자동사이므로 수동태(be + p.p.)로 쓸 수 없다.

> **TIP** take place도 자동사?
>
> take place는 '열리다, 발생하다'라는 의미의 숙어다. 이 또한 자동사로 취급되므로 수동태는 불가능하다.
>
> The event **was taken place** on December 4th. (X)
> The event **took place** on December 4th. (O) 행사는 12월 4일에 열렸다.
>
> → take place의 과거는 took place다. was taken place는 수동태이므로 틀린 용법이다.

Check-up / 해설 p.78

STEP 1

1. All the applicants .... very knowledgeable.
   (A) are seemed   (B) seem

2. The shipping charges have .... dramatically.
   (A) risen   (B) been risen

3. Mr. Aoki has been .... on that problem.
   (A) working   (B) worked

STEP 2

4. Russel Preston .... in the human resources office for almost 14 years.
   (A) work   (B) has worked
   (C) was worked   (D) has been worked

어휘 applicant 신청자, 지원자   knowledgeable 박학다식한, 총명한   shipping 운송, 배송   charge 요금, 책임
dramatically 급격하게, 극적으로   problem 문제, 걱정거리   human resources 인사부   almost 거의

4 수동태는 목적어가 없다

수동태는 목적어가 주어로 가면서 만들어진 형태이므로 목적어(명사구)가 없다. 즉 목적어가 있으면 능동태를 써야 하고 타동사인데도 목적어가 없다면 수동태를 써야 한다.

We **will discuss the topic** at the meeting. 우리는 회의에서 그 주제를 논의할 것이다.
목적어

The **topic will be discussed** (by us) at the meeting. 그 주제는 회의에서 논의될 것이다.
주어

→ 첫 번째 문장에서 will discuss는 능동태이므로 뒤에 목적어 the topic이 왔지만, 두 번째 문장에서 will be discussed(논의될 것이다)는 수동태이므로 뒤에 목적어가 오지 않는다. at the meeting(회의에서)은 '전치사 + 명사' 구조의 수식어(부사구)이며 목적어가 아니다.

1〉 be + p.p. + 아무것도 없음

It **was updated**. 그것은 업데이트되었다.

The old computer **was replaced**. 그 오래된 컴퓨터는 교체되었다.

→ 수동태인 was updated/replaced 뒤에 아무것도 없이 문장이 끝날 수 있다.

2〉 be + p.p. + 전치사 + 명사구

It **was updated in Chinese**. 그것은 중국어로 업데이트되었다.

The old computer **was replaced with** a new one. 그 오래된 컴퓨터는 새것으로 교체되었다.

→ 수동태인 was updated/was replaced 뒤에 '전치사 + 명사'가 연결될 수도 있다.

3〉 be + p.p. + 부사

It **was updated daily**. 그것은 매일 업데이트되었다.

The old computer **was replaced recently**. 그 오래된 컴퓨터는 최근에 교체되었다.

→ 수동태인 was updated/replaced 뒤에 부사(daily/recently)가 올 수도 있다.

> **TIP** 수동태 다음에 to + 동사원형이 올 수도 있다.
>
> 수동태 다음에 부정사(to + 동사원형)가 와서 의미를 보충하기도 한다.
>
> The motorcycle **was repaired to improve** performance. 그 오토바이는 성능을 향상시키기 위해서 수리되었다.
> → 부정사 to improve(~를 향상시키기 위해서)가 was repaired를 보충 설명하고 있다.
>
> You **are requested to hold** a valid passport. 여러분은 유효한 여권을 소지하도록 요구된다.
> → 부정사 to hold(~를 소지하도록)가 are requested를 보충 설명하고 있다.

Check-up / 해설 p.78

STEP 1

1. I .... the opportunity to talk about my career.
   (A) appreciate   (B) am appreciated

2. The assignments have been distributed ....
   (A) equal   (B) equally

3. The building was renovated ....
   (A) us   (B) by us

STEP 2

4. The company is .... its employees to wear comfortable shoes at work.
   (A) encourage   (B) encouraging
   (C) encouraged   (D) encourages

어휘 appreciate 감사히 여기다 opportunity 기회, 가능성 career 직업, 경력 assignment 임무, 할당
distribute 배포하다, 분배하다 equal 대등한, 똑같은 equally 똑같이 renovate 개조하다, 보수하다
encourage 격려하다, 권장하다 employee 직원 comfortable 편안한, 안락한 at work 일터에서, 근무 중에
encourage A to + 동사원형 A가 ~하도록 장려하다

5 수동태도 시제에 따라 변한다

수동태도 동사의 형태이므로 시제에 따라 다양하게 변형된다. 능동형의 시제 변형에 따라서 be p.p. 개념을 첨가한다고 보면 된다.

시제 명칭		능동태 문장	수동태 문장
현재	단순	He writes the book. 그는 그 책을 저술한다.	The book is written. 그 책은 저술된다.
	진행	He is writing the book. 그는 그 책을 저술하고 있다.	The book is being written. 그 책은 저술되고 있다.
	완료	He has written the book. 그는 그 책을 저술했다/저술해왔다.	The book has been written. 그 책은 저술되었다/저술되어왔다.

The woman **is carrying** a bag. 여자가 가방을 나르고 있다.
↓
A bag **is being carried** by the woman. 가방이 그 여자에 의해서 운반되고 있다.

시제 명칭		능동태 문장	수동태 문장
과거	단순	He wrote the book. 그는 그 책을 저술했다.	The book was written. 그 책은 저술되었다.
	진행	He was writing the book. 그는 그 책을 저술하고 있었다.	The book was being written. 그 책은 저술되고 있었다.
	완료	He had written the book. 그는 그 책을 저술했다/저술해왔다.	The book had been written. 그 책은 저술되었다/저술되어왔다.

They **were painting** the wall. 그들은 벽을 페인트칠하고 있었다.
↓
The wall **was being painted** by them. 벽은 그들에 의해서 페인트칠되고 있었다.

시제 명칭		능동태 문장	수동태 문장
미래	단순	He will write the book. 그는 그 책을 저술할 것이다.	The book will be written. 그 책은 저술될 것이다.
	진행	He will be writing the book. 그는 그 책을 저술하고 있을 것이다.	(용례 없음)
	완료	He will have written the book. 그는 그 책 저술을 완료할 것이다.	The book will have been written. 그 책은 저술이 완료될 것이다.

The photographer **will take** a photo. 그 사진가는 사진을 촬영할 것이다.
↓
A photo **will be taken** by the photographer. 사진은 그 사진가에 의해 촬영될 것이다.

> **TIP** 수동태 미래시제에서는 not을 will 뒤에 써야 한다.
>
> They **will not record** our conversation. 그들은 우리의 대화를 녹음하지 않을 것이다.
>
> Our conversation **will be not recorded**. (X)
> Our conversation **will not be recorded**. (O) 우리의 대화는 녹음되지 않을 것이다.
>
> → 수동태에서 not은 be동사 다음에 위치하지만, will이 있으면 will 바로 다음에 써야 한다.

Check-up / 해설 p.79

STEP 1

1. The meeting .... this afternoon.
   (A) will hold (B) will be held

2. The report .... yesterday.
   (A) was submitted (B) submitted

3. A lot of work will .... by tomorrow.
   (A) have finished (B) have been finished

STEP 2

4. Our winter clothing is .... at a discount to make room for the new merchandise.
   (A) sell (B) being sold (C) has sold (D) sells

어휘 hold 열다, 개최하다 this afternoon 오늘 오후에 report 보고서 submit 제출하다 a lot of 많은 finish 끝마치다 clothing 옷, 의류 at a discount 할인된 가격에 make room for ~를 위한 공간을 만들다 merchandise 상품

UNIT 8. 수동태 **253**

토익 필수 형용사 2

affordable — *a.* (가격 등이) 알맞은, 감당할 수 있는
affordable price 적당한 가격
affordable housing in the area 지역 내 가격이 적당한 주택

alternative — *a.* 대체가능한, 대안적인
develop alternative energy sources 대체 에너지원을 개발하다
alternative medicine 대체의학

brief — *a.* 잠시 동안의, 간단한
a brief power failure 잠시 동안의 정전
a brief survey 간단한 설문조사

complimentary — *a.* 무료의, 칭찬하는
a complimentary ticket for the concert 콘서트 무료 초대권
a complimentary remark 칭찬하는 말

detailed — *a.* 상세한
a detailed schedule 상세한 일정
more detailed information 더 자세한 정보

existing — *a.* 기존의, 현존의, 현재 사용되는
the existing rule 기존의 규칙
the existing treatment facility 현존하는 치료 시설

growing — *a.* 성장하는, 증가하는
growing public interest in health 건강에 대한 대중의 관심 증가
growing seasonal demand 증가하는 계절적 수요

impressive — *a.* 인상적인, 인상 깊은
impressive qualifications 인상 깊은 자격요건들
very impressive candidates 매우 인상적인 후보자들

outstanding	*a.* 뛰어난, 미지불된 outstanding performance 뛰어난 업무 성과 outstanding balance 미결제 잔액
possible	*a.* 가능한, 가능성 있는 as soon as possible 되도록 빨리 possible solutions 가능한 해결책들
related	*a.* 관련된 work experience in a related field 관련 분야의 업무 경력 closely related to one another 서로 밀접하게 관련된
unique	*a.* 독특한, 특이한 a unique design 독특한 디자인 unique ideas for marketing 독특한 마케팅 아이디어
unexpected	*a.* 예상치 못한, 뜻밖의 the unexpected decline 예상치 못한 하락 the recent unexpected delays 최근 뜻밖의 지연

Check-up

밑줄 친 단어의 우리말 뜻을 고르세요.

1. a <u>complimentary</u> ticket
   (A 유료의 / B 무료의) 입장권
2. <u>related</u> field (A 관련된 / B 모집하는) 분야
3. <u>affordable</u> price (A 적당한 / B 높은) 가격

　　1. B　2. A　3. A

우리말 뜻에 맞게 빈칸을 채우세요.

1. 미결제 잔액　o_____ balance
2. 증가하는 계절적 수요
   g_____ seasonal demand
3. 대체 에너지원　a_____ energy sources

1. outstanding　2. growing　3. alternative

UNIT 8. 수동태 **255**

실력 점검 문제 해설 p.79~81

1. Before you .... the equipment, read all the instructions written in the manual carefully.
   (A) are installed (B) install
   (C) is installing (D) have been installed

2. The entrepreneur will plan to reduce the company's .... debt.
   (A) proper (B) convenient
   (C) outstanding (D) brief

3. The road pavement work .... for about two months because of budget cuts.
   (A) is delayed (B) is delaying
   (C) delays (D) have been delayed

4. Global Media produced .... sales performance in the first quarter.
   (A) alternative (B) impressive
   (C) leading (D) responsible

5. This year's conference will .... at the BC Hotel from 10:00 A.M. to 5:00 P.M. next Saturday.
   (A) be holding (B) have held
   (C) be held (D) hold

6. On the basis of .... plans, the CEO decided to open a branch office in Boston.
   (A) detailed (B) growing
   (C) convinced (D) skilled

7. All applications for government grants should .... in order not to waste money.
   (A) is reviewing (B) review
   (C) reviewed (D) be reviewed

8. Small business owners are satisfied with the .... increase in revenue over the last quarter.
   (A) instructive (B) cautious
   (C) unexpected (D) sincere

9. Because of bad weather conditions, airplanes departing from Taiwan .... too late.
   (A) were arrived (B) arrived
   (C) arrives (D) had been arrived

10. Most of the citizens have requested that the local government revise the .... tax system.
    (A) arranging (B) exempt
    (C) existing (D) understanding

Questions 11-14 refer to the following article.

May 23 — The American Arts Council declared earlier today that it will host the 20th annual Postmodern Arts Festival at the Royal Museum in New York, from July 12-20.

The announcement _____ by Frederick Robertson, the Council's founder.
                           11.

This year's festival will _____ an art performance by a renowned artist, Tom
                                  12.

Reynolds, _____ will be accompanied by a group of sculptors for a 3-day show,
              13.

beginning on the 15th of July.

Tickets for all the events can be purchased online at www.artsfestival.org. _____
                                                                                        14.

It is due to the fact that the festival has grown in popularity ever since its first year.

11. (A) made
    (B) will be made
    (C) was made
    (D) had made

12. (A) be featured
    (B) featured
    (C) feature
    (D) have been featured

13. (A) who
    (B) he
    (C) what
    (D) which

14. (A) However, the event organizers have not prepared yet.
    (B) Tickets would sell more slowly.
    (C) Besides, attendance in a festival is limited.
    (D) Buying tickets in advance is advisable.

UNIT 9 부정사

★ **콕콕 찍어 주는 출제 포인트**

우리말로 '한다'는 말을 '하는 것', '하기 위해서' 등으로 표현할 수 있듯이 영어에서도 동사 앞에 to를 붙이면 그 동사를 명사나 다른 품사로 사용할 수 있다. 이를 바로 부정사라 한다.

1 부정사의 개념과 형태

1〉부정사란?

부정사는 '부정적인 말'이 아니라 '품사가 정해져 있지 않은 어휘'라는 뜻이다. 동사를 다른 품사로 쓰려고 만든 것으로 동사 앞에 to를 붙여서 사용한다.

I **want buy** the book. (X) 나는 그 책을 원하다 + 사다?
  S   V   V

→ 한 문장에 동사가 두 번 사용될 수 없으므로 틀린 문장이다.

I want **to buy** the book. (O) 나는 그 책을 사기를 원한다. = 나는 그 책을 사고 싶다.
S   V   O

→ 두 번째 동사 buy 앞에 to를 붙이면 '사다'가 아니라 '사는 것'이 되어서 동사가 아닌 명사로 사용할 수 있게 된다.
부정사는 한 문장에서 동사를 두 번 사용할 수 없기 때문에 만들어진 것이며, '동사 앞에 to를 붙여 쓰는 것'이라 생각하자.

2〉기본 형태

영어에는 두 가지 to가 있는데 하나는 부정사 to, 하나는 전치사 to다. 이 둘을 구별하려면 뒤에 오는 어휘의 형태를 보면 된다.

부정사 to	전치사 to
to + 동사원형	to + 명사 / 동명사(~ing)

I want **to check** the schedule. 나는 일정을 확인하고 싶다.
          부정사 to

→ to 뒤에 동사원형 check가 왔으므로 부정사 to다.

This fax machine needs **to be** repaired. 이 팩스기는 수리되어야 한다.
                         부정사 to

→ to 뒤에 동사원형 be가 왔으므로 부정사 to다. 단지 부정사 to 뒤에 동사가 능동태가 아닌 수동태(be repaired)가 왔을 뿐이다.

The visitors will go **to the museum**. 방문객들은 박물관에 갈 것이다.
                      전치사 to

→ to 뒤에 명사 museum이 왔으므로 전치사 to다.

I look forward **to hearing** from you. 당신으로부터 소식 듣기를 기대합니다.
                 전치사 to

→ to 뒤에 동명사 hearing이 왔으므로 전치사 to다.

TIP 전치사 to가 들어 있는 기본 관용구

언제 부정사 to를 쓰고 언제 전치사 to를 쓰는지 구분하려면 혼란스럽기 마련이다. 따라서 전치사 to가 들어가는 대표적 관용구를 숙지해두고 나머지는 부정사 to로 접근한다.

전치사 to가 들어 있는 관용구	의 미	같은 표현
object to + 명사 / 동명사 (~ing)	~하는 데 반대하다	= be opposed to + 명사 / 동명사 (~ing)
be used to + 명사 / 동명사 (~ing)	~하는 데 익숙하다	= be accustomed to + 명사 / 동명사 (~ing)
look forward to + 명사 / 동명사 (~ing)	~하기를 기대하다	

The mayor officially **objected to the plan**. 시장은 공식적으로 그 계획에 반대했다.
We **look forward to helping** you find an office. 우리는 당신이 사무실 구하는 것을 돕기를 기대합니다.

Check-up / 해설 p.81

STEP 1
1. The company hopes to .... its headquarters.
   (A) move (B) moving

2. I'm looking forward to .... you again.
   (A) see (B) seeing

3. You should study hard to .... the training course.
   (A) pass (B) passing

STEP 2
4. Staff members are used to .... at night now, but they found it difficult in the beginning.
   (A) work   (B) worked   (C) working   (D) have worked

어휘 headquarters 본사   pass 합격하다, 통과하다   training course 교육 과정, 연수 과정   staff member 직원, 사원
at night 밤에   difficult 어려운   in the beginning 처음에는

2 명사적/형용사적 용법

부정사는 문장에서 동사를 다른 품사로 쓰려고 만든 것이므로 명사나 형용사 역할을 할 수 있다. 즉 주어나 목적어 자리에 오거나 명사를 수식할 수 있다.

1〉 명사적 용법 (~하는 것, 하기)

❶ 주어 역할

To succeed is our goal. 성공하는 것이 우리의 목표다.

→ 동사 succeed(성공하다) 앞에 to를 붙여서 to succeed(성공하는 것)가 되면 명사처럼 쓸 수 있다.

❷ 타동사의 목적어 역할

They want **to improve** the system. 그들은 시스템을 향상시키기를 원한다.

→ to improve(~를 향상시키기)가 타동사 want의 목적어 역할을 하고 있다.

❸ be동사의 보어 역할

The goal of this meeting is **to appoint** the president. 이번 회의의 목표는 사장을 지명하는 것이다.

→ 부정사 to appoint(~를 지명하는 것)가 be동사 is의 보어 역할을 하고 있다.

> **TIP** 부정사는 주어 자리에 쓰지 않는다?
>
> 현대 영어에서 부정사가 문두에서 주어 역할을 하는 경우는 특별히 주어를 강조할 경우가 아니면 드물기 때문에 부정사 주어는 뒤로 빠진다. 이때 주어의 빈자리를 가짜 주어인 it이 메운다.
>
> ① **To give a speech** is not easy. 연설하는 것은 쉽지 않다.
> → 주어 자리에 부정사(to give a speech)가 있으므로 이를 문장 뒤로 뺀다.
>
> ② _____ is not easy **to give a speech**.
>
> ③ **It** is not easy **to give a speech**. 연설하는 것은 쉽지 않다.
> → 뒤로 빠져나간 부정사 주어 자리를 가짜 주어 it으로 메운다. 이때 it은 아무런 의미가 없으므로 따로 해석할 필요는 없다.
>
> | It is + | easy | ~하는 것은 쉽다 | + to부정사(진주어) |
> |---|---|---|---|
> | | difficult | ~하는 것은 어렵다 | |
> | | important | ~하는 것은 중요하다 | |

2〉 형용사적 용법 (~할, 하기 위한)

부정사가 형용사처럼 사용될 경우 명사나 대명사를 수식하는데 이때 뒤에서 수식한다는 점에 주의하자.

❶ 명사 수식

She has no friend **to help her**. 그녀는 자신을 도와 줄 친구가 없다.

→ 명사 friend를 뒤에서 수식한다.

❷ 대명사 수식

Let's find something **to sit on**. 앉을 것을 찾아보자.
→ 대명사 something을 뒤에서 수식한다.

❸ 부정사의 수식을 받는 명사들

명사 + to부정사	의 미	명사 + to부정사	의 미
an ability to + 동사원형	~할 능력	a way to + 동사원형	~할 방법
the right to + 동사원형	~할 권리, 권한	a plan to + 동사원형	~할 계획
an opportunity to + 동사원형	~할 기회	a chance to + 동사원형	~할 기회

The software has **an ability to monitor** inventory. 그 소프트웨어는 재고를 추적하는 기능이 있다.
→ 명사 ability를 부정사(to monitor)가 뒤에서 수식한다.

We learned new **ways to communicate** in writing. 우리는 글로 의사소통하는 새로운 방법들을 배웠다.
→ 명사 ways를 부정사(to communicate)가 뒤에서 수식한다.

Check-up / 해설 p.81

STEP 1

1. I need .... the information.
   (A) receive   (B) to receive

2. It is important .... the serial number.
   (A) know   (B) to know

3. We have the right .... the schedule.
   (A) change   (B) to change

STEP 2

4. I hope that you will give me the opportunity .... my qualifications with you.
   (A) discuss   (B) discussion   (C) to discuss   (D) discussing

---

어휘 need to + 동사원형 ~이 필요하다, ~해야 한다   information 정보   receive 받다   important 중요한
serial number 일련 번호   right 권리   schedule 일정   change 바꾸다   opportunity 기회, 가능성
qualification 자격요건   discuss 토론하다, 논의하다   discussion 토론, 논의

UNIT 9. 부정사 **261**

3 부사적 용법

부정사는 동사를 다른 품사로 쓰려고 만든 것으로 문장에서 부사처럼 사용할 수도 있다. 이때 크게 두 가지 용법으로 나뉜다.

1〉 목적 (~하기 위해서)

❶ 명사적 용법과 부사적 용법의 차이

I want **to succeed**. 나는 성공하기를 원한다.
→ 이 경우 to succeed는 타동사 want(~를 원하다)의 목적어로 사용되었으므로 '~하는 것'으로 해석한다. (명사적 용법)

I work **to succeed**. 나는 성공하기 위해서 일한다.
→ 이 경우 to succeed는 자동사 work(일하다)를 수식하는 부사로 사용되었으므로 '~하는 것'으로 해석하지 않고 '~하기 위해서'라고 해석한다. (부사적 용법)

❷ to부정사의 위치

They left early **to catch** the train. 그들은 일찍 떠났다 / 기차를 잡기 위해서

To catch the train, they left early. 기차를 잡기 위해서 / 그들은 일찍 떠났다.
→ 목적을 나타내는 부정사는 문장의 뒤에 써도 되고, 앞에 써도 된다.

❸ in order to (~하기 위해서)

부사적 용법 중 목적을 나타내는 부정사는 그 앞에 in order나 so as를 붙여서 목적을 강조하거나 조금 더 격식 있는 표현으로 만들기도 한다.

to부정사 (~하기 위해서)	= in order to 부정사 → 목적 강조	= so as to 부정사 → 격식 있는 표현

I met him **to finalize the contract**.
= I met him **in order to finalize the contract**. } 나는 계약을 마무리하기 위해서 그를 만났다.
= I met him **so as to finalize the contract**.

2〉 이유 (~해서, 때문에)

부정사가 부사적 용법으로 사용될 때 대부분 목적(~하기 위해서)의 의미로 쓰이지만 감정을 나타내는 아래 형용사들 뒤에 부정사가 오면 이유를 나타낸다.

be + 감정 형용사 + to부정사 (~해서 ~하다)		
be +	surprised / happy / pleased / sorry / disappointed 놀란 / 행복한 / 즐거운 / 죄송한 / 실망한	+ to부정사

I'm **surprised to see** you here. 당신을 여기서 만나다니 놀랍군요.
→ 여기서 부정사 to see는 감정 형용사 surprised(놀란) 다음이므로 목적의 의미(~하기 위해서)가 아니라 이유(~해서, 때문에)를 의미한다.

TIP in order for는 무엇일까?

in order for는 in order와 to부정사 사이에 의미상 주어로 'for + 명사'를 표시한 것이다.

in order to succeed 성공하기 위해서
in order for you to succeed } 네가 성공하기 위해서
in order (for you) to succeed

→ 여기서 for you는 생략 가능하다. 즉 in order for가 나오면 뒤에는 반드시 to부정사가 있어야 한다.

In order for customers to receive a discount, they should bring the coupon.
고객들이 할인을 받으려면 쿠폰을 가져와야 한다.

Check-up / 해설 p.82

STEP 1

1. She is studying ―――――― a doctor.
   (A) be   (B) to be

2. In order to ―――――― for a job, fill out the form.
   (A) apply   (B) applying

3. I'm sorry ―――――― you this.
   (A) telling   (B) to tell

STEP 2

4. The sales department will purchase three more computers so as ―――――― more data.
   (A) process   (B) to process   (C) processing   (D) have processed

어휘 fill out ~를 작성하다   form 양식, 서식   department 부서, 국   purchase 구입하다
process 가공하다, (컴퓨터에서 데이터를) 처리하다   processing 처리, 가공

4 동사 / 형용사 뒤에 오는 부정사

1〉 타동사 + to부정사

타동사는 뒤에 명사 목적어가 오는데 동사를 명사처럼 사용하는 부정사 목적어도 타동사 뒤에 올 수 있다. 아래는 to부정사가 뒤따라오는 대표적인 타동사들이다.

타동사 + to부정사			
want to부정사	~하기를 원하다	intend to부정사	~할 의도가 있다
hope to부정사	~하기를 희망하다	need to부정사	~할 필요가 있다
plan to부정사	~할 계획이다	refuse to부정사	~하기를 거부하다
decide to부정사	~하기로 결정하다	propose to부정사	~하기를 제안하다
would like to부정사	~하기를 원하다	wish to부정사	~하기를 원하다

They desperately **needed help**. 그들은 도움이 절실히 필요했다.
→ 동사 need는 타동사로 뒤에 목적어가 온다.

I **need to buy** the ticket for the concert. 나는 그 콘서트의 표를 사야 한다.
→ 동사 need 뒤에 목적어로 부정사가 왔으므로 명사적 용법으로 본다.

2〉 자동사 + to부정사

부정사를 목적어로 취하는 타동사도 있지만, 뒤에 부정사가 따라오는 자동사도 있다.

자동사 + to부정사		
fail to부정사	happen to부정사	seem to부정사
~하는 데 실패하다	우연히 ~하다	~하는 듯하다

Mr. Young **failed to meet** his sales goal. Young 씨는 매출 목표를 달성하는 데 실패했다.
→ 이 경우 fail은 타동사가 아니라 자동사지만 뒤에 부정사를 수반한다.

Do you **happen to know** her name? 혹시 그녀의 이름을 아세요?
→ happen to부정사는 주로 의문문에서 '혹시'라는 뉘앙스로 잘 사용된다.

Everyone **seems to understand** the issues. 모든 사람이 그 쟁점들을 이해하는 듯하다.
→ seem 또한 뒤에 부정사를 수반할 수 있다. 이때 부정사는 목적어가 아니라 보어다.

3〉 be + 형용사 + to부정사

동사가 아니더라도 관용적으로 부정사를 수반하는 형용사들이 있다. 부정사를 수반하는 형용사들은 다음과 같다.

be + 형용사 + to부정사			
be able to부정사	~할 수 있다	be ready to부정사	~할 준비가 되어 있다
be likely to부정사	~할 듯하다	be willing to부정사	기꺼이 ~하려 하다
be eager to부정사	~하기를 원하다	be eligible to부정사	~할 자격이 있다

Only shareholders **are able to** cast a vote. 주주들만 투표할 수 있다.
The document **is** not **likely to** come so late. 그 문서가 그렇게 늦게 나오지는 않을 듯하다.
We **are eager to hear** your suggestions. 우리는 여러분의 제안을 듣고 싶습니다.

Check-up / 해설 p.82

STEP 1　1. They refused .... on it.
　　　　　　(A) to agree　　　　　(B) agree

　　　　2. The company decided .... in the job fair.
　　　　　　(A) to participate　　　(B) participating

　　　　3. The team failed .... the deadline.
　　　　　　(A) to meet　　　　　(B) meeting

STEP 2　4. All employees of our company are .... to compete for a prize.
　　　　　　(A) capable　　(B) reliable　　(C) eligible　　(D) considerable

---

어휘 refuse(= turn down) 거절하다, 거부하다　agree 동의하다　decide 결정하다, 결심하다　job fair 채용박람회
participate in ~에 참여하다　deadline 마감일, 만기일　meet the deadline 마감일을 맞추다　compete 경쟁하다
capable 할 수 있는　reliable 신뢰할 수 있는　eligible 자격 있는　considerable 상당한
be eligible to부정사 ~할 자격이 있다

UNIT 9. 부정사　**265**

토익 필수 부사 1

approximately
adv. 거의, 대략
approximately fifty years 거의 50년
approximately 10,000 commuters 약 1만 명의 통근자들

eventually
adv. 결국, 궁극적으로
eventually drive down costs 결국 비용을 낮추다
expect to stabilize eventually 궁극적으로 안정될 것이라고 예상하다

gradually
adv. 점진적으로, 서서히
increase gradually 점진적으로 증가하다
have gradually improved 점진적으로 개선되었다

heavily
adv. 심하게, 아주 많이
be heavily criticized in the press 언론에서 혹독한 비판을 받다
rely heavily on tourism 관광업에 크게 의존하다

highly
adv. 상당히, 매우, (수준·양 등이) 고도로
a highly successful advertising campaign 상당히 성공한 광고 캠페인
highly qualified for the job 일자리에 필요한 자질이 매우 뛰어난

previously
adv. 사전에, 이전에, 미리
previously scheduled meetings 사전에 예정된 회의들
previously to the conference 회의에 들어가기에 앞서

promptly
adv. 즉시, 바로, 정확하게
report promptly 즉시 보고하다
leave promptly at 7:30 A.M. 정확히 오전 7시 30분에 떠나다

recently
adv. 최근에
until just recently 불과 얼마 전까지
the recently released items 최근에 출시된 상품들

regularly
adv. 정기적으로, 규칙적으로

inspect regularly 정기적으로 점검하다
monitor networks regularly 네트워크를 정기적으로 모니터하다

securely
adv. 안전하게, 단단히

wrap the package securely 소포를 안전하게 포장하다
anchor securely 단단히 고정하다

solely
adv. 오로지, 단지

solely for indoor use 오직 실내용으로만
rely solely on labor cost cutting 오로지 인건비 절감에 의존하다

tightly
adv. 단단히, 꽉, 빈틈없이

tie as tightly as possible 가능한 단단하게 묶다
connect tightly 단단히 연결하다

unusually
adv. 평소와 달리, 이례적으로, 몹시

unusually warm temperatures 평소와 달리 따뜻한 기온
unusually risky investments 몹시 위험한 투자

Check-up

밑줄 친 단어의 우리말 뜻을 고르세요.

1. increase gradually
   (A 점진적으로 / B 최소한으로) 증가하다

2. inspect regularly
   (A 정기적으로 / B 즉시) 점검하다

3. a highly successful campaign
   (A 의외로 / B 상당히) 성공한 캠페인

   1. A   2. A   3. B

우리말 뜻에 맞게 빈칸을 채우세요.

1. 언론에서 혹독한 비판을 받다
   be h_____ criticized in the press

2. 몹시 위험한 투자
   u_____ risky investments

3. 사전에 예정된 회의들
   p_____ scheduled meetings

   1. heavily   2. unusually   3. previously

실력 점검 문제

1. Passengers are encouraged to .... at the airport 3 hours before departure.

   (A) arrive (B) arrived
   (C) arriving (D) arrives

2. Since the conference will start .... at 7 P.M., speakers are required to arrive 1 hour in advance.

   (A) promptly (B) popularly
   (C) recently (D) cordially

3. All customers have the right .... for a full refund at all times if products are defective.

   (A) ask (B) was asked
   (C) asking (D) to ask

4. Even though you are skilled drivers, fasten your safety belts .... while driving.

   (A) eventually (B) tightly
   (C) approximately (D) extremely

5. A guide book helps tourists .... their destination and make hotel reservations.

   (A) are selected (B) to selecting
   (C) selecting (D) select

6. Because of this year's .... cold weather, farmers are expected to suffer severe crop damage.

   (A) properly (B) exactly
   (C) unusually (D) personally

7. An effective manager motivates workers who are reluctant .... new ideas.

   (A) to be accepted (B) of accepting
   (C) to accept (D) accept

8. Countries which are .... dependent on tourism for income are vulnerable to economic downturns.

   (A) reluctantly (B) avoidably
   (C) approvingly (D) heavily

9. Residents who wish .... in the gardening contest should submit their application by Friday.

   (A) participate (B) to participating
   (C) participating (D) to participate

10. The international marathon contest to be held in Gyeongju will feature .... 1,000 runners.

    (A) approximately (B) recently
    (C) highly (D) previously

Questions 11-14 refer to the following announcement.

All home owners should pay attention!

The federal government is willing to help you repair and _____ your home.
                                                              11.
Regardless of how long you have owned your home, its location or condition, age, income or marital status, you may be _____ eligible. The purpose of this program is to
                                           12.
encourage energy conservation and neighborhood preservation. The government insurance now allows home owners _____ improvements worth up to $30,000. Improvements
                                     13.
may include windows, room conversions, baths, kitchens, roofing, and doors. _____
                                                                               14.

---

11. (A) remodeling
　　 (B) remodels
　　 (C) remodel
　　 (D) remodeled

12. (A) previously
　　 (B) potentially
　　 (C) efficiently
　　 (D) unusually

13. (A) make
　　 (B) made
　　 (C) to making
　　 (D) to make

14. (A) The work must be done by lender-approved contractors.
　　 (B) Home owners must provide feedback on a project.
　　 (C) The government is interested in employees' welfare.
　　 (D) Some rooms can be rented for business travelers.

UNIT 10 동명사

★ **콕콕 찍어 주는 출제 포인트**

동명사는 말 그대로 동사를 명사로 사용하려고 만든 것이다. 동사를 다른 품사로 골고루 사용하려고 만든 부정사가 명사 역할을 제대로 하지 못하게 되면서 동명사가 생겨났다.

1 동명사의 개념과 형태

동명사는 이름에서 알 수 있듯이 '동사 + 명사'의 합성어이며 동사를 명사처럼 쓰려고 만든 것이다. 전치사 뒤에는 부정사를 쓸 수 없다는 점 때문에 동명사가 탄생했다.

1〉 기본 형태

일반동사의 원형 + ~ing(~하는 것, 하기)	be동사 + ~ing(~인 것, 이기)

Meeting him was very difficult. 그를 만나기가 무척 어려웠다.
→ 여기서 meeting은 '회의'라는 명사가 아니라 동명사이므로 '만나는 것/만나기'라 해석한다.

Being a CEO has a lot of responsibilities. 최고경영자가 되면 많은 책임을 진다.
→ be동사의 동명사는 being이다.

2〉 동명사와 부정사의 차이

	동명사	부정사
기본 형태	동사원형 ~ing ex) writing, thinking	to + 동사원형 ex) to write, to think
문장에서의 역할	명사 역할	명사, 형용사, 부사 역할
차이점	1) 주어 자리에 사용 가능 2) be동사 보어 자리는 가급적 피함 3) 전치사의 목적어로 사용 가능	1) 주어 자리는 가급적 피함 2) be동사 보어 자리에 사용 가능 3) 전치사의 목적어로 불가능

❶ **주어 자리**

To conduct a survey is necessary.
= It is necessary **to conduct a survey**. 설문조사를 실시하는 것은 필수다.
→ 현대 영어에서는 특별히 주어를 강조할 경우 외에는 부정사를 주어로 사용하지 않으므로 가주어(it)를 이용한 두 번째 문장으로 사용한다.

Conducting a survey is necessary. 설문조사를 실시하는 것은 필수다.
→ 동명사는 주어로 사용하는 데 문제가 없으므로 부정사처럼 뒤로 보내지 않는다.

❷ **be동사의 보어 자리**

My job **is ordering** supplies from overseas suppliers.
= My job **is to order** supplies from overseas suppliers. 내 담당 업무는 해외 납품업체에 물품을 주문하는 것이다.

→ be동사 뒤에 보어로 동명사가 올 경우 현재진행형 동사(be ~ing)로 오해할 수 있으므로 보통 부정사를 사용한다.

❸ **전치사의 목적어 자리**

After to introduce himself, he gave a speech. (X)
After introducing himself, he gave a speech. (O) 그는 자신을 소개한 후 연설을 했다.

→ 전치사 뒤에는 원래 명사나 명사 상당어구가 온다. 동사를 명사처럼 사용하는 부정사와 동명사 중에 전치사 다음에 올 수 있는 것은 부정사가 아니라 동명사다.

Check-up / 해설 p.84

STEP 1 1. .... every effort is needed.
　　　　　　(A) Make　　　　　　　　(B) Making

　　　　　2. .... a manager requires a lot of time.
　　　　　　(A) Be　　　　　　　　　(B) Being

　　　　　3. Before .... an idea, prepare an outline.
　　　　　　(A) to suggest　　　　　　(B) suggesting

STEP 2 4. Visitors should know various regulations about .... cameras in restricted areas.
　　　　　　(A) use　　　(B) to use　　　(C) using　　　(D) have used

어휘 effort 노력　make an effort 노력하다, 애쓰다　manager 관리자　require 요구하다　a lot of time 많은 시간
prepare 준비하다　outline 개요, 윤곽　suggest 제안하다, 추천하다　visitor 방문자　various 다양한
regulation 규제, 통제　restrict 제약하다　restricted area 제한구역

UNIT 10. 동명사

2 동명사와 명사의 차이점

동명사는 동사를 명사처럼 만든 것이므로 기본적으로 문장 속에서 명사가 하는 역할을 한다. 하지만 일반명사와 달리 동사의 성질을 유지하는 경우가 있으므로 명사와의 차이점을 알아두어야 한다.

	관사	목적어	수식어	해석
동명사	X	O	부사가 수식	'~하기, 하는 것'
명사	O	X	형용사가 수식	고유한 뜻

1) 관사의 유무
명사 앞에는 관사가 붙지만 동명사 앞에는 관사가 붙지 않는다.

We thank you **for the answer** to the questions. 질문에 대한 답변에 감사드립니다.
→ 명사(answer) 앞에는 관사 the가 붙는다.

We thank you **for the answering** the questions. (X)
We thank you **for answering** the questions. (O) 질문에 대해 답변해 주셔서 감사드립니다.
→ 동명사(answering) 앞에는 관사를 쓸 수 없다.

2) 목적어의 유무
명사 뒤에는 목적어를 쓸 수 없지만 동명사 뒤에는 목적어를 쓸 수 있다.

Please send payment upon **receipt this letter**. (X)
→ receipt는 '수령'이라는 의미의 명사이므로 뒤에 this letter라는 또 다른 명사가 올 수 없다.

Please send payment upon **receiving this letter**. (O) 이 편지를 받자마자 돈을 보내주세요.
→ 동명사 receiving은 일반 명사가 아니라 타동사에서 비롯된 동명사이므로 뒤에 목적어인 명사가 올 수 있다.

3) 수식어의 차이
명사는 형용사가 수식하고 동명사는 부사가 수식한다.

Many things can be improved by **careful work**. 많은 것들이 신중한 작업에 의해 향상될 수 있다.
→ careful(신중한)이라는 형용사가 명사 work(작업)를 꾸민다.

We create value by **carefully working** with other teams. 우리는 다른 팀들과 함께 신중하게 작업하여 가치를 창출한다.
→ carefully(신중하게)라는 부사가 동명사 working(일하는 것)을 꾸민다.

4) 해석의 차이
명사는 고유한 뜻에 맞게 해석하며, 동명사는 동사에 '~하기'를 붙여 해석한다.

We had **a meeting** yesterday in the main conference room. 우리는 어제 중앙 회의실에서 회의했다.
→ a meeting은 관사가 있으므로 명사이며 '회의'라는 고유한 뜻이 있다.

Meeting our president was a good experience. 우리 사장님을 만난 것은 좋은 경험이었다.
→ meeting 뒤에 our president라는 목적어가 있으므로 동명사이며 '~하는 것, 하기'로 해석한다.

TIP 명사? 동명사?

영어 단어들 중에는 ~ing로 끝나기 때문에 동명사로 오해하기 쉬운 어휘들이 있는데 알고 보면 명사인 경우가 있다.
이때는 1) 관사의 유무, 2) 목적어의 유무, 3) 형용사 또는 부사의 수식 4) 해석 차이를 적용해 구분해야 한다.

명사	의미	동명사	의미
a meeting	회의	meeting + 명사	~를 만나는 것
understanding	이해	understanding + 명사	~를 이해하는 것
advertising	광고(업)	advertising + 명사	~를 광고하는 것
handling	취급, 처리	handling + 명사	~를 다루는 것
the beginning	시작	beginning + 명사	~를 시작하는 것
a painting	그림	painting + 명사	~를 그리는/칠하는 것

I gained an **understanding** of the product. 나는 그 제품에 대해 이해했다.
→ understanding 앞에 관사 an이 있으므로 명사다.

Understanding the theory is very important. 그 이론을 이해하는 것은 매우 중요하다.
→ understanding 뒤에 목적어(the theory)가 있으므로 동명사다.

Check-up / 해설 p.85

STEP 1

1. The .... is selling very well.
   (A) product (B) producing

2. I'm interested in .... the lecture.
   (A) attendance (B) attending

3. After .... reviewing your work, we will decide.
   (A) cautious (B) cautiously

STEP 2

4. The technology team began .... the problems with the computer network.
   (A) investigate (B) investigating (C) investigated (D) investigation

---

어휘 sell well 잘 팔리다   be interested in ~에 관심 있다   lecture 강연, 강의   attendance 참석   attend 참석하다   review 검토하다   decide 결정하다   cautious 주의 깊은, 조심성 있는   cautiously 주의 깊게   technology 기술   network 네트워크, 망   investigate 조사하다, 수사하다   investigation 조사

3 동명사의 역할

부정사는 그 역할이 다양해서 품사(명사, 형용사, 부사)적 용법으로 나누지만 동명사는 품사가 명사 하나이므로 그 용법을 문장 속에서의 역할로 나눌 수 있다.

1〉 주어 역할
동명사가 주어일 때는 단수동사로 받는다. 동명사는 셀 수 없기 때문이다.

Making good decisions **are** easier if you have good advisors. (X)
Making good decisions **is** easier if you have good advisors. (O) 훌륭한 조언자들이 있다면 좋은 결정을 내리는 것이 더 쉽다.
→ 동명사인 making이 주어이므로 동사는 단수 is로 받는다. good decisions는 주어가 아니라 동명사 주어 making의 목적어이므로 주어로 착각하지 않도록 주의해야 한다.

2〉 보어 역할
동명사가 be동사의 보어로 나올 때는 가급적 부정사로 바꾸어 준다. 동사의 현재진행형과 혼동되기 때문이다.

Our goal **is providing** quality services to our customers. 우리의 목표는 고객들에게 양질의 서비스를 제공하는 것이다.
→ is providing을 현재진행형으로 오해하지 않도록 주의해야 한다.

Our goal **is to provide** quality services to our customers. 우리의 목표는 고객들에게 양질의 서비스를 제공하는 것이다.
→ be동사의 보어 자리에는 동명사보다 부정사를 쓰는 것이 자연스럽다.

3〉 타동사의 목적어 역할
타동사의 목적어로 부정사가 쓰이는 경우를 빼면 동명사는 대부분 목적어 자리에 들어갈 수 있다.

The company **expects finishing** work in April. (X)
The company **expects to finish** work in April. (O) 그 회사는 4월에 작업을 끝낼 것으로 예상한다.
→ 동사 expect는 동명사가 아니라 부정사를 목적어로 취한다.

Drivers should **avoid to use** mobile phones while driving. (X)
Drivers should **avoid using** mobile phones while driving. (O) 운전자들은 운전하는 동안에 휴대폰 사용을 피해야 한다.
→ 타동사 avoid는 부정사가 아니라 명사나 동명사를 목적어로 취한다.

4〉 동명사를 목적어로 취하는 동사들

enjoy 동명사(~ing)	~하기를 즐기다	include 동명사(~ing)	~하기를 포함하다
consider 동명사(~ing)	~하기를 고려하다	mind 동명사(~ing)	~하기를 꺼려하다
finish 동명사(~ing)	~하기를 끝내다	stop 동명사(~ing)	~하기를 멈추다
quit 동명사(~ing)	~하기를 그만두다	postpone 동명사(~ing)	~하기를 연기하다
avoid 동명사(~ing)	~하기를 피하다	discontinue 동명사(~ing)	~하기를 중단하다

→ '동명사를 목적어로 취한다'는 말은 명사를 목적어로 취한다는 말과 같다. 따라서 위의 동사들은 모두 명사를 목적어로 취할 수 있다.

This road atlas **includes weather maps**. 이 도로지도는 기상도를 포함한다.
→ 동명사를 목적어로 취하는 동사는 명사도 목적어로 취할 수 있다.

Responsibilities of this position **include to achieve** sales goals. (X)
Responsibilities of this position **include achieving** sales goals. (O)
이 직책의 책임들은 매출 목표 달성을 포함한다.
→ 타동사 include는 부정사가 아닌 동명사를 목적어로 취하는 동사다.

> **TIP** stop + to부정사와 stop + 동명사의 차이점은?
>
> She **stopped to talk** to him. 그녀는 그에게 말을 걸기 위해 멈췄다.
> She **stopped talking** to him. 그녀는 그에게 말 거는 것을 멈췄다.
> → stop 다음에 to부정사가 오는 경우는 부사적 용법(~하기 위해서)으로 해석하지만, stop 다음에 동명사(~ing)가 오는 경우에는 '~하기를 멈추다, 그만두다'로 해석한다.

Check-up / 해설 p.85

STEP 1

1. Recovering the deleted files .... not difficult.
   (A) was   (B) were

2. His job includes .... after children.
   (A) to look   (B) looking

3. We should postpone .... the matter.
   (A) to discuss (B) discussing

STEP 2

4. Ms. Chung is a pianist who .... spending her free time composing music.
   (A) hopes   (B) wishes   (C) enjoys   (D) takes

어휘 recover 회복하다, 복구하다   delete 삭제하다   deleted files 삭제된 파일   look after(= take care of) ~를 돌보다
postpone(= delay, put off) 연기하다, 미루다   matter 문제, 사안   spend (시간이나 돈을) 쓰다, 소비하다
compose 구성하다, 작곡하다

4 동명사의 관용구

1〉 go + 동명사(~ing) (~하러 가다)

취미생활이나 여가활동을 하러 간다는 의미로는 go 뒤에 부정사를 쓰지 않고 관용적으로 동명사를 쓴다.

go shopping 쇼핑하러 가다	go swimming 수영하러 가다	go skiing 스키 타러 가다
go camping 캠핑하러 가다	go fishing 낚시하러 가다	go dancing 춤추러 가다

I will **go swimming** tomorrow. 나는 내일 수영하러 갈 것이다.
I need to **go shopping** this afternoon. 나는 오늘 오후에 쇼핑하러 가야 한다.

2〉 TOEIC 빈출 관용 표현

관용 표현	의 미
succeed in 동명사(~ing)	~하는 데 성공하다
be skilled at / in 동명사(~ing) = be good at 동명사(~ing) = be adept at 동명사(~ing)	~하는 데 능숙하다
be capable of 동명사(~ing)	~할 수 있다
be busy (in) 동명사(~ing)	~하느라 바쁘다
have difficulty (in) 동명사(~ing) = have trouble 동명사(~ing) = have a hard time 동명사(~ing)	~하는 데 어려움을 겪다

She **is skilled at / in designing** Web sites.
= She **is good at designing** Web sites.   그녀는 웹사이트를 디자인하는 데 능숙하다.
= She **is adept at designing** Web sites.

They **had difficulty finding** a replacement for Ted.
= They **had trouble finding** a replacement for Ted.   그들은 테드의 후임자를 찾는 데 어려움을 겪었다.
= They **had a hard time finding** a replacement for Ted.

3〉 전치사 + 동명사(~ing)

전치사 뒤에는 주로 명사가 오지만 명사 상당어구인 동명사도 올 수 있다. 전치사와 동명사가 결합되면서 관용구가 되는 경우는 다음과 같다.

관용표현	의 미
by 동명사(~ing)	~함으로써
in 동명사(~ing)	~하는 데 있어서, ~함에 있어서
without 동명사(~ing)	~하는 것 없이, ~하지 않고
on(upon) 동명사(~ing)	~하자마자
instead of 동명사(~ing)	~하는 것 대신에

By working together, we can finish it more quickly. 함께 일함으로써 우리는 그것을 더 빨리 끝낼 수 있다.
I succeeded **in finding** the necessary information. 나는 필요한 정보를 찾는 데 성공했다.

> **TIP** 전치사 뒤에 명사와 동명사가 다 보기에 있다면?
>
> TOEIC에서는 전치사 뒤에 명사와 동명사 보기를 함께 내는 경우가 많다. 명사와 동명사의 차이를 염두에 두고 관사가 있는지, 뒤에 목적어가 있는지 살피면 정답을 찾을 수 있다.
>
> ① 관사의 유무 – 전치사 다음에 관사가 있으면 명사, 없으면 동명사다.
>   **without the request** 요청 없이
>   **without requesting** a password 암호를 요청하지 않고
>
> ② 목적어의 유무 – 뒤에 자체 목적어가 있으면 동명사, 없으면 명사다.
>   **about production** 생산에 관해서
>   **about producing** security systems 보안 시스템을 생산하는 것에 관해서

Check-up / 해설 p.85

STEP 1

1. I will go .... next week.
   (A) to fishing   (B) fishing

2. He is .... of acquiring new skills quickly.
   (A) able   (B) capable

3. I had difficulty .... the information.
   (A) find   (B) finding

STEP 2

4. .... cooperating with local companies, we can expand our computer sales.
   (A) By   (B) During   (C) Because   (D) So that

어휘 fish 낚시하다   acquire 획득하다   skill 기술, 기량   able 할 수 있는, 재능 있는   find 찾다, 알아내다   cooperate 협조하다, 협력하다   local 현지의, 지역의   expand 확대하다, 늘리다

토익 필수 부사 2

adequately
adv. 충분히, 적절히

train adequately 충분히 교육하다
be adequately addressed 적절하게 처리되다

completely
adv. 완전히, 전적으로

completely replace the sound system 음향 설비를 완전히 교체하다
a completely new system 전적으로 새로운 시스템

considerably
adv. 상당히, 큰 폭으로

decrease considerably 큰 폭으로 감소하다
differ considerably from one market to another 시장마다 상당히 다르다

consistently
adv. 지속적으로, 항상

consistently meet deadlines 항상 마감시한을 준수하다
consistently exceed the quality control standards 품질 관리 기준을 지속적으로 초과하다

directly
adv. 즉시, 직접, 똑바로

send directly 즉시 보내다
deliver directly from the warehouse 창고에서 직접 배송하다

efficiently
adv. 효율적으로

utilize time more efficiently 시간을 더 효율적으로 활용하다
perform complex tasks efficiently 복잡한 업무를 효율적으로 수행하다

fully
adv. 완전히, 충분히

fully reclining seat 완전히 젖혀지는 좌석
fully equipped office 시설이 완비된 사무실

increasingly
adv. 점점 더

increasingly popular 점점 더 인기가 높아지는
increasingly competitive global market 점점 더 경쟁이 치열해지는 세계 시장

largely
adv. 크게, 대체로, 주로

largely responsible for the sales increase 매출 증가에 큰 원인을 제공한
largely unaffected by the installation 설치에 크게 영향을 받지 않는

personally
adv. 직접, 친히, 개인적으로

talk to the manager personally 부장에게 직접 이야기하다
greet new employees personally 신입사원들을 친히 맞이하다

readily
adv. 손쉽게, 선뜻, 기꺼이

readily accessible online shopping 손쉽게 접근할 수 있는 인터넷 쇼핑
readily available cabinet 손쉽게 이용 가능한 수납장

reasonably
adv. 상당히, 합리적으로, 타당하게

quite reasonably priced 상당히 적당한 가격이 붙은
a reasonably good wage 꽤 높은 임금

relatively
adv. 상대적으로, 비교적

relatively inexperienced 상대적으로 경험이 부족한
a relatively poor performance 비교적 저조한 성과

Check-up

밑줄 친 단어의 우리말 뜻을 고르세요.

1. differ <u>considerably</u>
   (A 일시적으로 / B 상당히) 다르다

2. greet new employees <u>personally</u>
   신입사원들을 (A 친히 / B 신속히) 맞이하다

3. <u>increasingly</u> competitive
   (A 점점 더 / B 순간적으로) 경쟁이 치열해지는

1. B 2. A 3. A

우리말 뜻에 맞게 빈칸을 채우세요.

1. 시간을 더 효율적으로 활용하다
   utilize time more e_____

2. 충분히 교육하다 train a_____

3. 항상 마감시한을 준수하다
   c_____ meet deadlines

1. efficiently 2. adequately 3. consistently

실력 점검 문제

1. Ms. Tyler, the marketing director, decided to begin her business after .... the company.
   (A) is leaving
   (B) leave
   (C) left
   (D) leaving

2. Internet shopping and banking are .... recent phenomena.
   (A) relatively
   (B) previously
   (C) securely
   (D) carefully

3. .... our workers with a clean work environment can help to increase their productivity.
   (A) Provide
   (B) Providing
   (C) Being provided
   (D) To be provided

4. Please provide a detailed description of the problem so that we can deal with your issue ....
   (A) tightly
   (B) efficiently
   (C) variously
   (D) roughly

5. A personnel committee will be formed to start .... employees to be promoted this month.
   (A) select
   (B) selected
   (C) selecting
   (D) selection

6. Promotion to supervisor is .... decided by performance reviews.
   (A) very
   (B) monthly
   (C) largely
   (D) approximately

7. .... goals for new employees can help them convert their thoughts into action.
   (A) Setting
   (B) To setting
   (C) Set
   (D) To be set

8. The job interview was .... different from what he had originally expected.
   (A) consistently
   (B) closely
   (C) approvingly
   (D) completely

9. Our training institute is dedicated to .... both workers and employers satisfied at all times.
   (A) make
   (B) made
   (C) making
   (D) have made

10. The government firmly insists that power plants be .... maintained by professionals.
    (A) adequately
    (B) randomly
    (C) extremely
    (D) heavily

Questions 11-14 refer to the following letter.

Dear Mr. Swanson,

Greetings, fellow music enthusiast! The Pleasant-view Music Society thanks you for ___**11.**___ your PMS membership. Enclosed is a new membership card and a brochure detailing the benefits of membership to the PMS. ___**12.**___ In order to make changes to your card, simply call our toll-free number. We will be happy to correct the information and send you a replacement card. These changes may ___**13.**___ be made on the Members Benefits section of our Web Site. To do this, you will need the user-name and password listed below. We again thank you for your interest in the PMS and we hope you continue to enjoy the benefits of ___**14.**___ part of Pleasant-view's oldest music society!

Username : sswanson
Password : b7098upu

Sincerely,
Charles Stainsbury
President, PMS

---

11. (A) renewing
(B) renewed
(C) renew
(D) renewable

12. (A) PMS hopes to increase the number of its members.
(B) Moreover, the card can be bought completely free of charge.
(C) On the other hand, the benefits are not limited to members.
(D) Please ensure that your ID number and address are correct.

13. (A) also
(B) lately
(C) only
(D) then

14. (A) been
(B) being
(C) be
(D) to be

UNIT 11 분사

★ 콕콕 찍어 주는 출제 포인트
동사를 여러 가지 품사로 사용하려고 부정사를 만들었으나 부정사가 명사 역할을 제대로 못해서 동명사를 만들고, 형용사 역할을 하는 데 제약이 많아져서 분사가 나오게 되었다. 즉 분사는 동사의 형태를 조금 바꾸어서 형용사로 쓰려고 만든 것이다.

1 분사의 형태와 역할

1〉 기본 형태
분사 또한 부정사나 동명사와 마찬가지로 그 뿌리는 동사에 있다. 따라서 분사를 사용하려면 동사를 많이 알아두어야 한다.

	동사원형	현재분사(~ing)	과거분사(p.p)
어휘 예	go	going	gone
	write	writing	written
	play	playing	played

2〉 분사의 역할 (1): 형용사적 용법
분사는 명사를 수식하는 형용사 역할을 할 수 있다.

	현재분사	과거분사
형용사적 용법	the **burning** house 불타는 집 → 명사를 수식	the **broken** window 깨진 창문 → 명사를 수식

> **TIP** 분사는 보어도 가능하다?
>
> 분사는 형용사 역할을 하므로 보어 자리에도 올 수 있다.
>
> The parking system is really **confusing**. 주차 시스템이 매우 혼란스럽다.
> → be동사의 보어로 confusing(혼란스러운)이 사용되었다.
>
> People are so **confused** about the parking system. 사람들은 주차 시스템을 무척 혼란스러워한다.
> → be동사의 보어로 confused(혼돈되는)이 사용되었다.

3〉 분사의 역할 (2): 동사의 일부분
분사 자체는 동사가 아니지만 be동사나 have동사와 결합해 동사의 진행형이나 동사의 완료시제를 만들 수 있다.

❶ **현재분사**: 동사의 진행형을 만들 때 사용한다. 이 경우 be동사와 함께 쓰이며 분사 단독으로는 동사가 될 수 없다.

현재진행 am/is/are + ~ing	과거진행 was/were + ~ing	미래진행 will be + ~ing

He **trying** to sell his used computer. (X)
He **is/was/will be trying** to sell his used computer. (O) 그는 중고컴퓨터를 팔려고 애쓰고 있다 / 애쓰고 있었다 / 애쓸 것이다.

❷ **과거분사** (1): 동사의 완료시제를 만들 때 사용한다. 이 경우 have동사와 결합해 쓰이며 역시 단독으로는 동사가 될 수 없다.

| 현재완료 have p.p. | 과거완료 had p.p. | 미래완료 will have p.p. |

I **spoken** with Jane on the phone. (X)
I **have/had/will have spoken** with Jane on the phone. (O)
나는 제인과 전화로 이야기를 나누었다/나누었다/나누는 것을 마무리할 것이다.

❸ **과거분사** (2): 동사의 수동태를 만들 때 사용한다. 이 경우 be동사와 결합해 쓰이며 역시 단독으로는 동사가 될 수 없다.

| 수동태 be p.p. | 진행형 수동태 be being p.p. |

The house **built** in 2010. (X)
The house **was built** in 2010. (O) 그 집은 2010년도에 건축되었다.

The house **being built**. (X)
The house **is being built**. (O) 그 집은 건축되는 중이다.

Check-up / 해설 p.88

STEP 1

1. The new employee .... Spanish now.
   (A) studying   (B) is studying

2. She has .... the piano before.
   (A) playing   (B) played

3. The building is .... near the airport.
   (A) locating   (B) located

STEP 2

4. The cost of raw materials for paper goods has .... steadily over the past few years.
   (A) rise   (B) rose   (C) risen   (D) rises

어휘 play the piano 피아노를 연주하다   be located(= be situated) 위치하다   cost 비용   raw material 원자재
paper goods 종이제품   steadily 꾸준히   rise 상승하다, 증가하다

UNIT 11. 분사

2 현재분사와 과거분사

분사는 동사를 형용사처럼 사용하려고 만든 것이므로 명사를 수식한다. 명사를 앞에서 수식할 때 현재분사와 과거분사의 차이는 다음과 같다.

1〉 현재분사와 과거분사

동사	현재분사(~ing) + 명사 (분사와 명사가 능동관계)	과거분사(p.p.) + 명사 (분사와 명사가 수동관계)
~하다	~는 / ~하는	~된 / ~ 받은
qualify 자격을 주다	qualifying exam 자격을 주는 시험	qualified applicants 자격을 받은 지원자들

2〉 감정동사의 분사

뿌리가 되는 동사가 감정을 나타낼 경우 대체로 현재분사는 사물명사를 수식하고, 과거분사는 사람명사를 수식한다.

감정동사	현재분사(~ing) + 사물명사	과거분사(p.p.) + 사람명사
excite (타) ~를 흥분시키다	an exciting story 흥미진진한 이야기	excited audiences 흥분한 청중들
satisfy (타) ~를 만족시키다	the satisfying product 만족스러운 제품	satisfied customers 만족한 고객들
interest (타) ~를 흥미롭게 하다	an interesting book 흥미로운 책	an interested reader 흥미를 느낀 독자
disappoint (타) ~를 실망시키다	disappointing results 실망스러운 결과	disappointed students 실망한 학생들
bore (타) ~를 따분하게 만들다	a boring game 따분한 경기	bored spectators 따분해진 관객들
tire (타) ~를 피곤하게 만들다	a tiring trip 피곤한 여행	a tired traveler 지친 여행객

We received **disappointing results** yesterday.   우리는 어제 실망스러운 결과를 받았다.
→ disappoint(실망시키다)는 감정동사이므로 현재분사가 사물(results)을 수식한다

Some **disappointed members** didn't attend the meeting.   몇몇 실망한 회원들은 회의에 참석하지 않았다.
→ disappoint가 감정동사이므로 과거분사가 사람(members)을 수식한다.

3〉 일반동사의 분사

분사의 수식을 받는 명사가 능동으로 '~할' 때는 현재분사로 수동으로 '~될' 때는 과거분사로 수식한다.

뿌리가 되는 동사		현재분사 + 명사		과거분사 + 명사	
damage (타)	~를 손상시키다	damaging effects	손상을 주는 영향	damaged goods	손상된 제품
finish (타)	~를 끝내다	finishing touch	마무리 손질	finished product	완성된 제품
pollute (타)	~를 오염시키다	polluting gas	오염시키는 가스	polluted air	오염된 공기
request (타)	~를 요청하다	requesting individual	요청하는 개인	requested information	요청된 정보

I need **a finishing touch** for my work. 나는 작품의 마무리 손질을 해야 한다.
→ touch(손질)는 work(작품)를 능동적으로 '끝내는' 것이므로 finishing(끝내는, 마무리하는)으로 수식한다.

You should send me **the finished product**. 당신은 나에게 완성된 제품을 보내야 한다.
→ product(제품)는 수동적으로 '완성되는' 것이므로 finished(완성된)로 수식한다.

> **TIP** 그냥 외워 두어야 하는 분사
>
> 대개 우리말로 '~하는'이면 현재분사, '~되는'이면 과거분사를 쓴다. 그러나 다음 단어들은 관용구로 외워두자.
>
> They found my **missed luggage**. (X)
> They found my **missing luggage**. (O) 그들은 나의 사라진 짐을 찾았다.
> → 우리말로 '사라진'이라고 해석되어서 missed가 맞는 것 같지만 missing이 옳은 표현이다.
>
> He left a **lasted impression**. (X)
> He left a **lasting impression**. (O) 그는 지속되는 인상을 남겼다.
> → 우리말로 '지속되는'이라고 해석되어서 lasted가 맞는 것 같지만 lasting이 옳은 표현이다.

 / 해설 p.88

STEP 1　1. It was an .... game.
　　　　　　(A) exciting　　　　　　(B) excited

　　　　2. It will not be a .... trip.
　　　　　　(A) tiring　　　　　　　(B) tired

　　　　3. We received .... products.
　　　　　　(A) damaging　　　　　(B) damaged

STEP 2　4. Current research has proven that .... air is the major source of global warming.
　　　　　　(A) pollution　(B) polluted　(C) pollute　(D) pollutes

어휘　trip 여행, 출장　receive 받다　current 현재의　research 조사, 연구　prove 드러나다, 입증하다　major 중대한, 중요한
　　　source 원인, 공급원　global warming 지구 온난화　pollution 오염, 공해　pollute 오염시키다

3 분사의 기타 용법

1〉 전치사처럼 쓰이는 분사
원래 분사에서 비롯되었지만 전치사처럼 사용된다.

❶ concerning(~에 관해서) = regarding = about

I have a question **concerning** my charges.
내 요금에 관해서 문의사항이 있습니다.

❷ compared to/with(~와 비교하여)

This year's profit is good **compared to** last year's.
올해 수익은 지난해와 비교하면 많다.

❸ considering(~를 고려하면)

Considering the price, it was a very disappointing meal.
가격을 고려하면 매우 실망스러운 식사였다.

❹ following(~ 후에) = after

Following her speech, Ms. Chung introduced a new staff member.
청 씨는 연설 후 새로 온 직원을 소개했다.

❺ including(~를 포함해서)

The CEO will visit five cities, **including** Chicago.
최고경영자는 시카고를 포함해서 5개 도시를 방문할 것이다.

2〉 분사 관용구
TOEIC에는 종종 분사를 이용한 관용구가 나오는데 말 그대로 관용 표현이므로 통째로 익혀두자.

Starting / Beginning + (from) + 시간, 날짜 ~부터 시작하여	Generally speaking, S + V 일반적으로 말하자면
Frankly speaking, S + V 솔직히 말하자면	Judging from N, S + V ~로 판단하건대

Starting/Beginning (from) today, we will implement a new plan.
오늘부터 우리는 새로운 계획을 실행에 옮길 것이다.

Generally speaking, olive oil is good for cooking.
일반적으로 말하자면 올리브유는 요리하기에 좋다.

3〉 as + 과거분사(p.p.)

접속사 as는 여러 가지 의미를 갖고 있는데 뒤에 과거분사(p.p.)를 붙이면 '~되었듯이, 된 대로'라는 관용구가 된다.

as recommended	권장된 대로	as indicated	표시되었듯이
as scheduled	예정되었듯이	as mentioned	언급되었듯이
as discussed	논의되었듯이	as planned	계획되었듯이

The item should be cleaned **as recommended**.
그 제품은 권장된 대로 세척되어야 한다.

Monday classes will be held **as scheduled**.
월요일 강의는 예정대로 열릴 것이다.

We will give you 20 dollars per hour **as mentioned**.
언급되었듯이 우리는 당신에게 시간당 20달러를 줄 것이다.

As discussed at the meeting, we will develop a marketing plan.
회의에서 논의되었듯이, 우리는 마케팅 계획을 수립할 것이다.

Check-up / 해설 p.88

STEP 1

1. I'm writing a letter .... my tax payment.
   (A) concerned   (B) concerning

2. .... next week, we will raise the price.
   (A) Start   (B) Starting

3. As ...., I'm enclosing my application.
   (A) discuss   (B) discussed

STEP 2

4. .... to last year, our exports are projected to increase by nearly 10 percent.
   (A) Compare   (B) Compares   (C) Compared   (D) Comparison

어휘 tax 세금 payment 납부, 지불 raise 인상하다, 올리다 enclose 동봉하다 application 지원(서) export 수출
cf) import 수입 project 추정하다 be projected to 부정사 ~하리라 추정되다 increase 증가하다 comparison 비교

토익 필수 전치사 1

ahead of
prep. (시합 등에서) ~보다 앞서는, (공간, 시간상) ~보다 앞에/빨리
ahead of the competitors 경쟁자들보다 앞서는
finish a day ahead of schedule 일정보다 하루 앞당겨 끝내다

along with
prep. ~와 함께
along with your payment 귀하의 납부와 함께
along with several energy providers 몇몇 전력 공급업체와 함께

apart from
prep. ~을 제외하고, 별도로 하고
apart from the other managers 다른 관리자들을 제외하고
apart from state-of-the-art technology 최첨단 기술을 제외하고

behind
prep. ~ 뒤에, 이후에
behind the house 집 뒤에
behind the current contract 현재 계약 이후에

beyond
prep. ~을 넘어서, ~ 이상으로
beyond the borders 국경을 넘어서
beyond the peak travel season 여행 성수기를 지나서

except
prep. ~을 제외하고, ~ 이외에는
except under severe weather conditions 악천후를 제외하고
except for approved visitors 승인된 방문객 이외에는

in a row
prep. 한 줄로, 연속하여
some cars are parked in a row 자동차들이 일렬로 주차되어 있다
decrease three years in a row 3년 연속 감소하다

instead of
prep. ~ 대신에
take the subway instead of a bus 버스 대신에 지하철을 타다
instead of buying online 온라인으로 구매하는 것 대신에

in terms of

prep. ~ 면에서, ~에 관하여

in terms of the quality 품질 면에서
in terms of computer equipment protection 컴퓨터 장비 보호에 관하여

opposite

prep. ~의 맞은편에, 정반대의

directly opposite the art museum 미술관 바로 맞은편에
opposite from the main parking area 중앙 주차장 맞은편에

throughout

prep. ~ 내내, ~ 동안, ~ 통하여, 도처에

throughout the day 하루 종일
throughout the train station 기차역 곳곳에

under

prep. ~의 아래에, ~ 하에, ~ 미만의

under construction 공사 중인
under certain conditions 특정한 조건 하에

via

prep. ~을 경유하여, 통하여

via the postal service 우편서비스로
via airmail 항공우편으로

Check-up

밑줄 친 단어의 우리말 뜻을 고르세요.

1. parked in a row
   (A 두 줄로 / B 일렬로) 주차되어 있다

2. a day ahead of schedule
   일정보다 하루 (A 앞서 / B 늦게)

3. under construction 공사 (A 후에 / B 중인)

   1. B   2. A   3. B

우리말 뜻에 맞게 빈칸을 채우세요.

1. 귀하의 납부와 함께
   a_____ your payment

2. 품질 면에서 i_____ the quality

3. 승인된 방문객 이외에는
   e_____ approved visitors

   1. along with   2. in terms of   3. except for

실력 점검 문제 해설 p.89~90

1. Black Corp. has largely .... on improving the quality of our health-care products.

   (A) concentrated
   (B) concentrating
   (C) concentrate
   (D) been concentrated

2. The photocopier was not repaired immediately because some parts arrived in .... condition.

   (A) damage
   (B) damaging
   (C) damages
   (D) damaged

3. We are planning to replace the .... computers with latest ones to reduce working hours.

   (A) exist
   (B) existing
   (C) existed
   (D) to exist

4. Employees .... in taking the advanced course in Web design should fill out the form.

   (A) interest
   (B) interesting
   (C) interested
   (D) interests

5. Consumer Organization will review apartments .... the country next month.

   (A) until
   (B) throughout
   (C) among
   (D) because of

6. Before .... the annual report to the sales director, the employees should review it carefully.

   (A) send
   (B) to send
   (C) sent
   (D) sending

7. .... some musical performances in event hall, Mr. Brian's retirement party will be held soon.

   (A) Concerning
   (B) Following
   (C) Considering
   (D) Including

8. When you get off the bus, you will see the NS Art Museum .... your right.

   (A) on
   (B) at
   (C) for
   (D) with

9. As .... at the meeting last week, the complaint letter will be reviewed by the main office.

   (A) discussion
   (B) discussed
   (C) discuss
   (D) discussing

10. Due to problems with the Internet server, access to our Web site will be restricted .... further notice.

    (A) at
    (B) by
    (C) during
    (D) until

Questions 11-14 refer to the following advertisement.

The Montclare Park Advertising Paper — connecting the area's buyers and sellers

FOR SALE: Eluxian Black Leather Sofa
$400 / item located in Montclare Park

This Eluxian Black Leather sofa, style number 322, has a modern design and reclines fully to allow perfect comfort. .... **11.** It is .... **12.** exclusively to offer luxury and relaxation, and is a good choice for any living room. This sofa .... **13.** from an Eluxian store less than one year ago. It is a durable, top-quality piece in excellent condition, and will provide its next owner .... **14.** many years of use. For photos of the couch, please visit www.advertiseronline.org.

---

11. (A) The sofa is very long and allows the user to stretch out completely.
(B) The number is much higher than most users expected.
(C) Those investing in the company make a profit beyond their expectation.
(D) The sofa's manufacturer strives to collect feedback from customers.

12. (A) designer
(B) designed
(C) designing
(D) designs

13. (A) purchases
(B) be purchased
(C) purchase
(D) was purchased

14. (A) to
(B) about
(C) with
(D) by

UNIT 12 전치사와 접속사

★ **콕콕 찍어 주는 출제 포인트**
문장이나 어구 뒤에 또 다른 문장이나 어구를 덧붙이고 싶을 때는 말을 연결하는 어휘가 필요하다. 명사를 연결하는 어휘를 전치사라 하고 문장을 연결하는 어휘를 접속사라 한다.

1 전치사

1) 전치사의 개념

전치사는 우리말로 '~에, 로, 와, 밑에, 위에'처럼 명사 뒤에 붙는 조사의 역할을 한다. 하지만 영어에서는 명사 뒤가 아니라 앞에 붙여서 '시간, 장소, 위치, 방향, 이유' 등 여러 가지 의미를 나타낸다.

| **at** the park 공원에서 | **to** the park 공원으로 | **from** the park 공원에서부터 |

→ 명사 the park는 동일하지만 그 앞의 어휘 at, to, from에 따라서 의미가 달라진다. 이런 어휘들을 전치사라 하고 그 뒤의 명사 the park를 전치사의 목적어라 한다.

2) 전치사의 특징과 역할

전치사는 명사를 연결하는 어휘이므로 반드시 뒤에 명사나 동명사가 오며 이를 '전치사구'라 한다. 전치사구는 문장에서 형용사나 부사처럼 수식어로 사용된다.

| 전치사 + (관사) + (형용사) + 명사 |

→ 전치사 뒤에는 명사가 오지만 그 사이에 명사를 수식하는 관사나 형용사가 들어갈 수도 있다.

The book **on the desk** is mine. 그 책상 위의 책은 내 것이다.
→ 전치사구 on the desk(책상 위의)가 명사 the book을 뒤에서 수식한다.

You should drive **with care**. 당신은 조심스럽게 운전해야 한다.
→ 전치사구 with care(조심스럽게)가 그 앞의 동사 drive를 뒤에서 수식한다.

You should drive **with great care**. 당신은 대단히 조심스럽게 운전해야 한다.
→ 전치사 with와 명사 care 사이에 care(조심)를 수식하는 형용사 great가 들어갈 수 있다.

3) 전치사 종류 (1)

시간				장소, 위치, 방향	
in	~ 안에	since	~ 이래로	to	~로	near	~ 근처에
on	~에	within	~ 이내에	for	~로	around	~ 근처에
at	~에	after	~ 후에	in	~ 안에	out of	~ 밖으로
during	~ 동안에	before	~ 전에	at	~에	through	~을 통해서
by	~까지	prior to	~ 전에	on	~ 위에	between	~ 사이에 (둘)
until	~까지	for	~ 동안	from	~부터	among	~ 사이에 (셋 이상)

I will meet him **at / by / before / after** 6 o'clock. 나는 그를 정각 6시에/까지/전에/후에 만날 것이다.
→ 시각 앞에는 전치사 at / by / before / after 등을 쓴다.

We will discuss it **on / by / before / after** March 11. 우리는 그것을 3월 11일에/까지/전에/후에 논의할 것이다.
→ 날짜 앞에는 on / by / before / after 등을 쓴다.

Oil prices have risen **for / during** the past 3 years. 유가가 지난 3년 동안 상승해왔다.
→ 기간 표현에는 for나 during을 쓰고 during 뒤에는 during the meeting(회의하는 동안)처럼 특정한 사건을 쓸 수도 있다.

Let's meet **at / in** the coffee shop. 커피숍에서/안에서 보자.
→ 커피숍이라는 장소를 지점으로 생각하면 at을 쓰고, 공간이라 생각해서 '안에서'를 의미할 때는 in을 쓴다.

4) 전치사 종류 (2)

이유		제외	
because of = due to = owing to	~ 때문에	except (for) = excluding	~를 제외하고
양보		주제	
despite = in spite of	~에도 불구하고	about = concerning = regarding	~에 관하여

The flight was canceled **because of / due to / owing to** bad weather. 악천후 때문에 항공편이 취소되었다.
I have a question **about / regarding / concerning** my hotel booking. 호텔 예약에 관해 질문이 있다.

Check-up / 해설 p.90

STEP 1
1. Please handle the equipment with ....
   (A) caution (B) cautiously

2. You can pick it up .... Saturday.
   (A) at (B) on

3. Let's take a break .... 10 minutes.
   (A) until (B) for

STEP 2
4. Before .... on the new photocopier, you should read the operation instructions.
   (A) turning (B) turn (C) to turn (D) turns

어휘 handle 다루다, 취급하다 equipment 장비 caution 조심, 주의 pick up 찾으러 오다, 데리러 가다 break 휴식, 중단 take a break 휴식을 취하다 photocopier 복사기 operation 운영, 작동 instruction 지시사항, 설명서 turn on ~를 켜다

UNIT 12. 전치사와 접속사

2 접속사

말과 말을 이어주는 것을 전치사와 접속사라 하는데 전치사가 명사를 이어주는 반면 접속사는 문장과 문장을 연결한다.

1〉 등위 접속사

등위 접속사는 문법적으로 같은 성격의 단어, 구, 절을 대등하게 연결한다. 따라서 뒤에 문장 대신 단어나 구, 절이 올 수도 있다.

❶ 등위 접속사

and 그리고	but = yet 그러나	or 또는	nor 또한 ~아니다

Everyone was singing **and** dancing. 모두가 노래하고 춤추고 있었다.

She is 83, **but** she goes swimming every day. 그녀는 83세이지만 매일 수영을 다닌다.

❷ (등위) 상관 접속사: 두 단어 이상이 함께 문장이나 어구를 연결할 경우 상관 접속사라 한다.

both A and B A와 B 둘 다	either A or B A 또는 B 둘 중 하나
neither A nor B A와 B 둘 다 ~아니다	not only A but (also) B A 뿐만 아니라 B 또한

He is **both** rich **and** famous. 그는 부자이면서 유명하기도 하다.

He is **neither** rich **nor** famous. 그는 부자도 아니고 유명하지도 않다.

2〉 명사절 접속사

'접속사 + 주어 + 동사'의 형태를 갖고 있으면서 명사처럼 문장에서 주어, 보어, 목적어 등으로 쓰인다.

that ~라는 것, 사실	what 무엇인지, 무엇을 ~하는지
whether = if ~인지 아닌지	who, which, when, where 등

I think **that** this strategy will succeed. 나는 이 전략이 성공하리라 생각한다.

→ that절이 타동사 think(~를 생각하다)의 목적어 역할을 한다.

I know **what** you want. 나는 당신이 무엇을 원하는지 안다.

→ what절이 타동사 know(~를 알다)의 목적어 역할을 한다.

TIP that과 what의 차이는?

접속사 that과 what은 해석상으로는 비슷하지만 구조적으로 차이가 있다.

접속사 that + 완전한 문장	what + 불완전한 문장

I know **that** you like it. 나는 당신이 그것을 좋아한다는 사실을 안다.

→ 접속사 that 뒤에는 '주어 + 동사 + 목적어'까지 있는 완전한 문장이 온다.

I know **what** you like. 나는 당신이 무엇을 좋아하는지 안다.

→ what 뒤에는 you like의 목적어가 없는 불완전한 문장이 온다.

3) 부사절 접속사

부사절은 말 그대로 '접속사 + 주어 + 동사'의 문장이 부사 역할을 한다는 의미다. 부사가 원래 문장에서 빼도 지장이 없듯이 부사절 또한 문장에서 빼도 온전한 절(주절)이 하나 남게 된다.

시간	when ~할 때	while ~ 동안	as soon as ~하자마자	before ~ 전에	after ~ 후에	until ~까지	since ~ 이래로
이유	because = since = as ~때문에						
목적	so that = in order that ~하기 위해서						
조건	if ~하면	unless ~하지 않으면	in case (that) ~할 경우에	as long as = provided that ~하는 한			
양보	although = though = even though = even if 비록 ~하지만				while = whereas ~ 반면에		

When it stops raining, **I will show** you the garden. 비가 그치면 당신에게 정원을 보여주겠다.
→ 시간 접속사(when)가 이끄는 부사절 안에서 현재시제는 미래를 의미한다. 따라서 stops는 '앞으로 멈춘다면'을 의미한다.

We went by bus **because / since / as** it was cheaper. 우리는 더 저렴했기 때문에 버스로 갔다.
→ because는 의미가 하나지만 since는 '~ 이래로'라는 뜻이 있고, as도 '~하듯이, ~하면서'라는 뜻이 있다.

Check-up / 해설 p.91

STEP 1

1. .... buses and trains are convenient.
   (A) Either (B) Both

2. Give us a call as .... as you arrive.
   (A) soon (B) for

3. I like this restaurant .... it's so cheap.
   (A) both (B) because

STEP 2

4. All staff should postpone their vacations .... the project is finished.
   (A) upon (B) during (C) what (D) until

어휘 convenient 편리한 give a call 전화하다 as soon as ~하자마자 cheap 값싼, 저렴한
postpone(= delay) 연기하다, 미루다 vacation 휴가, 방학 project 프로젝트, 과제 finish 끝마치다

3 전치사와 접속사 구별

전치사와 접속사는 동일한 의미의 어휘들이 많다. 따라서 뒤에 명사(또는 동명사)가 오는지 문장(주어 + 동사)이 오는지에 따라서 무엇을 선택할지 판단해야 한다.

| 전치사 + 명사 또는 동명사(~ing) | 접속사 + 주어 + 동사 |

1〉 시간

전치사	접속사	의 미
during	while	~ 동안에
upon	as soon as	~할 때, ~하자마자
after (= following)	after	~ 후에
before (= prior to)	before	~ 전에
since	since	~ 이래로
until	until	~까지

→ after, before, since, until은 전치사와 접속사 모두 될 수 있는 어휘들이다. 따라서 뒤에 명사나 동명사가 올 수도 있고 '주어 + 동사'가 올 수도 있다.

While the construction, several nearby streets were closed. (X)
During the construction, several nearby streets were closed. (O) 공사 기간에 근처의 일부 도로들이 봉쇄되었다.

→ the construction(공사)이 명사이므로 그 앞에는 접속사 while이 아닌 전치사 during을 써야 한다.

Think carefully **before you make** a decision.
Think carefully **before making your decision**. } 결정을 내리기 전에 신중하게 생각하세요.
Think carefully **before your decision**.

→ 접속사 before 뒤에는 '주어 + 동사'가 오며, 전치사 before 뒤에는 동명사 making이 올 수도 있고, 명사 decision이 올 수도 있다.

2〉 이유와 조건

전치사	접속사	의 미
because of = due to = owing to	because = since = as	~ 때문에
in case of	in case (that)	~할 경우에
without	unless	~가 없다면, ~하지 않으면

The director resigned **because declining sales**. (X)
The director resigned **because of declining sales**. (O) 떨어지는 매출 때문에 이사가 사임했다.

→ declining sales(떨어지는 매출)가 '형용사 + 명사'로 이루어진 명사구이므로 그 앞에는 접속사 because가 아닌 전치사 because of가 와야 한다.

3) 양보와 예외

전치사	접속사	의 미
despite = in spite of	although = though = even though	~에도 불구하고
except (for) = excluding	except that	~를 제외하고

Despite I was tired, I couldn't sleep. (X)
Although I was tired, I couldn't sleep. (O) 비록 나는 피곤했지만 잠들 수가 없었다.
→ '주어 + 동사'인 I was tired가 있으므로 그 앞에는 전치사 despite가 아닌 접속사 although가 와야 한다.

> **TIP** except와 except for의 차이점?
>
> 전치사 except와 except for의 차이점은 거의 없다고 봐도 좋다. 한 가지 차이점이 있다면 except 하나만 있다면 문장 맨 앞에 사용할 수 없다는 것이고, except for는 위치에 상관없이 자유롭게 쓸 수 있다는 점이다.
>
> **Except Sundays**, the office is open every day. (X)
> **Except for Sundays**, the office is open every day. (O) 일요일을 제외하고 사무실은 매일 문을 연다.

Check-up / 해설 p.91

STEP 1 1. Please call me .... arrival.
   (A) upon   (B) as soon as

2. .... its convenience, online shopping is rapidly growing.
   (A) Because   (B) Due to

3. .... emergency, use the rear door.
   (A) In case   (B) In case of

STEP 2 4. .... we used to have a regular meeting on Mondays, now it takes place on Tuesdays.
   (A) Despite   (B) Instead   (C) Although   (D) In spite of

어휘 arrival 도착   convenience 편의, 편리성   online shopping 온라인 쇼핑   rapidly 빨리, 급격하게   grow 증가하다, 성장하다   emergency 긴급, 비상   rear 뒤쪽의   used to부정사 (과거에) 한때는 ~했다, ~하곤 했다   regular 정기적인, 규칙적인   take place 열리다, 발생하다   instead ~ 대신에

UNIT 12. 전치사와 접속사

4 관계대명사

관계대명사는 접속사가 사용된 두 문장을 한 문장으로 합치는 과정에서 '접속사 + 대명사'의 역할을 한다. 중복되는 정보를 좀 더 간결하게 표현하기 위해서 쓴다.

1〉 관계대명사의 개념과 종류

관계대명사는 선행사가 사람 혹은 사물, 동물이냐에 따라 who와 which로 구분된다. 단 that은 선행사의 종류와 상관없이 모든 경우에 사용할 수 있다.

선행사	주 격	목적격	소유격
사람	who	whom/who	whose
동물, 사물	which	which	whose
사람, 사물, 동물	that	that	

I have a friend **and he** lives in L.A. 나는 친구 한 명이 있는데 그는 LA에 산다.
→ a friend와 he가 겹치는 정보이므로 길고 장황한 느낌이 든다.

I have a friend (and he) lives in L.A.
                       접속사 대명사
→ 접속사 and와 두 번째 문장의 대명사 he를 뺀다.

I have a friend _____ lives in L.A.
→ 두 번째 문장에서 he가 차지하고 있던 자리가 주어 자리였으므로 사람을 지칭하는 주격 관계대명사 who를 넣는다.

I have a **friend who** lives in L.A. 나는 LA에 사는 친구가 한 명 있다.
           선행사 관계대명사
→ 이때 who는 의문사가 아니므로 '누가'라고 해석하지 않는다. 관계대명사는 해석할 필요 없이 선행사만 해석해서 연결한다.

I have a **friend** (**who lives in L.A.**)
          선행사   관계절
→ 관계대명사 who가 이끄는 절을 관계절이라 하고 관계절의 수식을 받는 앞의 명사를 선행사라 한다. 관계절은 앞의 명사를 수식하는 역할이므로 문장에서 빼도 지장이 없어야 한다.

2〉 관계대명사의 격

관계대명사는 관계절 안에서 주어나 목적어 역할을 하므로 관계절에는 주어나 목적어가 없어야 한다. 소유격만 유일하게 뒤에 완전한 문장이 온다.

❶ 주격 관계대명사 (who/which/that)

주격 관계대명사는 관계절 안에서 주어 역할로 사용되었기 때문에 뒤에 주어가 없는 불완전한 문장이 온다.

I met the man **who/that** gave the speech. 나는 연설한 남자를 만났다.
→ who가 주어 역할이므로 그 뒤에 주어가 없이 바로 동사 gave가 온다.

I have a car **which/that** is 7 years old. 나는 7년 된 차가 있다.
→ which가 주어 역할이므로 그 뒤에 주어가 없이 바로 동사 is가 온다.

❷ 목적격 관계대명사 (whom / which / that)

목적격 관계대명사는 관계절 안에서 목적어 역할로 사용되었기 때문에 뒤에 목적어가 없는 불완전한 문장이 온다.

The woman **whom / that** I met was professional.　내가 만났던 그 여자는 직업 정신이 투철했다.
→ whom이 목적어 역할을 하므로 I met 뒤에 따로 목적어가 없다. whom 대신 who를 쓸 수도 있다.

Here are some products **which / that** they use.　여기에 그들이 사용하는 몇 가지 제품들이 있다.
→ which가 목적어 역할을 하므로 they use 뒤에 따로 목적어가 없다.

❸ 소유격 관계대명사 (whose)

소유격 관계대명사는 관계절의 주어를 앞에서 수식하는 역할이므로 그 뒤에 완전한 문장이 나온다.

He has a sister **whose** name is Jane.　그는 여동생이 있는데 이름이 제인이다.
→ 명사 name으로 시작하는 문장이 온다.

> **TIP**　관계대명사 that
>
> 관계대명사 that은 구어체에서 who, whom, which보다 자주 사용되지만 앞에 콤마가 있거나 전치사가 있으면 사용할 수 없다.
>
> He went to buy the book, **that** was not in the bookstore. (X)
> He went to buy the book, **which** was not in the bookstore. (O)　그는 책을 사러 갔는데 그 책이 서점에 없었다.
>
> This is the house **in that** I live. (X)
> This is the house **in which** I live. (O)　이것이 내가 살고 있는 집이다.

Check-up / 해설 p.91

STEP 1

1. Ms. Han is the manager .... is organizing the project.
   (A) who　　　　　　　　(B) which

2. This is the logo .... most consumers prefer.
   (A) who　　　　　　　　(B) which

3. We have two interns who .... highly motivated.
   (A) is　　　　　　　　　(B) are

STEP 2

4. DTP is an organization .... mission is to help people with cancer.
   (A) who　　(B) whose　　(C) which　　(D) that

어휘　organize (행사 등을) 준비하다　consumer 소비자　prefer 선호하다　highly 매우　motivated 의욕이 넘치는
　　　organization 조직, 단체　mission 목표　cancer 암

토익 필수 전치사 2

according to
prep. ~에 따르면, ~에 의하면
according to the handbook 안내서에 따르면
according to schedule 일정에 따르면

against
prep. ~에 맞서, 반대하여, 기대어서
a campaign against smoking 흡연 반대 운동
she is leaning against the wall 여자가 벽에 기대어 있다

aside from
prep. ~을 제외하고
aside from quality and price 품질과 가격을 제외하고는
aside from the minor corrections 사소한 교정 사항을 제외하고는

in charge of
prep. ~의 책임을 맡은, ~을 담당하는
the company in charge of construction 공사를 맡은 회사
in charge of the product launch 제품 출시를 담당하는

in spite of
prep. ~에도 불구하고
in spite of the rise in demand 수요가 증가했음에도 불구하고
in spite of the ongoing renovations 계속되는 보수공사에도 불구하고

in the event of
prep. ~할 경우에는, 만약 ~하면
in the event of an emergency 비상시에는
in the event of weak sales 매출이 부진할 경우에는

on account of
prep. ~ 때문에, ~을 이유로
on account of her marriage 그녀의 결혼 때문에
on account of his efforts 그의 노력 때문에

on behalf of
prep. ~을 대표하여, 대신하여
on behalf of the entire staff 전 직원을 대표하여
sign the contract on behalf of my supervisor 나의 상사를 대신해 계약서에 서명하다

out of
prep. ~없는, 벗어나서

temporarily out of order 일시적으로 고장난
some items are out of stock 일부 상품의 재고가 품절되다

owing to
prep. ~ 때문에

owing to delays 지연 때문에
owing to continuing industrial expansion 계속적인 산업 팽창 때문에

prior to
prep. ~ 이전에

prior to the departure date 출발일 이전에
prior to the project start date 프로젝트 시작일 이전에

regardless of
prep. ~와 상관없이, ~와 관계없이

regardless of the high cost involved 포함된 높은 원가와는 상관없이
regardless of their nationality 그들의 국적과 관계없이

with regard to
prep. ~에 관하여

with regard to the public transportation 대중교통에 관하여
with regard to our consultants 우리의 컨설턴트들에 관하여

Check-up

밑줄 친 단어의 우리말 뜻을 고르세요.

1. on behalf of a client
   의뢰인을 (A 대신해 / B 통해)

2. against the railing
   난간 (A 에 기대어 / B 을 넘어)

3. in charge of hiring
   채용을 (A 숙고하는 / B 담당하는)

   1. A 2. A 3. B

우리말 뜻에 맞게 빈칸을 채우세요.

1. 일시적으로 고장난
   temporarily o_____ order

2. 수요 증가에도 불구하고
   i_____ the rise in demand

3. 그들의 국적과 관계없이
   r_____ their nationality

   1. out of 2. in spite of 3. regardless of

UNIT 12. 전치사와 접속사 **301**

1. Our headquarters is located .... the corner of Basin Street and Fifth Avenue.

   (A) to
   (B) about
   (C) at
   (D) for

2. .... the recent survey, local office workers are hesitant to move to other companies.

   (A) In spite of
   (B) Prior to
   (C) Except
   (D) According to

3. Only the candidates .... résumés are extremely impressive will work at our company.

   (A) which
   (B) that
   (C) who
   (D) whose

4. The international trade exhibition will be held from Thursday .... Sunday at City Hotel.

   (A) to
   (B) but
   (C) and
   (D) on

5. .... a lack of sufficient funds and skilled workers, the project will be delayed for one year.

   (A) With regard to
   (B) Owing to
   (C) Ahead of
   (D) Aside from

6. Motorcycle racers will be trained by the track coach .... they met at the stadium yesterday.

   (A) whose
   (B) what
   (C) whom
   (D) which

7. .... you make a hotel reservation, review details about all facilities carefully.

   (A) Yet
   (B) Before
   (C) After
   (D) Whereas

8. Since the elevator in our building is out of ...., all visitors should use the rear stairs.

   (A) fashion
   (B) office
   (C) order
   (D) stock

9. .... over 23 years, Collins Inc. has provided design consulting to regional builders.

   (A) For
   (B) Since
   (C) At
   (D) As

10. .... receipt of the pay statement, all employees should examine it immediately.

    (A) When
    (B) Once
    (C) Upon
    (D) As

Questions 11-14 refer to the following letter.

Marissa Lang
Brown Bakery
5312 Littlerock Rd.
Tumwater, WA

Dear Marissa,

I enjoyed meeting with you three weeks ago and learning about your plans to expand your bakery business. When we toured my Harrison Avenue property, you indicated that it seemed _____ the right location for your growing business. _____ we met,
　　　　　　　　　　11.　　　　　　　　　　　　　　　　　　　　　　　　　　　　　　　　　　12.
I have received several inquiries as to the availability of this property for lease.

While I am eager to lease the property, _____ now has been vacant for two months,
　　　　　　　　　　　　　　　　　　　　　13.
I would like to give you the opportunity of first refusal.

_____. If you are still interested in leasing the Harrison Ave building, please call me
　14.
soon.

Sincerely,
Tim Perone
CEO, Northwest Real Estate Capital Corp.

11. (A) to
    (B) for
    (C) like
    (D) as if

12. (A) When
    (B) Though
    (C) Since
    (D) As

13. (A) that
    (B) which
    (C) what
    (D) while

14. (A) Also, the terms of the lease is satisfactory to everyone.
    (B) It has been recently busy with many shoppers.
    (C) It would be a very good location for a bakery.
    (D) There will be many chances for you to choose it.

REVIEW TEST

1. This service is for those wishing to prepare and submit .... transfer application by themselves.
   (A) they
   (B) themselves
   (C) them
   (D) their

2. Please show .... for other passengers by not using mobile phones on the train.
   (A) consider
   (B) considerate
   (C) considerately
   (D) consideration

3. For .... 30 years, Getty Furniture has provided local businesses with durable furniture.
   (A) along
   (B) within
   (C) over
   (D) still

4. The article is not just a technical .... but an essay on the need for social responsibility.
   (A) description
   (B) attention
   (C) information
   (D) mistake

5. Walt & Grisham makes every effort to .... to e-mail inquiries as promptly as possible.
   (A) responding
   (B) responded
   (C) respond
   (D) response

6. Peace Group Inc. has decided to choose this solution to avoid .... negotiations.
   (A) length
   (B) lengthy
   (C) lengthily
   (D) lengthen

7. On Friday, all involved parties will .... the contract agreement.
   (A) inform
   (B) talk
   (C) appear
   (D) sign

8. The new factory will need 100 more employees to operate than the .... factory did.
   (A) previous
   (B) immediate
   (C) multiple
   (D) considerable

9. Approximately half of our employees .... to work alone in a personal car last week.
   (A) is commuting
   (B) commutes
   (C) commuted
   (D) will commute

10. The manager wants to review the sales analysis .... the report is submitted to the board of directors.
    (A) upon
    (B) before
    (C) from
    (D) around

11. In the event .... rain, the concert will be moved to the Parkside Center at 140 Durham Street.

(A) of
(B) in
(C) on
(D) to

12. A lease should state the date when the .... of the rent for the property becomes due.

(A) location
(B) building
(C) renovation
(D) payment

13. P&P Bank acknowledged that one of its employees .... threw away crucial documents.

(A) mistake
(B) mistakes
(C) mistook
(D) mistakenly

14. All staff of the marketing department, ... the manager, should attend the monthly meeting.

(A) among
(B) together
(C) including
(D) because

15. This is a money-saving opportunity for employees .... are considering buying a new vehicle.

(A) where
(B) whoever
(C) who
(D) when

16. In spite of sales declines in several areas, ... all of the group's businesses increased profits.

(A) every
(B) most
(C) near
(D) almost

17. For children 14 years and under, ... tickets are available for purchase at the stadium ticket offices.

(A) renewed
(B) sealed
(C) discounted
(D) traded

18. The Escapie Banquet Hall .... for the February 5 new CEO welcome reception.

(A) reservation
(B) has been reserved
(C) reserving
(D) to be reserved

19. Demand for frozen food products .... considerably from season to season.

(A) different
(B) differs
(C) differ
(D) is differed

20. The new staff will be asked to present the requested .... within four working days.

(A) informs
(B) informing
(C) informed
(D) information

Questions 21-24 refer to the following letter.

January 25

Sophie Granger
10 West Van Buren Street
Phoenix, Arizona 85009

Dear Ms. Granger,

Thank you for offering .... the purchasing specialist position at Sapphire, Inc.
                                    21.

Although the position would be a terrific opportunity for professional growth, after careful

deliberation, I have decided to accept a position with .... company.
                                                       22.

I'm .... of the time you took to interview me and introduce me to the company.
    23.

....
24.

Sincerely,
Paul Howland

21. (A) I
(B) me
(C) my
(D) mine

22. (A) other
(B) others
(C) another
(D) each other

23. (A) appreciative
(B) sensitive
(C) alternative
(D) competitive

24. (A) Once again, I'd like to thank you for your patronage.
(B) My decision depends on how much benefits I can earn.
(C) I hope to have an interview with you soon.
(D) I wish you continued success in the future.

Questions 25-28 refer to the following memo.

From: Karen Brown
To: Department managers
Subject: Employee performance evaluations
Date: November 2

As the end of the year approaches, all managers should _____ to write performance
25.
evaluations for their staff. _____ Please start thinking about each employee's
26.
performance _____ one month prior to the deadline.
27.
It also might be wise to begin writing your reports at least two weeks before the deadline
to ensure that you have enough time to devote to _____ employee.
28.
If you have any questions, please call my office at extension 7753.

Thank you,

Karen

---

25. (A) prepare
(B) to prepare
(C) preparing
(D) prepares

26. (A) Therefore, safety appraisals are necessary for all managers.
(B) Otherwise, the company will be hiring additional employees.
(C) The deadline to submit evaluations is January 15.
(D) I am uncertain that I can meet customer needs properly.

27. (A) approximate
(B) approximates
(C) approximately
(D) approximation

28. (A) all
(B) each
(C) several
(D) most

PART 7

Unit 13   편지 / 이메일 / 광고
Unit 14   문자 메시지 / 온라인 채팅 / 공지 / 회람
Unit 15   이중 지문 / 삼중 지문

UNIT 13 편지 / 이메일 / 광고

★ **콕콕 찍어 주는 출제 포인트**
편지와 이메일, 광고 지문은 TOEIC 독해에서 가장 기본적인 지문이므로 매달 2~3지문 이상은 반드시 등장한다. TOEIC이 비즈니스와 일상생활을 기반으로 한 시험이므로 업무에 관한 편지나 이메일이 대부분이고, 광고는 일반 상품 광고나 구인 광고가 주로 나오는 편이다.

1 편지

비즈니스 서신의 구성

상황에 따라 쓰는 사람의 입장에 따라 조금씩 달라질 수 있지만, 대체로 업무 서신의 구성은 다음과 같다.

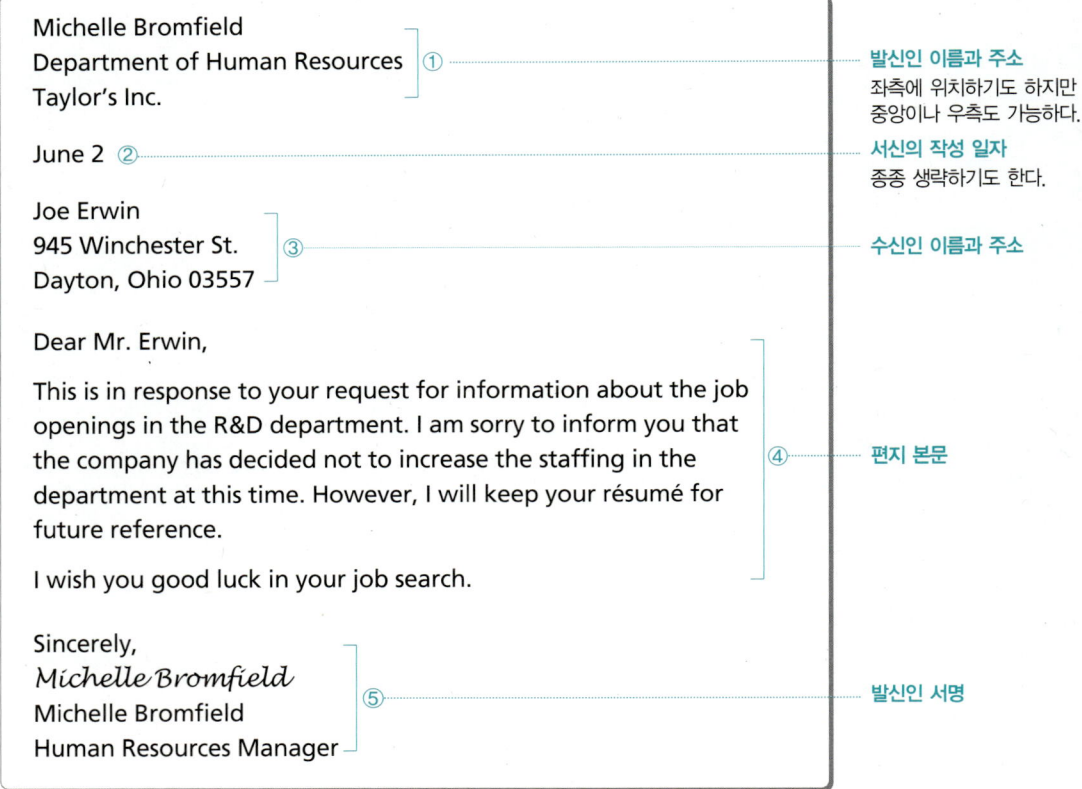

① 발신인 이름과 주소
좌측에 위치하기도 하지만 중앙이나 우측도 가능하다.

② 서신의 작성 일자
종종 생략하기도 한다.

③ 수신인 이름과 주소

④ 편지 본문

⑤ 발신인 서명

확인 Quiz

1. 편지의 수신인은?
2. 편지의 발신인은?
3. 편지를 보낸 이유는?

1. Joe Erwin 또는 a job candidate(구직자)
2. Michelle Bromfield 또는 Human Resources Manager(인사부장)
3. To reply to an inquiry(문의에 답변하기 위해서)

미셸 브롬필드
인사부
테일러스 주식회사

6월 2일

조 어윈
945 윈체스터 가
데이튼, 오하이오 03557

어윈 씨께,

당사 연구개발부 직원 채용 계획에 대한 문의에 답변 드리고자 합니다. 죄송하지만 당사는 현재로선 연구개발부의 인력을 증원하지 않기로 하였습니다. 그렇지만 훗날 참고하기 위해 귀하의 이력서를 보관할 것입니다.
구직 활동에 행운이 있으시길 빕니다.

감사합니다.
미셸 브롬필드
인사부장

어휘 Department of Human Resources 인사부(= Personnel Department)   Inc. 주식회사(= Incorporated)
This is in response to ~에 대한 답변으로 이 편지를 드립니다.   R&D 연구개발(= Research & Development)
I'm sorry to ~하게 되어 유감입니다   inform A that A에게 ~라고 알려주다   résumé 이력서
for future reference 훗날 참고하기 위해   wish A a good luck in ~ A가 ~하는 데 있어 행운을 기원하다

 / 해설 p.97

Ms. Hannah Smith
Big City Productions
822 Logan Place
New York, NY 10023

Dear Ms. Smith,

Congratulations on your recent grand opening! We are delighted that you chose to lease facilities from us and hope that your venture will be successful. I have enclosed a signed copy of a lease agreement. Please sign and date the document and return it to me. Best of luck on your new venture!

Sincerely,

Zoe Grey
Vice President

What is the main purpose of the letter?

(A) To rent a facility   (B) To finalize an agreement

2 이메일

이메일의 구성

이메일은 편지보다도 더 정형화 되어 있어서 거의 구성은 동일 하지만, CC(참조인, 공동 수신인) 부분이 있는 이메일도 있고 없는 경우도 있다.

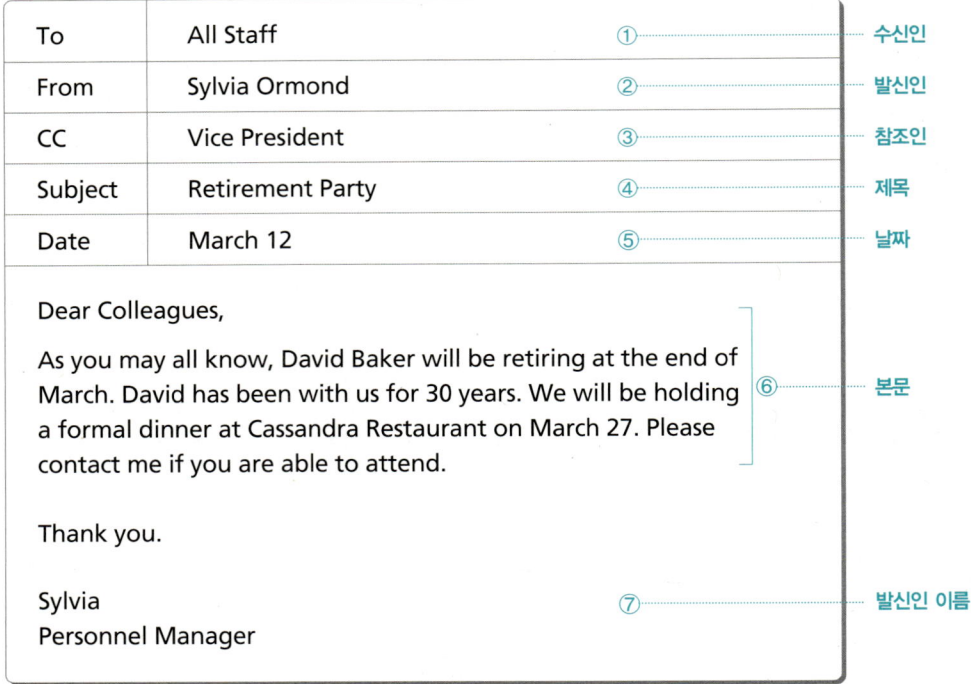

To	All Staff	①	수신인
From	Sylvia Ormond	②	발신인
CC	Vice President	③	참조인
Subject	Retirement Party	④	제목
Date	March 12	⑤	날짜

Dear Colleagues,

As you may all know, David Baker will be retiring at the end of March. David has been with us for 30 years. We will be holding a formal dinner at Cassandra Restaurant on March 27. Please contact me if you are able to attend.

Thank you.

Sylvia
Personnel Manager

⑥ 본문
⑦ 발신인 이름

확인 Quiz

1. 이메일의 발신인은? _____
2. 이메일의 제목은? _____
3. 은퇴 기념식 개최일은? _____

1. Sylvia Ormond
2. Retirement Party(은퇴 기념식)
3. March 27(3월 27일)

수신	전 직원
발신	실비아 올몬드
참조	부사장
제목	은퇴 기념식
날짜	3월 12일

친애하는 동료 여러분께,

여러분 모두 알다시피, 데이비드 베이커 씨가 3월 말에 퇴직합니다. 데이비드는 우리와 30년을 함께 했습니다. 3월 27일 카산드라 식당에서 공식 만찬 행사를 개최할 예정입니다. 참석할 수 있으면 제게 연락 주시기 바랍니다.

감사합니다.

실비아
인사부장

어휘 retirement party 은퇴 기념식   dear 친애하는(편지 받는 사람의 이름 앞에 붙이는 정중한 표현)   colleague 동료
as you know 아시다시피   retire 은퇴하다, 퇴직하다   at the end of ~의 마지막에   formal dinner 공식 만찬
contact 연락하다   be able to+동사원형 ~할 수 있다   attend 참석하다   Personnel Manager 인사부장

Check-up / 해설 p.98

To	roberta_anne@LPenterprise.net
From	customer-relations@videotrunk.com
Subject	order # 4785
Date	January 14

Dear Roberta Anne,

We have just received the inquiry about the status of your January 5 order. We apologize for the delay in shipping the Clearvision Television set. You should receive it no later than January 18. If you have any further questions, please don't hesitate to call me directly at 1-777-789-1432.

Sincerely,

Brian Kim
Assistant Sales Manager
Videotrunk Ltd.

When can the customer receive the order?

(A) By January 14   (B) By January 18

3 일반 광고

일반 광고의 구성

일반 광고는 광고의 아이템에 따라 구성이 천차만별 다양할 수 있다. TOEIC에 나오는 광고 지문은 광고대상, 품목 특징, 혜택 등이 명확하게 제시되어 문제화 된다.

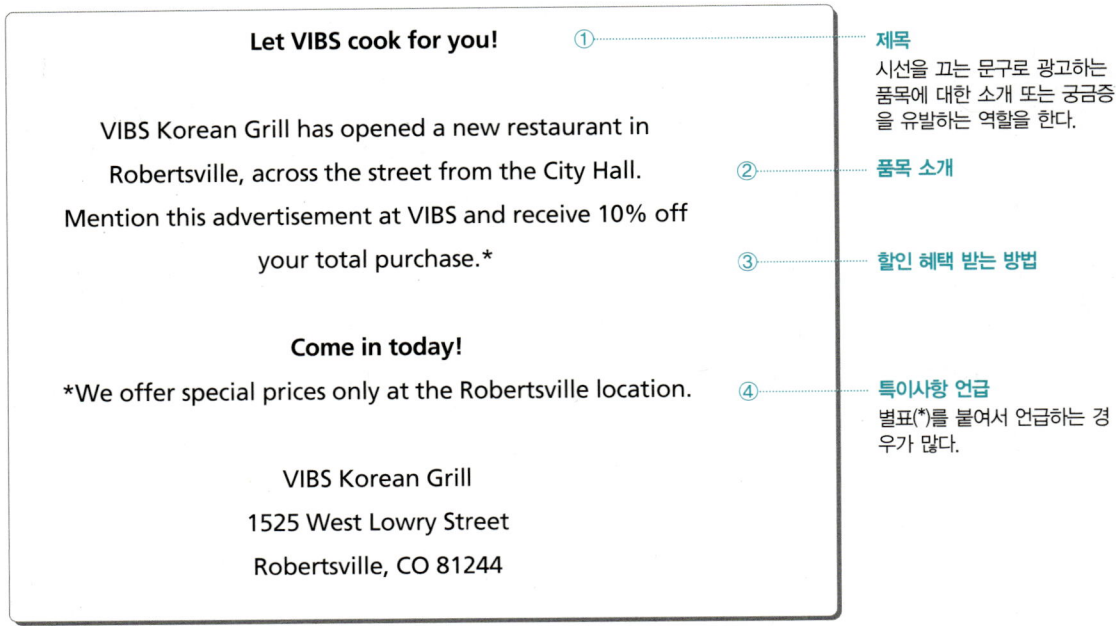

① **제목**
시선을 끄는 문구로 광고하는 품목에 대한 소개 또는 궁금증을 유발하는 역할을 한다.

② **품목 소개**

③ **할인 혜택 받는 방법**

④ **특이사항 언급**
별표(*)를 붙여서 언급하는 경우가 많다.

확인 Quiz

1. 무엇이 광고되고 있는가?
2. 어떤 혜택이 있는가?
3. 어떤 제약이 있는가?

1. A new restaurant(새로 개업한 식당)
2. Discount on a total price(총액에 대한 할인)
3. You can use it only at the Robertsville location.
   (로버츠빌 지점에서만 이용할 수 있다.)

당신을 위한 요리는 빕스에 맡기세요!

빕스 한국음식점이 로버츠빌 지점을 새로 개업했습니다. 위치는 시청 맞은편입니다.
빕스에 오셔서 이 광고를 언급하시고 총액에서 10%를 할인 받으세요.*

오늘 오세요!
*특별가는 로버츠빌 지점에서만 제공합니다.

SCOOPS 한국음식점
1525 웨스트 로리 가
로버츠빌, 콜로라도 81244

어휘 let+A+동사원형 A가 ~하도록 하다   cook for ~를 위해서 요리하다   restaurant 식당   across 맞은편에
city hall 시청   mention 언급하다   advertisement 광고   receive 받다   total purchase 총 구매(액)
special price 특가   location 장소, 지점   grill 식당

Check-up / 해설 p.98

Seeking Vendors

The L.A. Super Arena will open in Los Angeles, California in March. This multipurpose sports center will host events from football matches to races. If you are interested in renting space in the stadium as a food or gift vendor, please visit www.superarena.com for more information.

For whom is the advertisement intended?

(A) Fitness instructors   (B) Business owners

4 구인 광고

구인 광고의 구성

구인 광고는 말 그대로 사람을 구하는 내용이므로 일반 상품 광고보다 더 정형화되어 있어서 몇 가지 중요한 표현과 패턴만 알면 문제를 풀기가 수월하다.

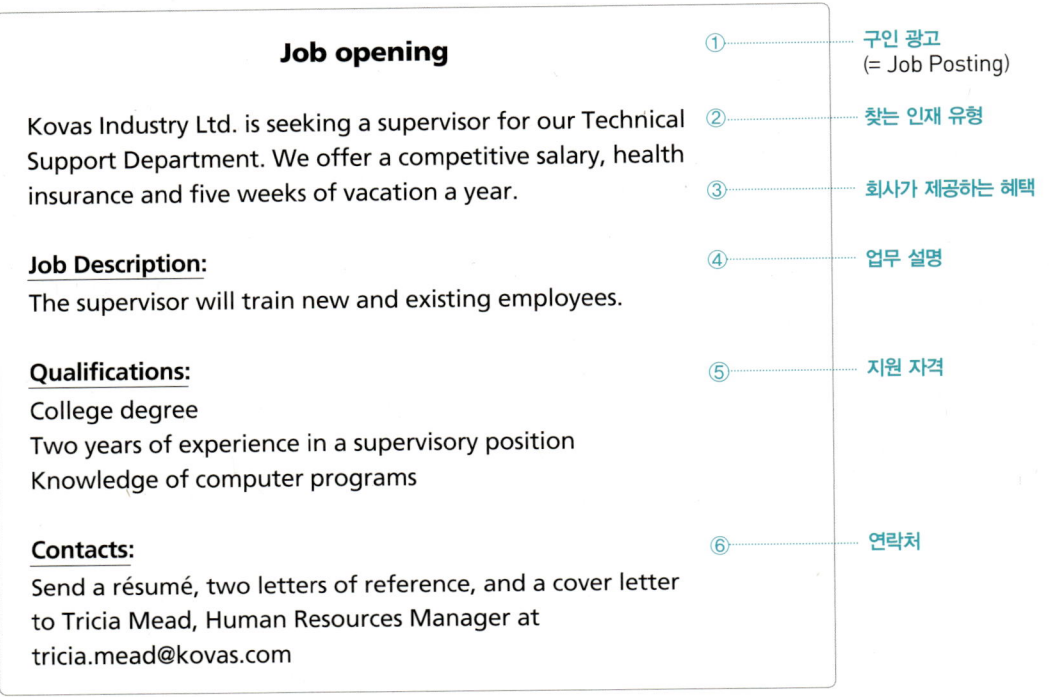

Job opening ① 구인 광고 (= Job Posting)

Kovas Industry Ltd. is seeking a supervisor for our Technical Support Department. ② 찾는 인재 유형

We offer a competitive salary, health insurance and five weeks of vacation a year. ③ 회사가 제공하는 혜택

Job Description:
The supervisor will train new and existing employees. ④ 업무 설명

Qualifications:
College degree
Two years of experience in a supervisory position
Knowledge of computer programs ⑤ 지원 자격

Contacts:
Send a résumé, two letters of reference, and a cover letter to Tricia Mead, Human Resources Manager at tricia.mead@kovas.com ⑥ 연락처

확인 Quiz

1. 어떤 회사에서 광고를 냈는가?   1. Kovas Industry Ltd.
2. 어떤 직책이 광고되는가?   2. Technical Support Department supervisor(기술지원부 과장)
3. 어떤 일을 하게 되는가?   3. To train employees(직원 교육하기)

채용 공고

코바스 인더스트리 사는 기술지원부의 과장을 구하고 있습니다. 우리는 경쟁력 있는 봉급, 건강보험, 그리고 5주의 연차 휴가를 제공합니다.

직무 내용: 과장은 신입 직원과 기존 직원들 교육을 담당합니다.

자격 요건:
학사 학위
관리직 경력 2년
컴퓨터 프로그램에 대한 지식

연락처:
이력서, 추천서 2통, 자기소개서를 인사부장인 트리샤 미드 앞으로 이메일 tricia.mead@Kovas.com으로 보내세요.

어휘 job opening 채용 공석, 일자리 seek 찾다, 구하다 supervisor 과장, 관리자
Technical Support Department 기술지원부 competitive 경쟁력 있는 job description 직무 내용
train 훈련시키다 qualifications (지원) 자격 degree 학위 supervisory position 관리직, 감독직
knowledge 지식 résumé 이력서 a letter of reference 추천서 cover letter 자기소개서
Human Resources Manager 인사부장

Check-up / 해설 p.98

Job Posting

Marriot Auto, one of the fastest growing auto dealers in the area, is looking for a dynamic individual to sell cars. The company offers opportunities for rapid promotion, an attractive salary, and excellent benefits. Applicants should submit their cover letters and résumés at greghenson@marriotauto.com.

What position is Marriot Auto advertising for?
(A) Accountant   (B) Sales representative

5 편지/이메일/광고에서 자주 나오는 표현

1〉편지 및 이메일 빈출 표현

목적	• I'm writing to +동사원형 저는 ~하기 위해서 편지를 씁니다 • This letter is to +동사원형 ~하기 위해 드리는 편지입니다 • This is in response to ~ 이것은 ~에 답변 드리는 것입니다
감정 표현	• It is my pleasure to +동사원형 ~하게 되어 기쁩니다 • We are very sorry to +동사원형 우리는 ~하게 되어서 유감입니다
동봉물/첨부파일 언급	• Enclosed you will find ~ ~가 동봉되었습니다 • Attached to this e-mail is ~ 본 이메일에 ~이 첨부되었습니다
요청	• I would like you to +동사원형 ~하시기 바랍니다 • I would appreciate it if you ~ ~해주시면 감사하겠습니다
연락 요청	• Feel free to contact ~에게 주저하지 말고 연락 주십시오. • At your earliest convenience 가급적 빠른 시간에

2〉광고 빈출 표현

지점이나 상품 소개	• We have opened a new ~ 우리는 새로 ~를 열었습니다 • Let us +동사원형 ~! ~하는 것은 우리에게 맡기세요!
할인 언급	• Save up to ~ % off ~%를 할인 받으세요 • You will receive a ~% discount ~% 할인 받을 것입니다
구인 언급	• We are seeking / looking for ~ 우리는 ~를 구하고 있습니다 • We have a vacant position for ~ 우리는 ~ 직의 공석이 있습니다
업무 설명	• Responsibilities include ~ 업무에는 ~이 포함됩니다 • Your main duties are ~ 주요 업무는 ~입니다

6 패러프레이징

TOEIC Part 7 독해 문제의 특징은 정답을 담고 있는 지문의 어구나 문장이 정답과 같은 형태로 나오기보다는 의미는 같으면서도 형태가 다른 표현으로 바뀌어 제시되는 경우가 많다는 점이다. 이를 패러프레이징(paraphrasing)이라 한다.

annually 해마다	**once a year** 일 년에 한 번씩
quarterly 분기별로	**every three months** 석 달에 한 번씩
attend 참석하다	**participate in** 참석하다/참여하다
sharply 급격히	**dramatically** 급격히
comply with ~을 준수하다	**follow, not violate** 따르다, 위반하지 않다
considerably 상당히	**significantly** 상당히
discuss 논의하다	**talk about** 논의하다/이야기하다
be going to ~할 예정이다	**be due to** ~할 예정이다
register for ~에 등록하다	**enroll in** ~에 등록하다

Check-up

밑줄에 단어의 뜻을 쓰고 같은 뜻의 표현을 골라 표시하세요.

1. be held annually
   (A) be held every year   (B) be held every three months

2. register for the seminar
   (A) rehearse the seminar   (B) enroll in the seminar

3. increase sharply
   (A) increase dramatically   (B) increase slowly

4. discuss safety issues
   (A) resolve safety issues   (B) talk about safety issues

5. comply with the tax law
   (A) follow the tax law   (B) violate the tax law

1. 해마다 개최되다 [A]   2. 세미나에 등록하다 [B]   3. 급격히 증가하다 [A]   4. 안전 문제를 논의하다 [B]   5. 세법을 준수하다 [A]

실력 점검 문제 해설 p.98~100

Questions 1-2 refer to the following letter.

Ms. Sara Emma, President
Value Construction Company
1547 Remington St.
Austin, TX.

Dear Ms. Emma

On behalf of our entire company, I would like to express our thanks for your successfully completing the reconstruction of our headquarters building. You finished the building on July 7, as you promised. Thank you again!

Sincerely yours,

Jimmy Carnell
CEO, Pacific Holdings Co.

---

1. What is the purpose of this letter?
   (A) To announce a staffing change
   (B) To express gratitude
   (C) To announce a schedule change
   (D) To express dissatisfaction

2. When was the construction finished?
   (A) Last week
   (B) August 20
   (C) Last year
   (D) July 7

Questions 3-5 refer to the following e-mail.

To :	All employees
From :	James Morgan, Facilities Manager
Re :	Company Parking Lot
Date :	June 18

This is a reminder of the upcoming maintenance work on the company parking lot. The parking lot will be closed for the work. The maintenance work will begin tomorrow morning at 9:00. The work will be completed by 5:00 P.M.

Thanks for your cooperation.

3. What is the main purpose of the e-mail?
   (A) To announce maintenance work
   (B) To ask for suggestions
   (C) To respond to a letter
   (D) To introduce a new company policy

4. When will the project be finished?
   (A) Today
   (B) June 18
   (C) Tomorrow afternoon
   (D) Tomorrow morning

5. Who sent the e-mail?
   (A) The CEO
   (B) The maintenance office
   (C) A group of employees
   (D) The facilities manager

Questions 6-9 refer to the following letter.

Shelly Adenger
Veterinary Sciences Association of Australia
34 Rustover Street
Rooty Hill NSW 2766

March 28

Stanley Smith, PhD
Canberra National University
School of Veterinary Sciences
NSW 2000

Dear Dr. Smith,

On behalf of the Veterinary Sciences Association of Australia, I would like to invite you to be a speaker at our June symposium in Sydney. The theme of the symposium is "Raising Awareness for Preventative Veterinary Care," and the new study you did about animal nutrition and health is a perfect example of the type of issues we believe need attention. — [1] —. Therefore, we believe you would make a valuable asset to our lineup of veterinary professionals in June.

Presenters will address audiences averaging—we anticipate—about forty attendees; all lecture rooms are equipped with audiovisual equipment. — [2] —. Depending on the individual speaker's style, sometimes they choose to make a very interactive presentation, and other times they prefer to lecture for most of the time. We expect you would like to present on the same topic as your recent research, but of course whatever you choose related to the theme will be fine. — [3] —. The content of the lecture is entirely up to you.

Please note that while presenters will receive a stipend for daily expenses, a modest speaking fee, and overnight accommodation, we are not in a position to reimburse our speakers for their travel costs. It is our experience that university departments will frequently assist professors with this. — [4] —.

We hope you will respond affirmatively. If so, please e-mail a summary of your presentation's contents along with an image file of yourself that we will include in the flyer for the symposium. Please also inform us in the event that you will be unable to join us.

Most sincerely,

Shelly Adenger
Shelly Adenger
VSAA Chair

6. What information is NOT given about the presentations?

    (A) Their location
    (B) Their length
    (C) Their central theme
    (D) Their expected attendance

7. What does Ms. Adenger ask Dr. Smith to send?

    (A) A presentation script
    (B) A research report
    (C) An expense report
    (D) A personal photo

8. What does Ms. Adenger indicate about the topic of animal nutrition?

    (A) It was the topic of a past veterinarians' conference.
    (B) Dr. Smith should make a presentation about it.
    (C) New research has changed many beliefs about it.
    (D) It is the focus of a popular university course.

9. In which of the positions marked [1], [2], [3], and [4] does the following sentence best belong?

    "We recommend discussing this option with the appropriate department at your institution."

    (A) [1]
    (B) [2]
    (C) [3]
    (D) [4]

UNIT 14 문자 메시지 / 온라인 채팅 / 공지 / 회람

★ 콕콕 찍어 주는 출제 포인트

TOEIC Part 7 독해에서 편지, 이메일, 광고 다음으로 많이 나오는 지문의 유형은 공지와 회람 순이다. 특히 신유형 지문인 문자 메시지 및 온라인 채팅은 매달 두 지문(2문항짜리 한 지문, 4문항짜리 한 지문) 나오고, 지문당 한 개씩 의도 파악 문제가 출제된다.

1 문자 메시지

문자 메시지의 구성

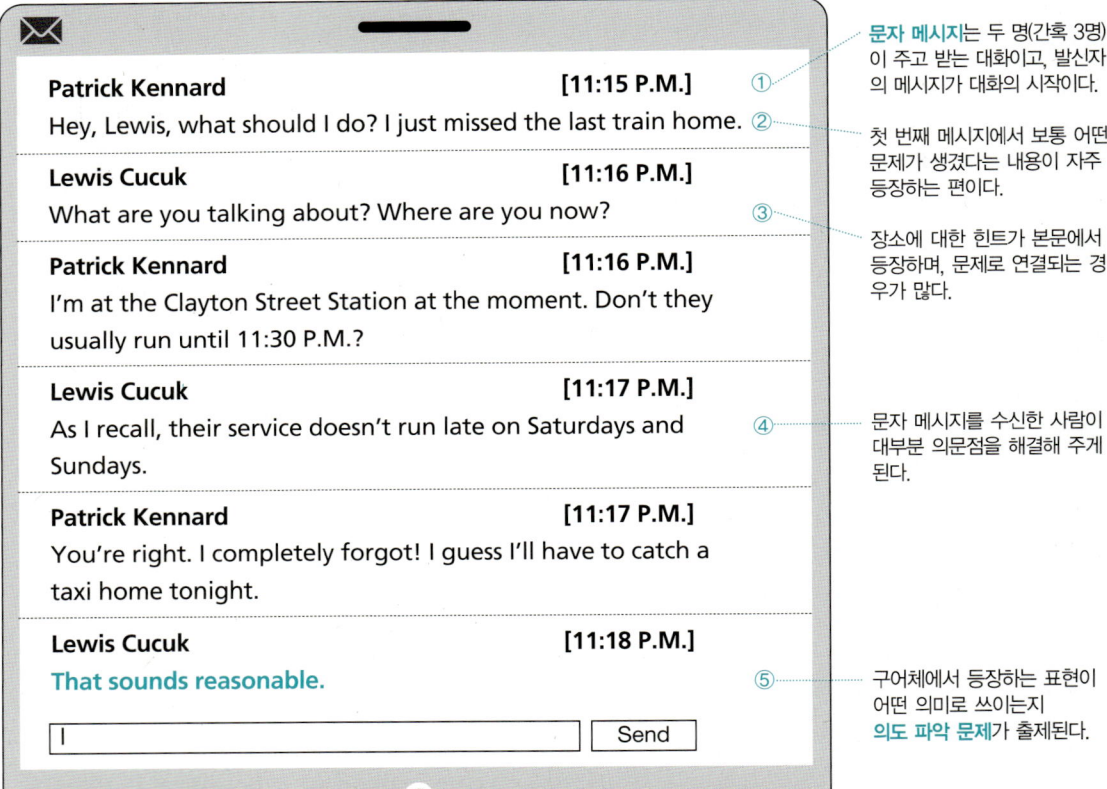

문자 메시지는 두 명(간혹 3명)이 주고 받는 대화이고, 발신자의 메시지가 대화의 시작이다.

첫 번째 메시지에서 보통 어떤 문제가 생겼다는 내용이 자주 등장하는 편이다.

장소에 대한 힌트가 본문에서 등장하며, 문제로 연결되는 경우가 많다.

문자 메시지를 수신한 사람이 대부분 의문점을 해결해 주게 된다.

구어체에서 등장하는 표현이 어떤 의미로 쓰이는지 **의도 파악 문제**가 출제된다.

확인 Quiz

1. 패트릭에게 무슨 일이 일어났는가?
2. 오후 11:18에 루이스가 "그게 합리적인 것 같다"라고 말한 의도는 무엇인가?

1. 마지막 기차를 놓쳤다.
2. 상대방의 말에 동의하기 위해서.

패트릭 캐너드 [오후 11:15]
어이, 루이스, 나 어떻게 하면 좋을까? 나 방금 집으로 가는 마지막 기차를 놓쳤어.

루이스 쿠쿡 [오후 11:16]
무슨 말 하는 거야? 지금 어디 있는데?

패트릭 캐너드 [오후 11:16]
나 지금 클레이튼 가 역에 있어. 기차가 11시 30분까지는 운영하는 거 아닌가?

루이스 쿠쿡 [오후 11:17]
내 기억으로는 토요일하고 일요일에는 늦게까지 운영하지 않아.

패트릭 캐너드 [오후 11:17]
네 말이 맞다. 나 완전히 잊고 있었네! 오늘 밤에는 택시를 타고 집에 가야 할 것 같다.

루이스 쿠쿡 [오후 11:18]
그게 합리적인 것 같다.

어휘 miss ~를 놓치다 home 집, 집으로 at the moment 지금 이 순간 usually 보통 until ~까지 as ~하듯이, 하는 대로 recall ~를 기억하다 run late 늦게까지 운영하다 completely 완전히 catch a taxi 택시를 잡다 sound ~처럼 들리다 reasonable 합리적인, 적당한

Check-up / 해설 p.100

Jim Clark [2:32 P.M.]
Did you ask Mr. Davidson for a raise?

Carmen Messi [2:34 P.M.]
Yes, I asked for 80 dollars a month more.

Jim Clark [2:34 P.M.]
So, did you get it?

Carmen Messi [2:35 P.M.]
No, I got 30 dollars.

Jim Clark [2:35 P.M.]
That's too bad.

Carmen Messi [2:36 P.M.]
Oh, it's all right. It is better than nothing.

At 2:36 P.M., what does Ms. Messi mean when she writes, "It is better than nothing"?

(A) She is not extremely happy but satisfied.   (B) She is so disappointed with the raise.

2 온라인 채팅

문자 메시지와 지문 형태는 거의 비슷하지만 3명 이상이 주고 받는 메시지이고, 4문제가 출제되는 지문이다. 때로 같은 '문자 메시지'나 '온라인 게시판' 지문 유형으로 나올 수도 있다.

온라인 채팅의 구성

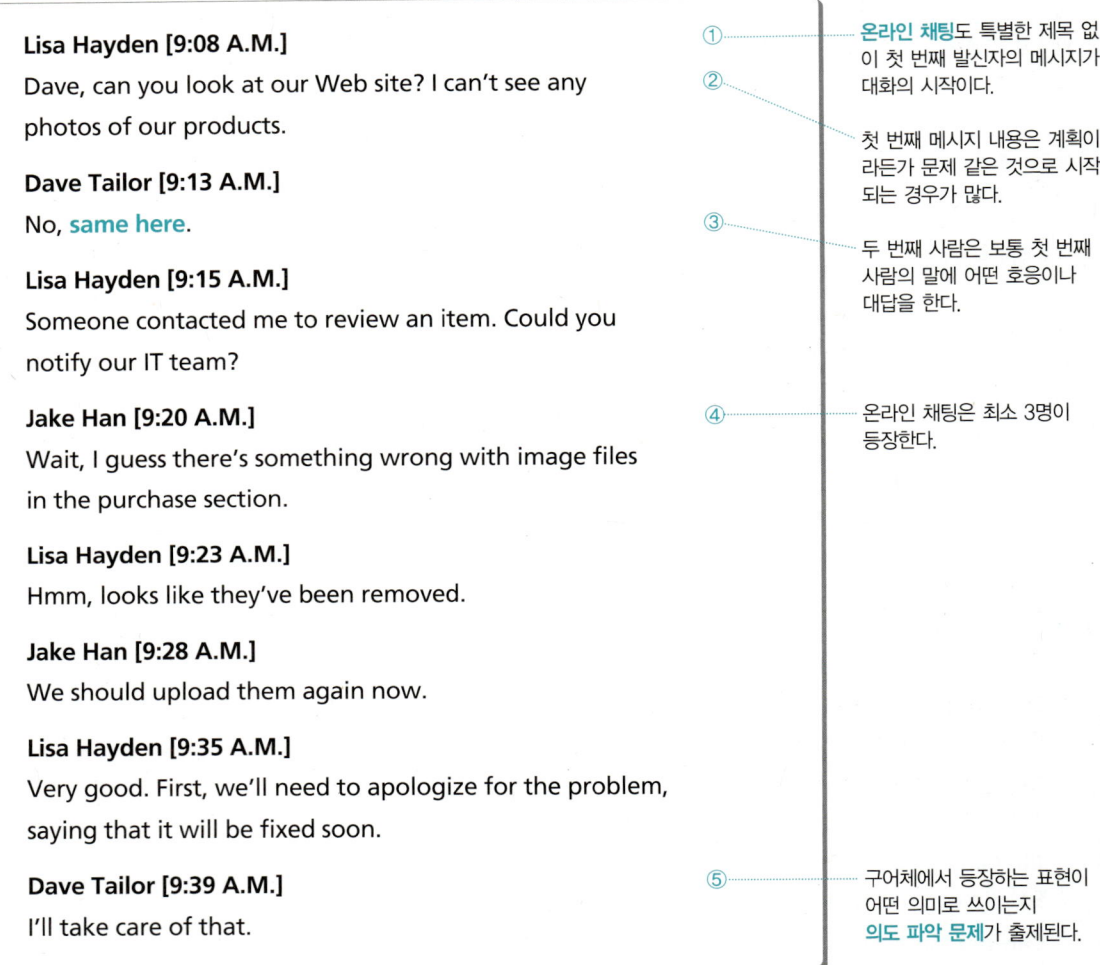

Lisa Hayden [9:08 A.M.]
Dave, can you look at our Web site? I can't see any photos of our products.

Dave Tailor [9:13 A.M.]
No, same here.

Lisa Hayden [9:15 A.M.]
Someone contacted me to review an item. Could you notify our IT team?

Jake Han [9:20 A.M.]
Wait, I guess there's something wrong with image files in the purchase section.

Lisa Hayden [9:23 A.M.]
Hmm, looks like they've been removed.

Jake Han [9:28 A.M.]
We should upload them again now.

Lisa Hayden [9:35 A.M.]
Very good. First, we'll need to apologize for the problem, saying that it will be fixed soon.

Dave Tailor [9:39 A.M.]
I'll take care of that.

① 온라인 채팅도 특별한 제목 없이 첫 번째 발신자의 메시지가 대화의 시작이다.

② 첫 번째 메시지 내용은 계획이라든가 문제 같은 것으로 시작되는 경우가 많다.

③ 두 번째 사람은 보통 첫 번째 사람의 말에 어떤 호응이나 대답을 한다.

④ 온라인 채팅은 최소 3명이 등장한다.

⑤ 구어체에서 등장하는 표현이 어떤 의미로 쓰이는지 **의도 파악 문제**가 출제된다.

확인 Quiz

1. 무슨 일이 일어났나? _____
2. 오전 9:13에 테일러 씨가 "same here"라고 썼을 때 의도하는 바는 _____
3. 어떻게 해결하기로 했나? _____
4. 누가 문제를 처리하겠다고 했는가? _____

1. 웹사이트에서 제품에 대한 사진을 볼 수 없다.
2. 그 역시 제품들의 사진을 찾을 수 없다.
3. 이미지 파일을 다시 업로드하기로 했다.
4. 데이브 테일러가 처리하겠다고 했다.

리사 헤이든 [오전 9:08]
데이브, 우리 웹사이트 볼 수 있나요? 제품 사진들을 볼 수가 없어요.

데이브 테일러 [오전 9:13]
여기서 봐도 마찬가지네요.

리사 헤이든 [오전 9:15]
어떤 사람이 제품을 살펴보려고 저에게 연락을 했어요. IT팀에 알려주겠어요?

제이크 한 [오전 9:20]
잠시만요, 구매 섹션의 이미지 파일에 뭔가 문제가 있는 것 같아요.

리사 헤이든 [오전 9:23]
흠… 파일이 누락된 것처럼 보이네요.

제이크 한 [오전 9:28]
지금 다시 업로드하는 게 좋겠어요.

리사 헤이든 [오전 9:35]
좋아요. 먼저, 곧 해결될 거라고 알리면서 문제가 생긴 것에 양해를 구해야 할 거예요.

데이브 테일러 [오전 9:39]
제가 처리할게요.

 어휘 look at ~를 보다   same here 여기도 마찬가지입니다   review ~를 검토하다   notify ~에게 알리다
be removed 제거되다   fix a problem 문제를 해결하다

Check-up / 해설 p.100

Yoshida Sanchez [4:42 P.M.]
I think we should start to discuss the job fair we are hosting on May 23. Since our company has never done this before, I'd like to have your input.

Vanessa Fender [4:43 P.M.]
Why don't we conduct a tour of some of our departments for the potential candidates?

Yoshida Sanchez [4:49 P.M.]
Thanks. That sounds a great idea and I will add it to our schedule.

Boman Claude [4:52 P.M.]
Which departments should they go to? And do you know how many attendees we can expect?

Yoshida Sanchez [4:53 P.M.]
Purchasing, R&D, and Marketing will be OK, but Accounting is extremely busy these days. Around 100 job seekers have registered so far, but we should plan for 120 or more.

Vanessa Fender [4:54 P.M.]
It would be great to know their interests in advance so that we can divide them into small groups.

Which department will the potential candidates not likely go to?
(A) Accounting   (B) R&D

3 공지

TOEIC에서는 회사, 학교, 단체의 행사 일정, 지침 등을 알리는 공지문이 출제된다. 공지문은 특별하게 정형화된 형식이 없으며, 일반적으로 핵심 내용이 글의 첫머리에 오는 두괄식 구성이 많으므로 먼저 지문 초반부를 잘 확인해야 한다.

공지문의 구성

Notice ①

② The bank will be closed next Monday for Labor Day. In order to better serve our customers, ③ we will be extending our Saturday hours. Normally we are open from 8 A.M. to 1 P.M. on Saturdays, but this weekend we will remain open until 5 P.M. We hope that this will reduce the inconvenience, and ④ please remember that our ATMs will still be operational. Thank you.

Sincerely,
Garrett Wong ⑤
The bank manager

- 제목
  Notice(공지) 또는 Announcement(공지, 알림)
- 공지를 하는 이유
- 공지의 주제
  앞으로 할 조치나 방책을 설명
- 특이사항이나 예외 상황 설명
- 공지를 낸 사람의 이름

확인 Quiz

1. 어떤 단체에서 공지를 냈는가?
2. 공지의 대상은 누구인가?
3. 공지의 주제는 무엇인가?

1. the bank(은행)
2. customers(은행의 고객들)
3. Extending our Saturday hours(토요일 영업시간을 연장하는 것)

공지

은행은 노동절을 맞아 다음 월요일에 닫힐 겁니다. 우리 고객들에게 더 잘 서비스를 제공하기 위해서 우리는 토요일 (영업)시간을 연장할 것입니다. 보통 우리는 토요일에 오전 8시부터 1시까지 문을 엽니다만, 이번 주말에는 오후 5시까지 문을 열 것입니다. 우리는 이것이 불편을 줄이기를 희망합니다. 우리의 자동 현금지급기(ATM)는 여전히 가동될 것이라는 점을 기억하십시오. 감사합니다.

진심으로, 가렛 윙
은행 매니져

어휘 be closed 닫히다 Labor Day 노동절(5월 1일) in order to + 동사원형 ~하기 위해서 better 더 잘
serve ~에게 서비스를 제공하다 extend ~를 연장하다 normally 보통 be open 문을 열다, 영업 하다
remain open 영업을 계속하다 until ~까지 reduce ~를 줄이다 inconvenience 불편 remember ~를 기억하다
still 여전히 operational 가동되는 ATM(= Automated Teller Machine) 자동 현금지급기

Check-up / 해설 p.101

Come to our next seminar!

The next seminar will take place from November 18 to November 21 at the Palm Springs Convention Center in Palm Springs, California. It will consist of group discussions. Learn smart strategies for marketing your company's products. Hurry—space is limited!

What will happen at the next seminar?
(A) Product demonstrations   (B) Group discussions

4 회람

회람은 기업이나 단체에서 공지 내용을 여러 사람이 돌려보는 지문으로 수신인과 발신인 표시란을 먼저 확인해두는 것이 좋다. 회람의 목적도 초반부에 밝히는 경우가 많으며 그 뒤에 상세한 정보를 주고 요청이나 제안 사항을 덧붙이기도 한다.

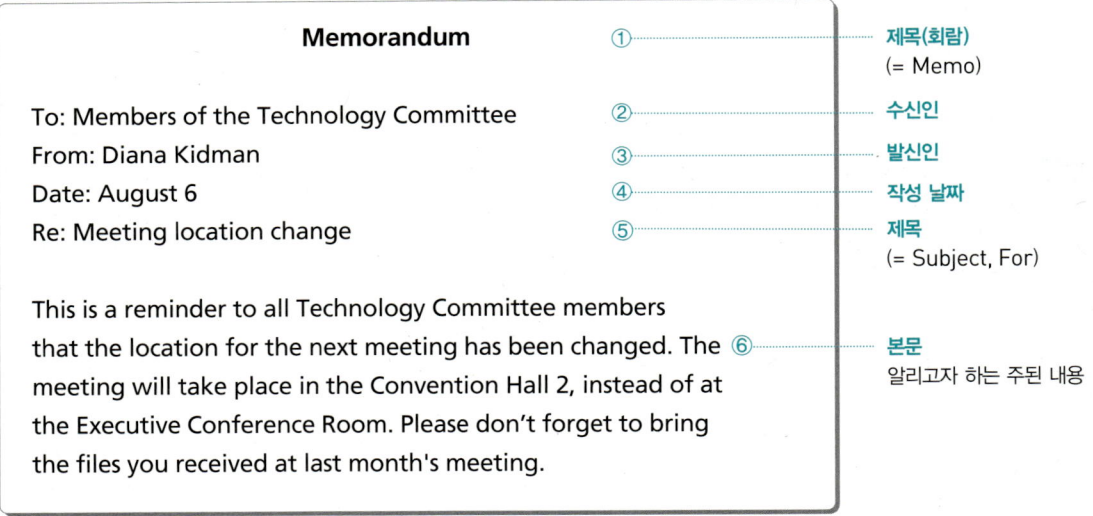

확인 Quiz

1. 회람의 제목은?
2. 회의 참석자는?
3. 변경된 회의 개최 장소는?

1. Meeting location change(회의 장소 변경)
2. Technology Committee members(기술위원회 위원들)
3. Convention Hall 2(제2본회의장)

회람

수신: 기술위원회 소속 위원
발신: 다이애나 키드먼
날짜: 8월 6일
제목: 회의 장소 변경

기술위원회 위원 여러분께 다음 번 회의 장소가 변경되었음을 공지합니다. 회의는 임원 회의실 대신 제2본회의장에서 열립니다. 지난달 회의에서 받은 파일을 잊지 말고 가져오시기 바랍니다.

어휘 reminder 상기시키는 것, 공지사항　committee 위원회　location 장소　take place 일어나다, 발생하다
convention hall 본회의장　instead of ~ 대신에　Executive Conference Room 임원 회의실
forget to 부정사 ~할 것을 잊어버리다　bring 가져오다　receive 받다

Check-up / 해설 p.101

From: Samuel Tillis
To: New Employees
Subject: Training schedule

Welcome to Dynar Corporation. We hope you are enjoying your first week in your departments. Starting next week, you will have additional company training for the new computer systems. All classes are mandatory and will be Monday through Friday from 2-4 P.M.

Good luck with the rest of your week!

Samuel Tillis
Dynar Operational Manager

What courses will the new staff take?

(A) Safety classes　　　　　　　　(B) Computer skills classes

5 공지 및 회람에서 자주 나오는 표현

1〉 공지 빈출 표현

영업시간 안내	• We will be open / closed ~ 우리는 ~에 문을 엽니다/닫습니다 • We will extend ~ 우리는 ~을 연장할 것입니다 **We will be open / closed** next Monday. 우리는 다음 주 월요일에 문을 엽니다/닫습니다.
공지를 낸 이유	• For ~ reasons ~ 때문에 • Largely due to 주로 ~ 때문에 **For security reasons**, you must wear your ID badge from tomorrow. 보안 때문에 여러분은 내일부터 신분증 배지를 착용해야 합니다.
계획 언급	• A is scheduled to부정사 A가 ~할 예정입니다 • We plan to부정사 우리는 ~할 계획입니다 The safety inspection **is scheduled to** be completed by today. 안전 검사가 오늘 완료될 예정입니다.
규정 준수 요청	• Please comply with ~ ~를 준수해 주십시오 • You should observe ~ 여러분은 ~를 준수해야 합니다 **Please comply with** the rules we set. 우리가 정한 규정을 준수해 주십시오.

2〉 회람 빈출 표현

행사 안내	• ~ will be held ~가 열립니다 • ~ will take place ~가 있습니다 The reception **will be held** tomorrow. 환영식이 내일 열립니다.
공지사항 안내	• This is a reminder 공지사항입니다 • You are reminded ~ ~을 양지하시기 바랍니다 **This is a reminder** to everyone in the division. 전 부서원을 위한 공지사항입니다.
목표	• Our goal is to부정사 ~ 우리의 목표는 ~하는 것입니다 • The aim of ~ is ~ ~의 목표는 ~입니다 **Our goal is to raise $5,000** at this party. 우리의 목표는 이번 파티에서 5천 달러를 모금하는 것입니다.
바람/희망	• We look forward to 동명사(~ing) 우리는 ~하기를 기대합니다 • We are hopeful that ~ 우리는 ~를 희망합니다 **We look forward to meeting** you at the reception. 당신을 환영식에서 뵙기를 기대합니다.

6 패러프레이징

TOEIC Part 7에서는 패러프레이징을 통해 같은 의미를 여러 표현으로 나타내게 된다. 다음의 두 가지 표현을 함께 익혀 두면 독해 속도가 빨라질 수 있다.

at least two years of experience 최소 2년의 경력	over two years of experience 2년 이상의 경력
This voucher is for free admission. 이 쿠폰은 무료 입장용이다.	can get complimentary admission 무료 입장을 할 수 있다
express my thanks for your sponsorship 당신의 후원에 감사를 표합니다	show appreciation for your support 당신의 지지에 감사합니다
be free from defects 결함이 없다	there is no problem 아무런 문제가 없다
there will be no power service 전기 서비스가 없을 것이다	cannot use electricity 전기를 사용할 수 없다
be postponed until next Monday 다음 월요일로 연기되다	put off the event until next week 행사를 다음 주로 미루다
Previously owned furniture is discounted. 이전에 소유되었던 가구는 할인된다	get a discount on used items 중고품들을 할인받다
meet the needs of customers 고객들의 요구를 충족시키다	improve customer service 고객 서비스를 개선하다
be updated every Friday 매주 금요일에 업데이트되다	be updated regularly 정기적으로 업데이트되다
possess knowledge of programming 프로그래밍 지식을 가지고 있다	be familiar with programming 프로그래밍에 정통하다

Check-up

밑줄에 단어의 뜻을 쓰고 같은 뜻의 표현을 골라 표시하세요.

1. job opening _____
   (A) job vacancy   (B) job searching

2. opportunity _____
   (A) retirement   (B) chance

3. responsibilities _____
   (A) duties   (B) salary

4. official tour _____
   (A) business trip   (B) working from home

5. temporary _____
   (A) long-term   (B) short-term

1. (채용) 공석 (A)   2. 기회 (B)   3. 임무 (A)   4. 출장 (A)   5. 임시적인 (B)

Questions 1-2 refer to the following text-message chain.

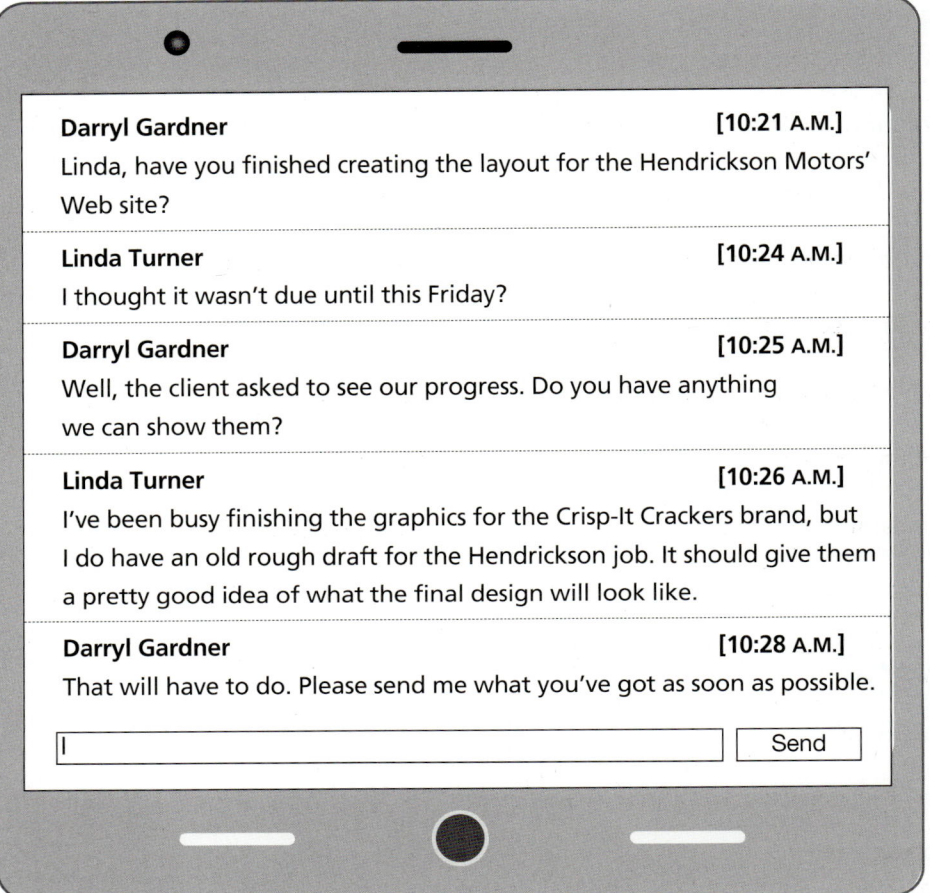

Darryl Gardner [10:21 A.M.]
Linda, have you finished creating the layout for the Hendrickson Motors' Web site?

Linda Turner [10:24 A.M.]
I thought it wasn't due until this Friday?

Darryl Gardner [10:25 A.M.]
Well, the client asked to see our progress. Do you have anything we can show them?

Linda Turner [10:26 A.M.]
I've been busy finishing the graphics for the Crisp-It Crackers brand, but I do have an old rough draft for the Hendrickson job. It should give them a pretty good idea of what the final design will look like.

Darryl Gardner [10:28 A.M.]
That will have to do. Please send me what you've got as soon as possible.

1. At 10:24 A.M., what does Ms. Turner mean when she writes, "I thought it wasn't due until this Friday"?

   (A) She has not finished a project.
   (B) She received an assignment early.
   (C) She misunderstood an instruction.
   (D) She will not attend a meeting.

2. What does Ms. Turner say she has been making?

   (A) Images for a snack product
   (B) Designs for a new building
   (C) Sketches of automobiles
   (D) Drafts of a book cover

Questions 3-5 refer to the following advertisement.

Wonderful Wednesdays at the Phoenix Museum of Discovery

The Phoenix Museum of Discovery has been showing visitors the amazing side of science for over a decade. — [1] —. We educate and entertain guests by showing them incredible scientific phenomena up close.

If you're like many other Phoenix residents, you've already seen our most well-attended attraction, the planetarium, where guests lie on the floor and watch the night sky projected on the ceiling. — [2] —. But did you know that every Wednesday we offer a special experience called Wonderful Wednesdays? During Wonderful Wednesdays, all of our exhibits are staffed by volunteers who let you physically interact with the exhibits. — [3] —.

Instead of just watching our weather tank generate clouds, put on a poncho and step into one. If you would rather stay dry, grab a plate of soil and uncover your own dinosaur fossils in our natural history gallery. From there, walk over to our geology wing and create your own mini volcano with baking soda and vinegar. — [4] —. To see the rest, come by the Phoenix Museum of Discovery on any Wednesday and make it wonderful.

3. What is true about the planetarium?
   (A) It is open one day per week.
   (B) It is a popular attraction.
   (C) It has reclining seats.
   (D) It has a separate entrance.

4. What is NOT mentioned as a special activity?
   (A) Making a volcano
   (B) Searching for fossils
   (C) Feeding an animal
   (D) Entering a cloud

5. In which of the positions marked [1], [2], [3], and [4] does the following sentence best belong?

   "That's just three of our twenty interactive exhibits."

   (A) [1]
   (B) [2]
   (C) [3]
   (D) [4]

Questions 6-9 refer to the following online bulletin board.

Artur Jan — posted on January 15:
Hi all. I just moved into town last month, and I am looking for a good dentist, preferably someone close to where I live, near the Ferris Hines Shopping Center. Does anyone have a recommendation? My son will come with me, so it is essential that the dentist is good with kids.

Radek Lech — posted on January 17:
I will be visiting Scott Cline's dental clinic on Burns St. on January 19. I'll give some feedback on him after the appointment.

Vera Lindita — posted on January 18:
Be careful, Radek! I had a very disappointing experience with Mr. Cline. I scheduled a morning appointment with him for a teeth cleaning and even took that time off from work. But their receptionist had double booked the appointment slot in their computer. So, when I got there, I couldn't see the dentist. Unbelievable! I will not be returning.

Radek Lech — posted on January 19:
That sounds frustrating, Vera. Luckily, my teeth cleaning appointment started on time. The dentist was polite and professional. I have no complaints. I didn't see any kids in the lobby, though, Artur, but maybe that's because it was a school day.

Artur Jan — posted on January 21:
Thanks for investigating, Radek. Actually, yesterday I went to Kris Schlessinger's clinic on Rhoades St. She was a great dentist! She even had a dinosaur-shaped toothbrush to give to my son, so of course he loved her, too. I highly recommend her.

6. What does Mr. Jan indicate about his home?
   (A) It is close to a mall.
   (B) He has lived there for one year.
   (C) A dentist opened near it.
   (D) He lives there by himself.

7. On January 18, what does Ms. Lindita mean when she writes, "Unbelievable"?
   (A) A fee was very high.
   (B) A wait time was short.
   (C) A suggestion was unrealistic.
   (D) A clinic made a mistake.

8. What did Mr. Lech most likely do before posting on January 19?
   (A) Supervised a school trip
   (B) Worked in an office
   (C) Purchased a toy
   (D) Visited a dentist

9. What is true about Dr. Schlessinger?
   (A) She moved her clinic.
   (B) She gave a gift to a child.
   (C) She lives on Burns Street.
   (D) She broke a patient's appointment.

UNIT 15 이중 지문 / 삼중 지문

★ 콕콕 찍어 주는 출제 포인트
TOEIC Part 7 독해에서 176번부터 200번까지 25문항은 2~3개의 지문을 읽고 각 5문항씩 풀어야 한다. 서로 연관된 지문들을 읽어야 풀 수 있는 연계 문제, 동의어 문제가 나오는 점이 특징이다. 초급자들은 특히 훈련을 통해 5개의 질문을 먼저 읽고 어느 지문에서 정답 단서를 찾아야 할지 빨리 파악하는 연습이 중요하다.

1 편지/이메일 이중 지문

독해에서 176번부터 185번까지 10문제는 연관된 두 개의 독해 지문을 읽고 각각 5문제를 푸는 이중 지문(double passages)이다. 가장 많은 비중을 차지하는 것은 '전달과 답변' 유형으로, 첫 번째 지문에서 한 사람이 편지나 이메일, 또는 공지사항을 전달하면 두 번째 지문에서 거기에 답변하는 것이다.

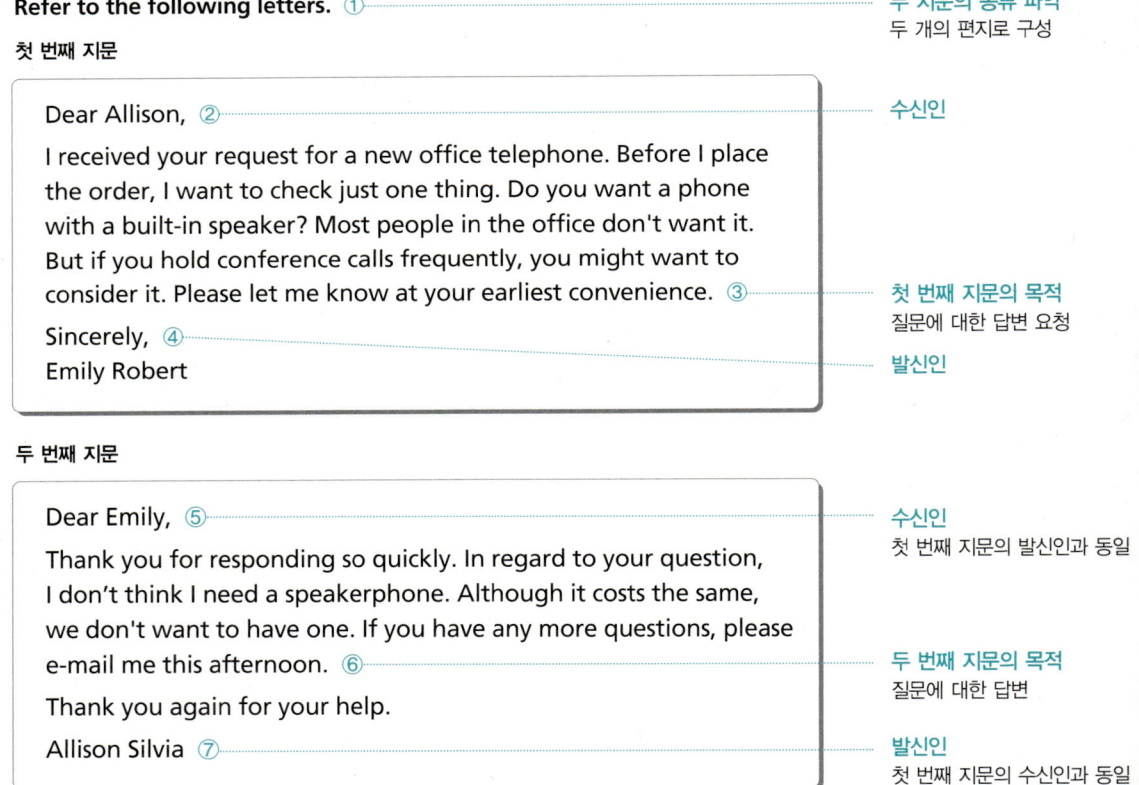

Refer to the following letters. ①

첫 번째 지문 — 두 지문의 종류 파악 / 두 개의 편지로 구성

Dear Allison, ② — 수신인

I received your request for a new office telephone. Before I place the order, I want to check just one thing. Do you want a phone with a built-in speaker? Most people in the office don't want it. But if you hold conference calls frequently, you might want to consider it. Please let me know at your earliest convenience. ③ — 첫 번째 지문의 목적 / 질문에 대한 답변 요청

Sincerely, ④
Emily Robert — 발신인

두 번째 지문

Dear Emily, ⑤ — 수신인 / 첫 번째 지문의 발신인과 동일

Thank you for responding so quickly. In regard to your question, I don't think I need a speakerphone. Although it costs the same, we don't want to have one. If you have any more questions, please e-mail me this afternoon. ⑥ — 두 번째 지문의 목적 / 질문에 대한 답변

Thank you again for your help.

Allison Silvia ⑦ — 발신인 / 첫 번째 지문의 수신인과 동일

> **확인 Quiz**
> 1. 첫 번째 편지의 목적은? ....
> 2. 두 번째 편지의 목적은? ....
> 3. 에밀리는 추가 질문이 있으면 무엇을 해야 하는가?
>
> 1. To request information(정보를 요청하는 것)
> 2. To reply to a question(질문에 답변하는 것)
> 3. Send an e-mail to Allison Silvia(앨리슨 실비아에게 이메일을 보낸다)

앨리슨 씨께,

사무실용 전화기를 새로 구입해달라는 당신의 요청을 받았습니다. 주문하기 전에 한 가지만 확인하고 싶습니다. 내장 스피커가 달린 전화기를 원하시나요? 직원들분은 보통 원하지 않습니다만, 만약 전화 회의를 자주 소집하신다면 고려하실 수 있습니다. 가급적 빨리 알려 주십시오.

감사합니다.

에밀리 로버트

에밀리 씨께,

이렇게 빨리 답변해 주셔서 감사합니다. 귀하의 질문에 답변하자면 스피커폰이 필요하다고 생각하지 않습니다. 비록 비용이 똑같다지만 원하지 않습니다. 추가 질문이 있으시면 오늘 오후에 이메일을 주십시오.

다시 한 번 도움에 감사드립니다.

앨리슨 실비아

어휘 receive 받다   request 요청   place an order 주문하다   built-in 내장형   conference call 전화 회의   frequently 자주, 빈번히   at your earliest convenience 가급적 빠른 시간에   respond 답변하다   in regard to ~에 관하여

/ 해설 p.103

To :   James Thompson
From :   Virginia Hammond
Date :   June 10
Subject : Account # 21043

Dear Mr. Thompson,

Our records have indicated that your account has an outstanding balance of $250. There is a late fee charge of $45.00. However, if full payment is received by the end of this week, we will waive the late fee charge. We hope you will use our service again soon.

Sincerely,
Virginia Hammond, Accountant
EZ Travel Agency

To :   Virginia Hammond
From :   jt@hmail.net
Date :   June 12

Dear Ms. Hammond,

I received notification that my account (#21043) has an outstanding balance. Please e-mail a copy of the bill to me. I will look over the charges and send a payment as soon as possible.

Thank you.
James Thompson

What is the purpose of Ms. Hammond's e-mail?

(A) To send a bill   (B) To request payment for balance

2 기타 서식 이중 지문

이중 지문에서 가장 많은 비중을 차지하는 것은 '전달과 답변' 유형이라면, 두 번째로 많이 나오는 유형은 '주된 지문+보충 지문'이다. 즉 첫 번째 지문에서 주된 내용으로 무언가를 전달하거나 설명하고 나서 두 번째 지문은 그 것을 부연 설명하는 증빙 자료, 영수증, 일정표 등이 나오는 것이다.

Refer to the following e-mail and schedule. ① ─── 두 지문의 종류 파악
첫 번째 지문   광고와 이메일로 구성

> **To:** Kevin ② ─── 수신인
> **From:** Sandra Greg ③ ─── 발신인
> **Subject:** The conference in Tokyo ④ ─── 이메일의 주제 확인
> **Date:** March 3
> **Attachment:** Flight.doc (45KB)
>
> Dear Kevin,
>
> Regarding the trip to the conference in Tokyo, I have looked for flights on the Internet and found out a few possibilities. (See attachment.) You indicated that you wanted to fly to Chiba, but that might not be the best plan. Although it is a cheaper flight, then we will have to take a bus to Tokyo. If we take the morning flight directly to Tokyo, we would have time in the afternoon to see the city before the conference starts the next day.
>
> Please see the attachment and let me know what you prefer. ⑤ ─── 첫 번째 지문의 목적
>
> Sincerely,
> Sandra Greg

두 번째 지문

Schedule for flight on March 25 ⑥ ─── 두 번째 지문 확인

Depart	06:20	Hong Kong to Tokyo	Sonic Jetlines	SJ3829
Arrive	11:55			
Depart	12:20	Hong Kong to Tokyo	Sonic Jetlines	SJ3835
Arrive	17:55			
Depart	14:00	Hong Kong to Chiba	Thasos Air	TA2120
Arrive	19:10			

> **확인 Quiz**
>
> 1. 이메일의 수신인은? ＿＿＿＿＿＿   1. Kevin
> 2. 이메일의 발신인은? ＿＿＿＿＿＿   2. Sandra Greg
> 3. 이메일의 주제는? ＿＿＿＿＿＿＿   3. The conference in Tokyo(도쿄에서의 회의)

수신: 케빈
발신: 샌드라 그레그
주제: 도쿄에서의 회의
날짜: 3월 3일
첨부파일: 비행기 일정 (45KB)

친애하는 케빈

도쿄에서 열리는 회의로 가는 여행에 대해서 나는 인터넷으로 항공편들을 보았고, 몇 가지 가능성들을 발견했습니다. (첨부파일을 확인해 주십시오.) 당신은 치바로 가는 비행기를 타고 싶다고 말했죠. 하지만 그것은 최선의 계획은 아닌 것 같습니다. 비록 그것이 더 싼 항공편이지만 그렇게 되면 우리는 도쿄로 버스를 타고 가야만 합니다. 만약 우리가 도쿄로 가는 오전 비행기를 탄다면 우리는 다음 날 회의가 시작되기 전 오후에 도시를 볼 수 있는 시간이 생길 겁니다.

첨부파일을 봐주시고, 무엇을 선호하는지 알려주십시오.

샌드라 그레그

3월 25일 항공편 일정

출발	06:20	홍콩에서 도쿄	소닉 제트라인스	SJ3829
도착	11:55			
출발	12:20	홍콩에서 도쿄	소닉 제트라인스	SJ3835
도착	17:55			
출발	14:00	홍콩에서 도쿄	타소스 항공	TA2120
도착	19:10			

어휘 regarding ~에 관해서 trip 여행, 출장 conference 컨퍼런스, 회의 a few 약간의 possibilities 가능성들 attachment 첨부파일 indicate ~를 나타내다, 말하다 cheaper 더 싼 then 그러면 take a flight 비행기를 타다 directly 직접 prefer ~를 선호하다

Check-up / 해설 p.104

To : Hugh Jackson, Human Resources
From : Jennifer Baumgartner
Date : Friday, October 3

Hello, Mr. Jackson,

I would like to notify you that I have moved to the new office room. This was previously occupied by Linda Brown. Please take the necessary steps to provide me with a new extension number by next week. Thank you very much.

Jennifer Baumgartner

Employee name	Extension #
Cameron Lincoln	5432
Linda Brown	4756
Natalie Summers	1423
Roberta Cravitz	2645

What is Jennifer Baumgartner's current extension number?
(A) 4756   (B) 1423

3 공지/회람 이중 지문

이중 지문에서 가장 어려운 유형은 관계가 먼 두 지문이 출제되는 경우다. 첫 번째 지문에서 A가 B에게 편지를 보냈는데, 두 번째 지문에서는 C가 등장하여 B에게 이메일을 보내는 경우, 또는 전혀 다른 두 개의 공지나 회람을 가지고 유추해서 푸는 내용이 나올 수도 있다.

Refer to the following announcement and memo. ① ········ 두 지문의 종류 파악
공지와 회람으로 구성

첫 번째 지문

> **Announcement**
>
> The Bank of North Dakota is pleased to announce the appointment of Henry Fisk to the position of Senior Vice-President. ② In his new position Mr. Fisk will be responsible for operational support of the electronic banking and office management. (The office manager will report to him.)
>
> Holding an MBA from Michigan University, Mr. Fisk first joined The Bank of North Dakota fifteen years ago as a system security analyst. Now he is developing our new FastTrack Internet banking service in the R&D department.

첫 번째 지문의 목적
새로운 부사장 임명

두 번째 지문

> To: All Personnel ③
> From: Paul Stanley, Office Manager ④
> Subject: Removing Bank Property ⑤
>
> Effective July 1, employees are required to obtain Form 101 from the Property Pass officer before removing bank property from offices. Employees must provide the following information: ⑥
>
> – Description of Property (including the serial number)
> – Reason for Removal (e.g.) work at home or other office, etc.)
> – Property Return Date

회람의 수신인
회람의 발신인
주제(목적)

두 번째 지문의 주요 내용

확인 Quiz

1. 어디에서 공지를 했는가? _____
2. 회람의 수신인은? _____
3. 회람의 목적은? _____

1. The Bank of North Dakota(노스 다코타 은행)
2. All Personnel(전 직원)
3. To inform property removal procedures(기물 반출 절차를 알리기 위해)

공지
노스 다코타 은행의 수석 부사장에 헨리 피스크 씨가 임명되었음을 알려드립니다. 새로운 직책에서 피스크 씨는 은행의 전자 뱅킹과 사무실 관리를 책임지게 됩니다. (사무관리부장이 그에게 보고할 것입니다.)

미시간대학교에서 경영학 석사학위를 취득한 피스크 씨는 15년 전 노스 다코타 은행에 시스템 보안 분석가로 입사했습니다. 현재 그는 연구개발부에서 새로운 FastTrack 인터넷 뱅킹 서비스를 개발하고 있습니다.

수신: 전 직원
발신: 폴 스탠리, 사무관리부장
제목: 은행 기물 반출

7월 1일 이후, 직원들은 은행 물품을 반출할 때 기물 반출 담당자로부터 서식 101을 받아야 합니다. 직원들은 다음 정보를 제공해야 합니다.
- 기물에 대한 설명 (일련번호 포함)
- 반출 사유 (예를 들면, 집이나 다른 사무실에서 업무를 보기 위해)
- 기물 반납 날짜

어휘 appointment 임명 be responsible for ~를 담당하다 operational 운영의 support 지원 electronic banking 전자 뱅킹 management 관리, 감독 security 안전 analyst 분석가 effective ~를 기점으로 obtain 얻다 remove 옮기다 property 기물, 자산 description 묘사, 설명

Check-up / 해설 p.104

To: Department Managers
CC: All employees
From: Mi-na Seung, Vice President
Re: Charity Event

As many of you already know, our company is sponsoring the annual fund-raising event for the United Asian Educational Fund this weekend. I look forward to giving the keynote speech at the event, and I hope everyone can attend.

Mi-na Seung
Vice President

To: All employees
From: Mi-na Seung, Vice President
Re: Charity Event

Good news! Our weekend charity fund-raiser was very well attended. We hosted guests from 55 countries, and they all donated generously. We're even thinking about holding the event twice next year. Thank you all for making it such a success.

Mi-na Seung
Vice President

What is indicated about the event?
(A) It was postponed.   (B) It was successful.

Questions 1-5 refer to the following e-mail messages.

From :	Richard Goldsmith
To :	Watanabe Johnson
Date :	Tuesday, November 12
Subject :	The sales conference

Dear Watanabe,

Thank you for taking my place at the annual sales conference next month in New York. I have to meet clients from China the week of the event. Last year I made many useful business contacts at the conference, and I'm sure you will too.

I've asked our travel department to make your flight and hotel arrangements. The cost of the flight, rental car, and hotel room will be paid by the company, but you will not be reimbursed until you return. Please submit all of your paper receipts when you return.

The schedule for the conference seminars is as follows:

Seminar 1	Celebrity Marketing	9:00 A.M. to 11:30 A.M.	Monday
Seminar 2	Internet Marketing	1:30 P.M. to 4:30 P.M.	Monday
Seminar 3	Event Marketing	9:00 A.M. to 11:30 A.M.	Tuesday
Seminar 4	Direct Marketing	1:30 P.M. to 4:30 P.M.	Tuesday

Have a nice and safe trip.

Richard

From :	Watanabe Johnson
To :	Richard Goldsmith
Date :	Thursday, December 5
Subject :	Good experience!

I just want to thank for letting me attend the New York conference on your behalf. It was a valuable experience for me to broaden my marketing knowledge and to expand my personal business network. I've attached some reviews on the conference for your reference.

By the way, the first seminar that was originally scheduled for Monday morning was canceled because of low attendance. But overall it was a great event.

Watanabe Johnson,
Sales Dept.

1. Why did Mr. Goldsmith write the e-mail?
   (A) To ask him to meet with some clients
   (B) To request that he make travel reservations
   (C) To give him information about a trip
   (D) To tell him about changes to a conference schedule

2. What does Mr. Goldsmith imply about the conference?
   (A) It is always held in New York.
   (B) He has gone to it for many years.
   (C) It is a good place to develop business relationships.
   (D) Some clients from China will attend it.

3. What will the company NOT pay for?
   (A) Airline flights
   (B) Dining expenses
   (C) Hotel rooms
   (D) Car rentals

4. What seminar was canceled at the conference?
   (A) Celebrity Marketing
   (B) Internet Marketing
   (C) Event Marketing
   (D) Direct Marketing

5. For what department does Mr. Johnson work?
   (A) Travel
   (B) Sales
   (C) Accounting
   (D) Personnel

Questions 6-10 refer to the following advertisement and letter.

Job Posting #89189

Underline Communications, located in Toronto, specializes in printing English learning books. As we have business partners around the world, we are looking for translators and writers who are fluent in French, Japanese, Russian, or Spanish. Candidates must also speak and write English fluently.

We offer a competitive wage and benefits package. Health insurance is also available for all employees.

To apply for a position, send your résumé and cover letter to Patricia Wright at patty_wright@ucommunications.com. Please specify whether you are applying for a translating or a writing position.

August 30

Dear Ms. Wright,

Please accept this letter as part of my application for a translating position.

I was born and raised in Montreal, so French is my native language. I am also fluent in reading and writing English. But I am most interested in working on your Russian projects.

As stated in my résumé, I majored in Russian language. After graduating, I became more interested in Russian culture, and I moved to St. Petersburg, where I stayed for three years. I am now living in Toronto to be closer to my family.

I look forward to hearing from you.

Sincerely,
Beth Travere

6. What is Underline Communications?
   (A) A newspaper
   (B) A magazine
   (C) A television station
   (D) A publishing company

7. According to the advertisement, what is true?
   (A) Underline Communications has offices abroad.
   (B) Underline Communications does not offer insurance.
   (C) Underline Communications owns learning institutes.
   (D) Underline Communications works with international firms.

8. Where is Underline Communications located?
   (A) In Paris
   (B) In Toronto
   (C) In Montreal
   (D) In St. Petersburg

9. What is NOT a language Ms. Travere speaks?
   (A) French
   (B) English
   (C) Russian
   (D) Spanish

10. What is implied in the letter?
    (A) Ms. Travere has sent her résumé.
    (B) Ms. Travere will move soon.
    (C) Ms. Travere visited Ms. Wright.
    (D) Ms. Travere has professional experience.

Questions 11-15 refer to the following memo and e-mail.

To: All employees
From: Deborah Walford
Date: April 25
Subject: Staff Meeting

There will be a monthly staff meeting next Monday at 2 P.M. in room 101. The meeting will last about an hour. All employees should attend the meeting. If you have a scheduling conflict, let us know in advance.

What we will discuss is as follows:
1. Dress Code
2. Vacation Policy
3. Expense Reductions

To :	Deborah Walford
From :	Sid Zablonski
Re :	Staff Meeting
Date :	April 26

Hi, Deborah

I'm afraid that I have to miss the monthly meeting because I have an appointment with important clients from Korea at noon. However, I have already asked one of my associates to take the minutes of the meeting so that I can read them later.

Thank you for your understanding.

11. What is the purpose of the memo?
   (A) To give details about a staff function
   (B) To apply for a position
   (C) To request suggestions
   (D) To distribute meeting materials

12. What topic is NOT included on an agenda?
   (A) Dress Code
   (B) Maintenance Work
   (C) Vacation Policy
   (D) Expense Reductions

13. Who should attend the next monthly meeting?
   (A) Sales representatives
   (B) New employees
   (C) Directors
   (D) All employees

14. What will Mr. Zablonski do next Monday?
   (A) He will attend a staff meeting.
   (B) He will take a day off.
   (C) He will go on a vacation.
   (D) He will meet with clients.

15. When is the meeting scheduled to end?
   (A) At noon
   (B) At 2 P.M.
   (C) At 3 P.M.
   (D) At 4 P.M.

4 편지/이메일 삼중 지문

Part 7 독해에서 186번부터 200번까지의 15문제는 연계된 세 개의 독해 지문을 보고 각각 5문제를 풀어야 하는 신유형이다. 이 부분을 삼중 지문(triple passages)이라 하는데, 지문 하나에 들어간 세부 사항 문제, 두 지문을 보고 풀어야 하는 연계 문제, 동의어 문제가 출제된다.

Refer to the following e-mail, order list, and e-mail. ①

첫 번째 지문

> To: Colin Hayes ②
> From: Amelia Chen
> Subject: Your order
>
> Thanks for online order from YBN Books. With over 100 stores nationwide, YBN Books is the best to find the latest in books, CDs, and movies. We are now processing your order. You will soon receive an e-mail that will provide you with shipping and delivery information. ③
>
> To check the status of your order any time, go online at www.YBNbooks.com. Please note that Items may be shipped separately depending on the availability and that we pay all shipping charges.
>
> To place an order by phone, call at 1-888-555-9873.

· 세 지문의 종류 파악
이메일, 주문 목록, 이메일로 구성

· 첫 번째 지문의 수신자, 발신자 파악

· 첫 번째 지문의 목적 및 내용 파악

두 번째 지문 ④

Item No.	Title	Price
Item 3789J	Management Strategies (Hardcover book)	$32.95
Item 2498C	Steps to Managerial Success	$9.78
Item 6743K	Songs of the season (CD)	$26.93
Item 3492G	Healthy Stretching (DVD)	$28.76

· 두 번째 지문과 첫 번째 지문의 관계 파악
첫 번째 지문에서 언급한 주문 목록

세 번째 지문

> To: Amelia Chen ⑤
> From: Colin Hayes
> Subject: Still waiting
> Date: December 28
>
> Dear Amelia Chen;
>
> I was told that item #3789J in my order would arrive on November 30, but I am still waiting for it. When I checked the status of my ⑥ order online, the record indicated that this item was shipped 2 weeks ago. Can you please let me know when I can expect the delivery?
>
> Sincerely,
> Colin Hayes

· 세 번째 지문의 수신자, 발신자 파악

· 세 번째 지문의 목적 및 내용 파악
배송을 아직 받지 못하고 있다는 내용

수신인: 콜린 헤이스
발신인: 아멜리아 첸
제목: 귀하의 주문

YBN 북스에서 온라인 주문을 해주셔서 감사합니다. 전국에 100개가 넘는 상점을 갖춘 YBN Books는 가장 최신작 책, CD, 영화를 찾는 데 최고의 선택입니다. 저희는 지금 귀하의 주문을 처리 중입니다. 귀하는 곧 배송정보를 제공하는 이메일을 받게 되실 것입니다.

귀하의 주문의 상태를 언제든 확인하기 위해서는 www.YBNbooks.com에 방문해 주십시오. 재고에 따라서 상품이 분리되어 배송될 수도 있다는 점, 그리고 저희가 모든 배송료를 지불한다는 점을 알아 주십시오.

전화로 주문하시려면 1-888-555-9873로 전화 주십시오.

아이템 번호	이름	가격
아이템 3789J	경영 전략 (양장본)	32.95달러
아이템 2498C	경영 성공에 대한 단계	9.78달러
아이템 6743K	계절의 노래 (CD)	26.93달러
아이템 3492G	건강한 스트레칭 (DVD)	28.76달러

수신인: 아멜리아 첸
발신인: 콜린 헤이스
제목: 여전히 기다리는 중입니다
날짜: 12월 28일

친애하는 아멜리아 첸 씨께

저는 제 주문에 있는 번호 3789J의 상품이 11월 30일에 도착할 것이라고 얘기를 들었었습니다. 하지만 여전히 기다리고 있는 중입니다. 제가 온라인으로 주문 상태를 확인했었을 때, 이 상품은 2주 전에 배송되었다고 되어 있었습니다. 제가 언제 배송을 받을 수 있을지 알려주실 수 있습니까?

콜린 헤이스

어휘
- nationwide 전국적으로 the latest 최신의, 최신의 것 process ~를 처리하다 shipping 배송 status 상태 any time 언제든 note ~를 알다, 주의하다 separately 분리해서 depending on ~에 따라서 (어떻게 될지 모르는), ~에 의존하여 availability 이용 가능성, 재고 place an order 주문을 하다
- be told that ~ ~라고 얘기를 듣다 order 주문 still 여전히 status 상태 online 온라인으로 indicate ~를 나타내다 let me know 나에게 알려주다 expect ~를 예상, 기대하다 delivery 배송 sincerely 진심으로

5 광고 삼중 지문

삼중 지문 중에서 가장 흔한 유형 중의 하나가 바로 광고 지문이 들어간 구성이다. 광고는 일반 상품 광고, 구인 광고, 또는 영화, 뮤지컬과 같은 작품 광고 등 우리 생활에서 볼 수 있는 다양한 종류의 광고가 지문으로 등장할 수 있다. 제목이 있을 경우 제목에서 단서를 찾을 수 있으며 제품의 특징을 설명한 부분을 읽으면 쉽게 파악할 수 있다.

Refer to the following advertisement, notice, and article. ①

세 지문의 종류 파악
광고, 공지, 기사로 구성

첫 번째 지문

**Oldbrook Theater presents
Gilles Shinwa's *Road to Rainbow*** ②

The Oldbrook Theater is proud to present *Road to Rainbow*, the latest musical by acclaimed composer Gilles Shinwa. Set in Russia in 1915, *Road to Rainbow* tells the heartbreaking story of a young woman whose husband leaves to fight in the war. ③

We will be holding performances of the musical throughout all of December and January. Tickets will definitely sell out quickly for this performance, so be sure to purchase them immediately! Ticket prices are: VIP Box $233, Mezzanine $216, Orchestra $188, and Balcony $103.

광고 지문의 제목을 보고 추론
'극장(theater)'이 '선물로 드린다(present)'고 했으므로 연극이나 뮤지컬, 오페라 광고이다. (영화는 여러 극장에서 하므로 이런 표현을 쓰진 않는다.)

첫 번째 지문의 내용 및 세부사항 파악

두 번째 지문

NOTICE ④
The Delayed: To Sit or Not to Sit? Please wait!

You are already aware that entering the theater after the performance has started can disrupt both the performers and other audience members. Because this is a sold-out performance, ⑤ it is our standard policy that latecomers to the theater cannot be seated until the first half of the play has ended before intermission. At this time, all ticket holders can purchase refreshments before returning to their seats. Latecomers can be seated during this interval to watch the second half of the play.

두 번째 지문의 제목을 보고 내용 추론

두 번째 지문의 내용 파악
전반 공연이 끝날 때까지는 앉을 수 없음

세 번째 지문

A Review of Gilles Shinwa's *Road to Rainbow* ⑥
Michale Hugh, Entertainment Editor

As a Gilles Shinwa fan, I was extremely excited to see his newest production on December 1. However, I am a little disappointed to report that the musical did not quite fulfill my expectations. In my opinion, Shinwa seems to try to reflect too much. I felt like two different plays in one and it was hard to follow. ⑦

Despite the failing plot, however, the production is quite marvellous. My favorite part was the elaborate stage design, and the acting was also impressive. The performance is very entertaining, and overall, I recommend that theatergoers buy a ticket to see it.

세 번째 지문의 제목을 보고 내용 추론

세 번째 지문의 내용 파악
뮤지컬 스토리 구성은 맘에 안 들었지만 전반적으로 추천

올드브룩 극장에서
질 신와의 〈무지개로 가는 길〉을 상연합니다.

올드브룩 극장은 유명한 작곡가인 질 신와의 최신의 뮤지컬 〈무지개로 가는 길〉을 상연하게 된 것을 자랑스럽게 생각합니다. 1915년의 러시아로 설정된 곡성은 전쟁에서 싸우기 위해서 떠난 남편을 둔 젊은 여성의 가슴 아픈 얘기입니다.

이 뮤지컬은 12월~1월 내내 상연될 것입니다. 티켓이 분명히 빠르게 매진될 것이므로 즉시 구매하시기 바랍니다! 티켓 가격은 VIP 박스는 233달러, 중 2층 216달러, 오케스트라 좌석 188달러, 그리고 발코니 좌석 103달러입니다.

공지
늦게 오는 사람: 앉아야 하는가 말아야 하는가? 기다려 주십시오!

귀하는 이미 연극이 시작된 후 극장에 들어가는 것이 배우들이나 다른 관객들에게 방해가 될 것이라는 점을 아실 겁니다. 이것은 매진 공연이므로 극장에 늦게 오는 사람들은 막간 전에 전반 공연이 끝날 때까지 좌석에 착석할 수 없다는 것이 저희의 표준 정책입니다. 이 때 모든 티켓 소유자들은 좌석으로 돌아오기 전에 먹을거리를 사실 수 있습니다. 늦게 도착하신 분들은 후반 공연을 보기 위해서 이 막간 동안 착석할 수 있습니다.

질 신와의 〈무지개로 가는 길〉 관람 후기

마이크 휴, 연예부 기자

질 신와의 팬으로서 12월 1일 그의 최신 작을 관람할 수 있어서 대단히 기뻤다. 그러나 나는 이 뮤지컬이 내 기대치를 아주 충족시키지는 못했다고 쓰게 되어 조금 실망이다. 내 의견으로는 신와가 너무 많은 것을 반영하려고 노력한 듯 보인다. 나는 두 개의 다른 이야기가 하나에 있는 듯 느꼈고, 내용을 따라가기가 힘들었다.

하지만 플롯이 좋지 못했음에도 불구하고, 이 작품은 꽤 훌륭하다. 제일 좋았던 부분은 정교한 무대 디자인이었고, 연기 또한 인상적이었다. 공연은 매우 즐거웠고, 전체적으로 평가하자면 극장에 자주 가는 사람들은 이 뮤지컬을 보기를 권장한다.

어휘
- be proud to+동사원형 ~하는 것을 자랑스러워하다   present ~를 선물로 주다, 제시하다   the latest 최신의   heartbreaking 가슴 아픈   hold ~를 주최하다   throughout ~(기간) 내내   sell out 매진되다   definitely 분명히
- the delayed 늦게 오는 사람   already 이미   aware ~를 아는, 인지하는   disrupt ~를 방해하다   audience 청중, 관객   sold-out performance 매진된 공연   standard policy 표준 정책   intermission 막간   at this time 이 때   refreshments 다과   interval 간격, 막간   second half 전반부
- review 검토, 후기   extremely 대단히, 극도로   production 생산, (공연) 작품   fulfill ~를 충족시키다   expectation 기대, 예상   reflect ~를 반영, 반증하다   failing 실패적인   plot (소설이나, 극의) 구성, 짜임새   marvellous 훌륭한   elaborate 정교한   entertaining 즐거움을 주는

6 공지/회람 삼중 지문

편지나 이메일은 삼중 지문에서 연달아 나올 수도 있지만, 첫 번째 지문이 공지나 회람인 경우 두 번째, 세 번째 지문은 대부분 기타 서식이나 다른 형태의 지문이 나온다.

Refer to the following memo, list, and e-mail. ① — 세 지문의 종류 파악
회람, 목록, 이메일로 구성

첫 번째 지문

> **MEMO**
>
> From: Purchasing Department ② — 수신자, 발신자를 파악
> To: Human Resources
> Subject: Workshop materials
> Date: June 20
>
> We know that we should purchase materials for our upcoming workshop sessions with summer interns. We can order most of the supplies from our regular supplier but please note that Chicago Supplies has notified us that the folders imprinted with our logo are out of stock at the moment, so we should find another supplier. ③ — 회람은 보통 첫 번째 문단에 곧바로 내용을 밝히는 편
>
> Please e-mail me when you are ready to order, and we will process it shortly thereafter. Thank you for your assistance.

두 번째 지문

List of materials ④	
Folders imprinted with Dexlaboratories logo	100
Stick Note Pads	100
10 packs of Index Card and Box	10
Adhesive name tags	2 boxes (50 labels each)
Black pens and Correction Materials	100 each

— 두 번째 지문의 세부사항 파악

세 번째 지문

> From: jebbinghaus@dexlaboratories.com ⑤ — 세 번째 지문의 수신자, 발신자 파악
> To: msanders@dexlaboratories.com
> Subject: Purchase Orders for Approval for Emil Santos
> Date: July 27, 12:32
> Attachment: Materials for Summer Workshop
>
> Dear Ms. Sanders,
>
> Ben Jennings will be ordering the materials he would need for the summer intern professional development workshop. Attached to this e-mail is a copy of his order. I already placed the orders for the preapproved materials from our regular supplier. ⑥ — 세 번째 지문의 세부사항 파악
>
> Kindly authorize the procurement of the customized items at the earliest possible time. They will be purchased from Deca Enterprises. As soon as you have approved this transaction, I will request Emil Santos in Purchasing to process the order.
>
> Sincerely,
> Joanna Ebbinghaus

회람

발신: 구매부
수신: 인사부
주제: 워크숍 자료
날짜: 6월 20일

우리는 여름 인턴 사원들과 함께할 다가오는 워크숍을 위해서 자료를 구매해야 한다는 점을 알고 있을 겁니다. 우리는 대부분의 물품들을 우리의 정규 공급 업체로부터 주문할 수 있습니다만, 시카고 서플라이스가 지금 우리 회사의 로고가 인쇄된 폴더는 재고가 없다고 통보해 왔습니다. 그러므로 다른 공급 업체를 찾아야 합니다.

주문하실 준비가 될 때 이메일 좀 주십시오. 그러면 우리가 바로 그 뒤에 주문을 처리하겠습니다. 도움에 감사드립니다.

자료 목록

덱스래버러토리스 로고가 인쇄된 폴더들	100개
접착식 메모장	100개
10개 들이 인덱스 카드와 박스	10개
접착식 이름표	2박스 (각 50개의 라벨)
검은 펜과 수정도구	각 100개

발신: jebbinghaus@dexlaboratories.com
수신: msanders@dexlaboratories.com
제목: 에밀 산토스를 위한 구매주문에 대한 승인
날짜: 7월 27일, 12:32
첨부 파일: 여름 워크숍에 대한 자료

친애하는 샌더스 씨

벤 제닝스가 여름 인턴 직무개발 워크숍을 위해서 자신이 필요할 자료를 주문할 것입니다. 이 이메일에 첨부된 것은 그의 주문에 대한 사본입니다. 저는 이미 우리의 정규 공급 업체로부터 미리 승인된 자료에 대한 주문은 해 두었습니다.

부디 가능한 빠른 시간에 맞춤 제작되는 항목의 구매를 승인해 주시길 부탁드립니다. 그것들은 데카 엔터프라이즈에서 구매할 것입니다. 당신이 이 거래를 승인하자마자, 저는 구매부의 에밀 산토스에게 주문을 처리하도록 요청할 것입니다.

조애너 에빙하우스

어휘
- workshop 워크숍, 교육 모임 material 재료, 자료, 소재 upcoming 다가오는
  regular supplier 정규 공급 업체 imprinted with ~가 인쇄된 notify ~에게 통보하다
  out of stock 재고가 없는 at the moment 지금 당장은 thereafter 그 후로
- professional development 직무 개발 attached 첨부된 place an order 주문하다
  preapproved 미리 승인받은 kindly 친절하게, 부디 authorize ~를 승인하다, ~에게 권한을 주다
  procurement 구매, 획득 customized 맞춤 제작된 transaction 거래 process the order 주문을 처리하다

Questions 1-5 refer to the following information and e-mails.

American Ingenuity is hiring! We are looking for a software developer to join our team working in Miami on a Gulf Stream Airlines account.

We are looking for candidates with
- A bachelor's degree in computer science
- Three years of industry-related work experience
- Knowledge of D ++ and Cobra programming languages

The successful applicant will
- Update the programs that pilots use to practice flying — These virtual reality computers need their programming updated regularly.
- Develop assessment tools to measure pilot performance — Tools can include multiple choice exams or games that measure piloting abilities.
- Instruct Gulf Stream Airline technicians how to use our programs — We offer ongoing support to all of our clients through informational seminars.

The position provides
- Competitive salary
- Opportunities for advancement
- Employer match for retirement savings

Please apply to Vijay Ranki at applications@usaingenuity.com. Include a résumé or CV, and a letter of introduction. Because we are anticipating a large volume of applications, we will only be able to reply to candidates selected for an interview. Thank you for your understanding.

FROM: ptdaley@txtech.edu
TO: applications@usaingenuity.com
DATE: November 11
SUBJECT: Software developer position

Dear Mr. Ranki,

I am writing to apply for the position of a software developer on the Gulf Stream Airlines account. I believe my work experience makes me a perfect fit for your organization.

I am currently working as the head D ++ software developer at Triangular, Inc. I have held this position for four years. My previous position was as a software engineer at YBN, where I earned a GHQ Level 3 Proficiency Certification. Before that I did freelance Cobra programming in the Detroit area. All told, I have eleven years of experience working with industry-standard programming languages. Please see my attached CV for a complete account of the work I have done through the years. Although I do not have a formal education in computer science, I believe that my extensive work history is more than sufficient to meet your needs. My current supervisor will be happy to attest to my abilities as well. His contact information is attached below.

If selected for this position, I am sure I will make a strong contribution to the American Ingenuity brand. Thank you for your consideration.

Best,
Patrick Daley

FROM: applications@usaingenuity.com
TO: ptdaley@txtech.edu
DATE: November 14
SUBJECT: Software developer position

Dear Mr. Daley,

After reviewing your CV and speaking with your reference Mr. Jung, I would like to arrange an interview with you for the position of a software developer at American Ingenuity. Please respond with a time next week that is convenient for you to meet. If you are not in the Seattle area, we can arrange an interview over the phone.

Regards,
Vijay Ranki

1. What is NOT mentioned as a responsibility of the advertised job?
   (A) Proofreading training manuals
   (B) Teaching how to use software
   (C) Maintaining flight simulators
   (D) Creating tests for pilots

2. What desired qualification for the job does Mr. Daley lack?
   (A) Work experience
   (B) A college diploma
   (C) Programming knowledge
   (D) A professional license

3. In the first e-mail, the word "account" in paragraph 2, line 5, is closest in meaning to
   (A) version
   (B) membership
   (C) history
   (D) number

4. What is most likely true about Mr. Jung?
   (A) He received a GHQ Certification.
   (B) He programs computers.
   (C) He supervises Mr. Daley.
   (D) He studied computer science.

5. Where does Mr. Ranki imply that he works?
   (A) In Austin
   (B) In Detroit
   (C) In Miami
   (D) In Seattle

Questions 6-10 refer to the following form, schedule, and article.

ORDER FORM

Company Name: Lu Film Productions
Contact Person: Jolene Lu
Phone Number: 555-0950
Order Date: April 11

Delivery Location: Crystal Lake
Delivery Date and Time: May 24 at 5:00 A.M.

Description	Quantity
Cranberry Muffin	150
Ham Sandwich	150
Plain Toast	150
Blueberry Bagel	150
Yogurt	300
Apples	300

Special Instructions: Please call Ms. Lu upon arrival. She will give instructions on where to park the trucks and set the food.

The Adventures of Bryan Hammer Filming Schedule

Date	Location	Time	Scene
May 4	Grimwald Building	6:00 A.M. – 10:00 P.M.	Bryan applies for a job.
May 10-11	Stargazers Café	5:00 A.M. – 9:00 P.M.	Bryan eats lunch with a friend.
May 16-18	Jenlily Gardens	5:00 P.M. – 3:00 A.M.	Bryan listens to an orchestra.
May 24	Crystal Lake	1:00 A.M. – 1:00 P.M.	Bryan goes fishing.

JENLILY TRIBUNE

June 10—Last month, the movie *The Adventures of Bryan Hammer* was filmed in and around the town of Jenlily. The movie centers around a character named Bryan and his life as a landscape architect. According to the director of the film, Jenlily was chosen because of the beautiful architecture and majestic scenery.

The production brought excitement to the residents and boosted the local economy as well. Jenlily Car Rentals was called upon to supply vans and cars to transport all the equipment to the filming locations. "Every vehicle we have was rented for a month," said General Manager Spencer Caldwell. "It was great for our business."

Local caterers were hired to provide meals for the cast and crew while they filmed. Owner of Rosado Caterers Andreas Rosado said, "Our caterers served breakfast to more than 400 crew members at Crystal Lake. It was one of our biggest orders."

Some lucky residents were also cast as extras in the movie. "I got paid to be in a movie!" says local Koharu Nakano. "I was on set for three days holding a violin and acting like a member of an orchestra."

The Adventures of Bryan Hammer will be shown in movie theaters next year.

---

6. In the form, the word "set" in paragraph 4, line 2, is closest in meaning to

(A) find
(B) place
(C) harden
(D) mix

7. What most likely happened on May 11?

(A) *The Adventures of Bryan Hammer* was shown in theaters.
(B) An order was placed by Lu Film Productions.
(C) A filming schedule was posted around the town of Jenlily.
(D) A scene about two friends sharing a meal was filmed.

8. What type of service did Mr. Caldwell provide?

(A) Transportation
(B) Food
(C) Accommodation
(D) Music

9. What is true about Mr. Rosado?

(A) He drove crew members to Crystal Lake.
(B) He catered an event at five in the morning.
(C) He applied for a job at the Grimwald Building.
(D) He served breakfast at Stargazers Café.

10. What filming location was most likely used for Ms. Nakano's scene?

(A) The Grimwald Building
(B) Stargazers Café
(C) Jenlily Gardens
(D) Crystal Lake

Questions 11-15 refer to the following schedule, Web page, and notice.

Fall Courses			
Course	**Day**	**Time**	**Course Description**
Communication	Monday, Wednesday	9:30 - 11:00 A.M.	Want to persuade a customer? Need to convince a client? This class will teach students how to clearly express their ideas for different purposes. Prerequisite: Leadership
Finance	Monday, Wednesday	12:00 - 1:30 P.M.	Students will analyze the main principles of finance and learn about financial planning. This class will also cover investments, budgeting, and markets. Prerequisite: Accounting 101
Leadership	Tuesday, Thursday	12:30 - 4:00 P.M.	This course will focus on how a person can become an effective manager. Students will analyze the attributes, skills, and dynamics of a leader. Prerequisite: Management
Marketing	Wednesday	2:00 - 5:00 P.M.	Marketing is vital for any business. This course will examine the importance of marketing and the role it plays in consumer spending. Prerequisite: Intro to Finance

https://www.mirandabusinessschool.edu/faculty			
Admissions	Programs	**Faculty**	Alumni

Melody Dahl is an associate professor who teaches second-year MBA students. She received her PhD in Business Administration at University of Lynhearst. Professor Dahl has published several books, and her research has appeared in *Lynhearst Times* and *Great Economy Magazine*. Her acclaimed book *Building Company Z* analyzes common qualities among top executives at major corporations. It is currently being used in the fall semester Leadership class taught by Professor Leonard. Professor Dahl is teaching one course this semester, and her office is located in Baker Hall.

NOTICE

Date: Wednesday, October 18
Time: 12:00 – 1:30 P.M.
Classroom: Hope Hall 201
Instructor: Melody Dahl

Class has been canceled due to an illness. Today's study materials have been sent to students' school e-mail accounts. If you have any questions, please ask in class on Monday or visit Professor Dahl during her weekly office hours on Tuesday.

---

11. What is true of all the fall courses?

(A) They start in the afternoon.
(B) They are two hours long.
(C) They are taught by Ms. Dahl.
(D) They have enrollment requirements.

12. In the schedule, the word "express" in paragraph 1, line 3, is closest in meaning to

(A) rush
(B) mail
(C) say
(D) distract

13. What is the purpose of the Web page?

(A) To detail academic books
(B) To publicize notable alumni
(C) To list available programs
(D) To describe a professor

14. What class is Ms. Dahl teaching this fall?

(A) Communication
(B) Finance
(C) Leadership
(D) Marketing

15. What most likely does Ms. Dahl do each Tuesday?

(A) She meets students in Baker Hall.
(B) She e-mails her class weekly notes.
(C) She writes a column for *Lynhearst Times*.
(D) She lectures about consumer spending.

FINAL TEST

LISTENING TEST

In the Listening test, you will be asked to demonstrate how well you understand spoken English. The entire Listening test will last approximately 45 minutes. There are four parts, and directions are given for each part. You must mark your answers on the separate answer sheet. Do not write your answers in your test book.

PART 1

Directions: For each question in this part, you will hear four statements about a picture in your test book. When you hear the statements, you must select the one statement that best describes what you see in the picture. Then find the number of the question on your answer sheet and mark your answer. The statements will not be printed in your test book and will be spoken only one time.

Statement (C), "They're sitting at a table," is the best description of the picture, so you should select answer (C) and mark it on your answer sheet.

1.

2.

3.

4.

5.

6.

PART 2

Directions: You will hear a question or statement and three responses spoken in English. They will not be printed in your test book and will be spoken only one time. Select the best response to the question or statement and mark the letter (A), (B), or (C) on your answer sheet.

7. Mark your answer on your answer sheet.
8. Mark your answer on your answer sheet.
9. Mark your answer on your answer sheet.
10. Mark your answer on your answer sheet.
11. Mark your answer on your answer sheet.
12. Mark your answer on your answer sheet.
13. Mark your answer on your answer sheet.
14. Mark your answer on your answer sheet.
15. Mark your answer on your answer sheet.
16. Mark your answer on your answer sheet.
17. Mark your answer on your answer sheet.
18. Mark your answer on your answer sheet.
19. Mark your answer on your answer sheet.
20. Mark your answer on your answer sheet.
21. Mark your answer on your answer sheet.
22. Mark your answer on your answer sheet.
23. Mark your answer on your answer sheet.
24. Mark your answer on your answer sheet.
25. Mark your answer on your answer sheet.
26. Mark your answer on your answer sheet.
27. Mark your answer on your answer sheet.
28. Mark your answer on your answer sheet.
29. Mark your answer on your answer sheet.
30. Mark your answer on your answer sheet.
31. Mark your answer on your answer sheet.

PART 3

Directions: You will hear some conversations between two or more people. You will be asked to answer three questions about what the speakers say in each conversation. Select the best response to each question and mark the letter (A), (B), (C), or (D) on your answer sheet. The conversations will not be printed in your test book and will be spoken only one time.

32. What did the woman purchase?
    (A) A digital camera
    (B) A television
    (C) A briefcase
    (D) A notebook computer

33. What does the man say?
    (A) Digital cameras are on sale.
    (B) He dislikes small screens.
    (C) He orders electronics online.
    (D) Notebook computers are convenient.

34. Why did the woman make her purchase?
    (A) She wanted a newer model.
    (B) She had to prepare her presentation.
    (C) She needed it for business travel.
    (D) She wanted to buy her daughter a gift.

35. Where does the man work?
    (A) At a copy shop
    (B) At a dry cleaners
    (C) At a hotel
    (D) At a travel agency

36. What will the woman most likely do tomorrow?
    (A) Meet with her customer
    (B) Attend a banquet
    (C) Go back to work
    (D) Have an interview

37. When will the woman's order be ready?
    (A) At 4 o'clock
    (B) At 5 o'clock
    (C) At 6 o'clock
    (D) At 7 o'clock

38. What problem does the woman mention?
    (A) A phone is broken.
    (B) A document is lost.
    (C) An employee is late.
    (D) An agency is closed.

39. Who does the man offer to call?
    (A) A personal assistant
    (B) An employment agency
    (C) A Web design firm
    (D) A hardware store

40. What will the man most likely do next?
    (A) Post some information online
    (B) Contact an old employer
    (C) Buy some power tools
    (D) Search for a lost item

41. Where might the woman work?
    (A) At a museum
    (B) At a bookstore
    (C) At a clothing store
    (D) At an electronics store

42. What does the woman offer to do?
    (A) Specially order a product
    (B) Put the man on a waiting list
    (C) Put the man's request on hold
    (D) Have the man's order delivered

43. What information does the man give?
    (A) His name
    (B) His address
    (C) His phone number
    (D) His credit card information

GO ON TO THE NEXT PAGE

44. Who might the man be?
    (A) A customer
    (B) A salesman
    (C) A repairman
    (D) A delivery man

45. What does the man give the woman?
    (A) A package
    (B) A credit card
    (C) A free sample
    (D) A ticket

46. What does the man request?
    (A) A receipt
    (B) A donation
    (C) A signature
    (D) A business card

47. What are the speakers discussing?
    (A) A blouse
    (B) A bracelet
    (C) A pair of shoes
    (D) A pair of pants

48. What color does the woman request?
    (A) Red
    (B) Blue
    (C) White
    (D) Black

49. What does the man offer to do?
    (A) Call another store
    (B) Have an item ordered
    (C) Show the woman a different style
    (D) Call the woman when a shipment arrives

50. What does the woman mention about the office?
    (A) Floors will be replaced.
    (B) Facilities will be opened.
    (C) A conference will be delayed.
    (D) A telecommuting program will begin.

51. Why do the men need to work in the same room?
    (A) To share office supplies
    (B) To conduct a training program
    (C) To prepare a presentation
    (D) To use the same computer

52. What does Terry say he needs?
    (A) A telephone
    (B) A projector
    (C) A cubicle
    (D) A printer

53. What time does the woman mention?
    (A) 6 o'clock
    (B) 7 o'clock
    (C) 8 o'clock
    (D) 9 o'clock

54. Where does the man work?
    (A) At a hotel
    (B) At a restaurant
    (C) At a golf course
    (D) At a car rental agency

55. What does the woman want to change?
    (A) The time
    (B) The date
    (C) The size of a vehicle
    (D) The number of people attending

56. What does the man ask the woman to do?
    (A) Tell Ms. Gutierrez about a meeting
    (B) Find information about a client
    (C) Contact a member on the Meyers account
    (D) Hold a conference call with Mr. Ivanov

57. What mistake does the woman make?
    (A) She dialed the wrong number.
    (B) She did not call the contact person.
    (C) She looked under a different account.
    (D) She spelled the name incorrectly.

58. What does the woman mean when she says, "Do you have a pen"?
    (A) I will give you some information.
    (B) I would like to borrow your pen.
    (C) I need you to sign this document.
    (D) I am pointing at the mistake.

59. What is the purpose of the man's call?
    (A) To hire a mover
    (B) To apply for a job
    (C) To file a complaint
    (D) To find an apartment

60. Why does the man ask, "What is it"?
    (A) He does not know a term the woman used.
    (B) He is wondering what the woman will say.
    (C) He is offering to assist the woman.
    (D) He needs to write down a telephone number.

61. What does the woman offer to do for the man?
    (A) Call him later
    (B) Help him pack his belongings
    (C) Contact his landlord
    (D) Guide him to her office

62. What type of company most likely is Devon's Warehouse?
    (A) A food distributor
    (B) A clothing store
    (C) A computer shop
    (D) A car dealer

63. What does the man say is surprising?
    (A) A delivery has not arrived.
    (B) A credit card was declined.
    (C) A Web site was out of order.
    (D) A refund has not been issued.

64. What does the man recommend to the woman?
    (A) Calling a financial company
    (B) Restarting a computer
    (C) Placing an order again
    (D) Applying for financing

GO ON TO THE NEXT PAGE

| Ishmael's Pottery House Employee Directory ||
Employee	Extension
Rachel Ashley	350
Isaac Friedman	351
Juan Ortega	352
Jiro Tanaka	353

65. What does the woman want to do?
    (A) Schedule an appointment
    (B) Receive express shipping
    (C) Use a discount coupon
    (D) Subscribe to a magazine

66. Look at the graphic. Who is the man's supervisor?
    (A) Rachel Ashley
    (B) Isaac Friedman
    (C) Juan Ortega
    (D) Jiro Tanaka

67. What does the woman say she will do?
    (A) Write an e-mail
    (B) Print a document
    (C) Deliver a package
    (D) Transfer a phone call

Blaine's Diner

Soup
  Cream of Broccoli $4
Salads
  Spinach and Walnut $4
  Sonoma $5
Sandwiches
  Big Dipper $8
  Turkey Club $7

68. Look at the graphic. What menu item won an award?
    (A) The Cream of Broccoli
    (B) The Spinach and Walnut
    (C) The Sonoma
    (D) The Big Dipper

69. What do the speakers mention about the diner?
    (A) It is close to their workplace.
    (B) They go there frequently.
    (C) There are long waits for tables.
    (D) The dishes are inexpensive.

70. What does the woman ask the man to do?
    (A) Make a reservation
    (B) Pay for a meal
    (C) Find a missing item
    (D) Go for a walk

PART 4

Directions: You will hear some talks given by a single speaker. You will be asked to answer three questions about what the speaker says in each talk. Select the best response to each question and mark the letter (A), (B), (C), or (D) on your answer sheet. The talks will not be printed in your test book and will be spoken only one time.

71. What is the speaker discussing?
    (A) Traffic
    (B) Weather
    (C) Local news
    (D) Upcoming events

72. What does the speaker mention about the weekend?
    (A) There will be road work.
    (B) It will most likely snow.
    (C) It will be a holiday.
    (D) There will be an outdoor concert.

73. What does the speaker suggest?
    (A) Dressing warmly
    (B) Arriving early
    (C) Being careful while driving
    (D) Taking public transportation

74. Who most likely is Maria?
    (A) Adam's customer
    (B) Adam's colleague
    (C) A photographer
    (D) A mechanic

75. What is the purpose of the call?
    (A) To complain about a defect
    (B) To recommend a new product
    (C) To advertise a store sale
    (D) To provide technical help

76. What does the speaker recommend the listener do first?
    (A) Change the light bulb
    (B) Turn off the lights
    (C) Try another outlet
    (D) Take the lamp to the store

77. How has the weather been recently?
    (A) Partly cloudy
    (B) Sunny and clear
    (C) Cloudy and cold
    (D) Rainy and windy

78. What does the speaker recommend?
    (A) Staying indoors
    (B) Wearing a jacket
    (C) Driving carefully
    (D) Bringing an umbrella

79. What will most likely happen next?
    (A) A tour will begin.
    (B) An airplane will take off.
    (C) A forecast will be shown.
    (D) A safety demonstration will be given.

80. Who is the speaker addressing?
    (A) A group of reporters
    (B) A group of managers
    (C) A group of executives
    (D) A group of new employees

81. Who is Ms. Glover?
    (A) A market analyst
    (B) The new chief executive
    (C) The company spokesperson
    (D) A human resources manager

82. What will happen next?
    (A) Ms. Glover will speak.
    (B) A contract will be discussed.
    (C) The speaker will answer questions.
    (C) A marketing plan will be introduced.

GO ON TO THE NEXT PAGE

83. Where does the speaker most likely work?
    (A) At a cleaning service company
    (B) At an advertising firm
    (C) At a photography studio
    (D) At a book publishing house

84. What did the speaker do yesterday?
    (A) Finished an article
    (B) Updated a Web site
    (C) Corrected a mistake
    (D) Contacted a designer

85. What does the speaker imply when she says, "It's a lot different than I thought it would be"?
    (A) She is dissatisfied with an illustration.
    (B) She does not recognize her own work.
    (C) She wants a refund for a defective item.
    (D) She is enthusiastic about an outcome.

86. What does the speaker suggest listeners bring?
    (A) A hat
    (B) A coat
    (C) A watch
    (D) An umbrella

87. What does the speaker mean when she says, "Our normal tour guide is actually out sick today"?
    (A) A tour will be postponed.
    (B) Listeners need not follow all rules.
    (C) She cannot answer every question.
    (D) Visitors should be cautious of illness.

88. What does the speaker say listeners are allowed to do?
    (A) Use a camera
    (B) Eat some food
    (C) Touch a piece of art
    (D) Enter a restricted gallery

89. Who is the speaker?
    (A) Mr. Hornby's supervisor
    (B) Mr. Hornby's colleague
    (C) Mr. Hornby's customer
    (D) Mr. Hornby's assistant

90. What does the speaker say about Mr. Hornby?
    (A) He was an insurance salesman.
    (B) He started his own company.
    (C) He recently began a new job.
    (D) He will relocate to another branch.

91. Why does the speaker say, "No one else could have done that"?
    (A) To thank Mr. Hornby for an award
    (B) To recommend Mr. Hornby for a job
    (C) To compliment the work Mr. Hornby did
    (D) To suggest Mr. Hornby caused a problem

Book Title	Position on *Self Magazine*'s Best Seller List
Getting to Deal	#1
The Shorter Work Week	#2
School's Never Out	#3
The Power of Patience	#4

92. What book did Jenny Gray write?
    (A) *Getting to Deal*
    (B) *The Shorter Work Week*
    (C) *School's Never Out*
    (D) *The Power of Patience*

93. What does Ms. Gray believe employers should do for their staff?
    (A) Pay for classes
    (B) Lengthen vacations
    (C) Increase wages
    (D) Extend work deadlines

94. What will listeners hear next?
    (A) An advertisement
    (B) A book reading
    (C) A news report
    (D) A lecture

Daily Specials at Sylvester's Gourmet Bistro	
Mondays	Pasta
Tuesdays	Pork cutlet
Wednesdays	Steak
Thursdays	Lobster

	Lowest cost	Most experience	Best reviews	Largest agency
Benson Ads		✓		
Clear Vue				✓
Market Best	✓			
Advert Appeal			✓	

95. What request does the speaker make?
    (A) To be seated beside a window
    (B) To receive a carry-out box
    (C) To modify a menu item
    (D) To be served quickly

96. Look at the graphic. What meal does the speaker order?
    (A) Pasta
    (B) Pork cutlet
    (C) Steak
    (D) Lobster

97. How will the speaker most likely pay for the meal?
    (A) With cash
    (B) With a check card
    (C) With a gift certificate
    (D) With reward points

98. Why does the speaker thank Allen Rich?
    (A) For reducing costs
    (B) For starting a company
    (C) For organizing a meeting
    (D) For creating a presentation

99. Look at the graphic. Which advertising agency does the speaker suggest using?
    (A) Benson Ads
    (B) Clear Vue
    (C) Market Best
    (D) Advert Appeal

100. What does the speaker mention about his company's new line of clothes?
     (A) It is popular.
     (B) It is inexpensive.
     (C) It is sold in catalogues.
     (D) It is endorsed by famous athletes.

This is the end of the Listening test. Turn to Part 5 in your test book.

GO ON TO THE NEXT PAGE

READING TEST

In the Reading test, you will read a variety of texts and answer several different types of reading comprehension questions. The entire Reading test will last 75 minutes. There are three parts, and directions are given for each part. You are encouraged to answer as many questions as possible within the time allowed.

You must mark your answers on the separate answer sheet. Do not write your answers in your test book.

PART 5

Directions: A word or phrase is missing in each of the sentences below. Four answer choices are given below each sentence. Select the best answer to complete the sentence. Then mark the letter (A), (B), (C), or (D) on your answer sheet.

101. After Ms. Han gets the promotion, ... will be in charge of this project.
    (A) hers
    (B) her
    (C) herself
    (D) she

102. The new community center will provide recreation opportunities for .... adults and children.
    (A) as
    (B) both
    (C) either
    (D) rather

103. Astro Systems' new model .... clearer sound than all of the previous models.
    (A) produce
    (B) produces
    (C) product
    (D) producing

104. .... more information, please contact our central office at 555-0509.
    (A) From
    (B) Of
    (C) For
    (D) By

105. .... for the painting contest must be received on or before May 13.
    (A) Enter
    (B) Being entered
    (C) Entered
    (D) Entries

106. Customers at Ace Bank can .... access their personal banking information 24 hours a day.
    (A) easy
    (B) easily
    (C) easing
    (D) ease

107. The president of MyTex Plastics commended the sales staff for the .... work they had done.
    (A) excellent
    (B) grievous
    (C) grateful
    (D) absolute

108. The new marketing campaign was .... received by consumers within the region.
    (A) favor
    (B) favorable
    (C) favorably
    (D) favoring

109. The Compton Street Fair has been rescheduled .... adverse weather.
    (A) even though
    (B) because of
    (C) since
    (D) besides

110. The accounting department's delay in paperwork will .... Mr. Cho from beginning his new job this week.
    (A) begin
    (B) hurry
    (C) prevent
    (D) achieve

111. The CEO requests that all supervisors review travel .... as soon as possible.
    (A) arranges
    (B) arranged
    (C) arranging
    (D) arrangements

112. Candidates for the position are highly qualified, but Mr. Park's résumé is especially ....
    (A) impressing
    (B) impressive
    (C) impressed
    (D) impressively

113. Mr. Lim in the Shipping and Receiving Department is .... responsible for coordinating delivery schedules.
    (A) slowly
    (B) nearly
    (C) primarily
    (D) variously

114. Ms. Song has been asked to check the sales report .... since the deadline is tomorrow.
    (A) quicken
    (B) quickness
    (C) quickened
    (D) quickly

115. Train service from Ulsan to Pusan .... from 10:00 P.M. to midnight while a section of track is replaced.
    (A) will be suspended
    (B) was suspended
    (C) is suspending
    (D) to suspend

116. .... it had arrived in Bangkok, the order was delayed due to an oversight by the delivery driver.
    (A) Despite
    (B) Where
    (C) Meanwhile
    (D) Although

117. The results of our survey .... a preference for the red package over the white one.
    (A) designate
    (B) transfer
    (C) advise
    (D) indicate

118. The local history museum .... relies on voluntary donations from companies and individuals to stay open.
    (A) frequent
    (B) frequented
    (C) frequently
    (D) frequency

GO ON TO THE NEXT PAGE

119. Hotel guests have a good .... to use many of our facilities, including a coffee-bar and large pools.
(A) attempt
(B) convenience
(C) appointment
(D) opportunity

120. Our technicians will .... new programs and updates on the computers on Tuesday, March 3.
(A) be installed
(B) install
(C) installing
(D) installation

121. Ms. Lee asked me to make .... for this Friday to hold a banquet honoring volunteers.
(A) reserves
(B) to reserve
(C) reservations
(D) reserving

122. It is advisable to .... all receipts from business travel so that you can be reimbursed.
(A) resume
(B) remain
(C) reply
(D) retain

123. To accommodate seasonal demands, an .... six employees will be sent to staff our office in Seoul.
(A) additional
(B) obtained
(C) approximate
(D) infinite

124. Mr. Kim, ... works as an administrative assistant, provides translation of confidential documents.
(A) who
(B) which
(C) whose
(D) whoever

125. Drinkpro's travel mug is .... expensive than other similar products on the market.
(A) more
(B) much
(C) most
(D) mostly

126. The Speed Z50 car offers exceptional .... while maintaining the best fuel efficiency rating.
(A) interruption
(B) projection
(C) exhibition
(D) performance

127. A .... contract must be approved by a supervisor before it is submitted in writing.
(A) revising
(B) to revise
(C) revise
(D) revised

128. Mr. Abbot's expertise in marketing should be extremely .... to our marketing and sales staff.
(A) alternative
(B) financial
(C) beneficial
(D) conclusive

129. .... the construction is completed, new residents of Moowon Apartments will begin moving in.
(A) Otherwise
(B) Due to
(C) Once
(D) Still

130. The new management software is quite helpful in .... valuable inventory information.
(A) located
(B) locating
(C) will locate
(D) to locate

PART 6

Directions: Read the texts that follow. A word, phrase, or sentence is missing in parts of each text. Four answer choices for each question are given below the text. Select the best answer to complete the text. Then mark the letter (A), (B), (C), or (D) on your answer sheet.

Questions 131-134 refer to the following advertisement.

Join Tribaric Fitness Center today! (808) 555-0432 e-mail: cus@tribaricfitness.com

If you are looking to improve your fitness, consider joining Tribaric Fitness Center. Still .... **131.** owned and operated by our region's top fitness experts, Tribaric Fitness Center is Tribaric City's most respected health club. Our single location on Vine Street is the only fitness center you'll ever need. .... **132.** We offer nutrition consultations, customized personal training programs, group exercise classes, and much more. Our staff can also help you decide .... **133.** kind of exercise program would work best for you, and tailor it to your specific needs. Contact us .... **134.** way you want — e-mail us, phone us, or visit in person!

131. (A) briefly
 (B) locally
 (C) scarcely
 (D) distantly

132. (A) Our gym provides a variety of services.
 (B) The second location opened last week.
 (C) Your membership card will arrive soon.
 (D) We thanked them for that referral.

133. (A) how
 (B) whether
 (C) what
 (D) why

134. (A) many
 (B) one
 (C) any
 (D) that

Questions 135-138 refer to the following information.

Stubnitz Cooking Supply Co.　　　　　　　**Product warranty (item #203)**

Congratulations on your purchase of our 5-piece Barbecue & Grilling Tool Set. .... Stubnitz
　　　　　　　　　　　　　　　　　　　　　　　　　　　　　　　　　　　　　　　135.

Cooking Supply Co. warrants that this item will be free from defects in materials and workmanship,

under normal ...., for a period of three years from the date of purchase. During this
　　　　　　　136.

.... period, your product will be repaired or replaced at no cost to you. Any modification to
137.

this item will automatically void the warranty. The warranty coverage also does not .... if
　　　138.

the product has been maintained or handled improperly. For warranty return requests, please call

555-0004.

---

135. (A) To set up your grill, please read these instructions first.
(B) Please keep this warranty, and your receipt, in a safe place.
(C) The pricing of this product may change without notice.
(D) Your feedback will help us improve this product's design.

136. (A) to be used
(B) used
(C) to use
(D) use

137. (A) accounting
(B) guarantee
(C) promotion
(D) testing

138. (A) vary
(B) decrease
(C) apply
(D) cost

Questions 139-142 refer to the following information.

Janovar Ltd.'s shipping policies on oversized items

Products that are bulky or weigh more than 60 kilograms require a $25 "oversize" charge

_____ the base shipping fee. We _____ you with an arrival date once your order is
     139.   **140.**

picked. Oversized items generally arrive within 10 days of the order date. _____ Installation
                                                                                        141.

service is available at an extra cost only for some items, and our policy is to leave oversized items at a

building's main door or lobby. For an additional surcharge, customers can have items delivered to a

specific suite or apartment number of _____ choice.
                                                        142.

---

139. (A) as of
(B) in addition to
(C) provided that
(D) in order to

140. (A) have called
(B) will call
(C) called
(D) will have called

141. (A) Import taxes apply to these overseas destinations.
(B) The delivery service does not include set-up.
(C) Your warranty contains the details about this.
(D) The installer can give tips on caring for the item.

142. (A) they
(B) theirs
(C) themselves
(D) their

GO ON TO THE NEXT PAGE

Questions 143-146 refer to the following article.

A new community center will open in downtown Hanoi designed to _____ foreign nationals
                                                                     143.
residing in the Vietnamese capital. The new center, Global Village, will provide recent transplants to

Vietnam _____ longtime expatriates with support for living comfortably in the country. The
        144.

Global Village _____ classes to introduce foreigners to Vietnamese culture with language,
               145.

dancing, and culinary classes. _____ The Global Village will replace Hello Hanoi, the older
                                146.

hub for expatriates in the Ho Mai Tower.

143. (A) aid
(B) resist
(C) suggest
(D) gather

144. (A) so
(B) but
(C) and
(D) with

145. (A) provides
(B) provided
(C) will provide
(D) was provided

146. (A) Vietnam is one of the most popular tourist destinations in the world.
(B) Many foreign retirees find Vietnamese support services adequate.
(C) It will also help with basic tasks like opening a bank account.
(D) Hello Hanoi will have an opening ceremony in March.

PART 7

Directions: In this part you will read a selection of texts, such as magazine and newspaper articles, e-mails, and instant messages. Each text or set of texts is followed by several questions. Select the best answer for each question and mark the letter (A), (B), (C), or (D) on your answer sheet.

Questions 147-148 refer to the following e-mail.

From: Fred Jaspers <f_jaspers@vanguardstudios.com>
To: Winnie Price <w_price@vanguardstudios.com>
Subject: Hiring

Winnie,

I want Rebecca to join you in the interviews. If you would, please let her know and go over what types of questions you will ask.

I'd like to start training her and Bill to make things easier on you. I know we rely on you for almost everything, and I appreciate your help.

I heard you are ready to interview 20 applicants on Monday and Tuesday.
Let me know if there's anything I can do for you to make the hiring process run smoothly.

Please keep me updated as to how everything is going.

Fred

147. Who will assist Ms. Price during the interviews?
 (A) Bill
 (B) Fred
 (C) Jaspers
 (D) Rebecca

148. When will interviews be held?
 (A) On Tuesday
 (B) On Wednesday
 (C) On Thursday
 (D) On Friday

GO ON TO THE NEXT PAGE

Questions 149-150 refer to the following text-message chain.

149. At 9:24 A.M., why does Mr. Carter ask, "Do I need to come in"?

(A) To offer assistance
(B) To confirm a schedule
(C) To motivate a worker
(D) To avoid a meeting

150. What is indicated as a problem with the printer?

(A) Its operating temperature
(B) Its printing speed
(C) Its print size
(D) Its mechanical noise

Questions 151-152 refer to the following e-mail.

From:	Brian Wells <brian_102@hatter.com>
To:	Susana Garcia <s.garcia@esp.institute.com>
Subject:	Classes
Date:	April 3, 1:49 P.M.

Ms. Garcia,

I forgot to tell you that I will not be able to make it to class on Thursday and Friday because I have to leave in a few hours to visit my family.

However, I will have my books with me, so if you would, please let me know what pages I should read to prepare for Monday. The class is starting to move a little faster, so I would like to study as much as I can so I can keep up with the others.

Have a great weekend.

Brian

151. When will Mr. Wells probably see Ms. Garcia next?
(A) On Monday
(B) On Tuesday
(C) On Wednesday
(D) On Thursday

152. What information does Mr. Wells request?
(A) Writing assignments
(B) Reading assignments
(C) Speaking assignments
(D) Listening assignments

GO ON TO THE NEXT PAGE

Questions 153-154 refer to the following e-mail.

From:	Marcus Smith <marc_smith382@themail.com>
To:	HT Electronics <customer@htelectronics.com>
Subject:	Order concern
Date:	Oct. 25, 12:23 P.M.

To Whom It May Concern:

I ordered a heater from your online store on Thursday, October 3, which was about three weeks ago. Although I didn't pay extra for the fast shipping, I should have already received the heater because ground shipping usually takes 3-5 working days.

I ordered the SafeHeat 5000. My order number is #9874. I would like to know what is going on with my order, especially since my credit card has already been charged.

Sincerely,

Marcus Smith

153. When did Mr. Smith place an order?

(A) On October 3
(B) On October 13
(C) On October 23
(D) On October 30

154. What is true about Mr. Smith's order?

(A) He received it late.
(B) He paid for it by credit card.
(C) He purchased it through a catalog.
(D) He requested overnight shipping.

Questions 155-157 refer to the following e-mail.

From: South East Air Customer Service
To: Keenan Pradhan <k_pradhan@klmail.com>
Subject: Your Thursday Flight
Date: April 23, 2:08 P.M.

Dear Keenan,

South East Air would like to remind you that your flight to Kuala Lumpur is scheduled to depart as scheduled.

FLT 1109 Bangkok to Kuala Lumpur
4/28 (THU) BKK 17:15 KUL 20:15 (3 hr. 00 min.)

Please make sure you arrive at the airport at least two hours in advance since this is an international flight. Please visit our Web site if you have any questions about luggage restrictions.

You can make changes to your booking up to eight hours before your departure. The charge for changing a booking is $50 per flight. You will also be charged any difference between the total price of the flight at the time the changes are made and the total when the flight was originally booked.

Have a wonderful stay in Kuala Lumpur.

Thank you for choosing South East Air.

---

155. What is true about Mr. Pradhan's flight?

(A) It is a domestic flight.
(B) It will leave on a Thursday.
(C) It will be a two-hour flight.
(D) It will leave from Kuala Lumpur.

156. How much does South East Air charge for changes?

(A) $25
(B) $50
(C) $75
(D) $100

157. What is the last day that Mr. Pradhan can make changes?

(A) On February 28
(B) On March 28
(C) On April 28
(D) On May 28

GO ON TO THE NEXT PAGE

Questions 158-160 refer to the following article.

Detroit (15 June) – To celebrate its grand opening on Monday, June 24, the Global Convention Complex (GCC) will serve as host for the tenth annual Detroit National Auto Show, which continues until Sunday, June 30. The owner of GCC, Dumas Company, foresees that the motor show will draw thousands of spectators who love cars, such as car dealers, auto manufacturers, mechanics, and prospective buyers.

Paulo Palmer, Manager of the facilities, agreed, adding that the GCC is able to host several events at the same time. "In fact, there will be several events in the convention complex on June 24. There will be a networking seminar, and a city-wide job fair, along with the motor show." A musical concert by the Warrior's Band will also be featured during the motor show. With the convention complex's in-house catering service, managed by famous chef Richard Yan, "GCC could become a more attractive place for banquets and other gatherings," said Mr. Palmer.

Those who would like to attend the motor show can purchase tickets in advance at the box office of GCC and on the company Web site at www.gcc.org. Tickets cost $15 for adults and $10 for children. Discount coupons that offer $3 off the tickets for adults, can now be obtained from all the car dealers in the Detroit area. Since coupons are limited, they will be provided on a first-come, first-served basis.

158. What was the purpose of the article?

(A) To advertise a car manufacturer
(B) To explain how an complex has expanded
(C) To provide a review on a new catering service
(D) To announce an upcoming event

159. What is NOT an event scheduled at GCC for June 24?

(A) A banquet
(B) A seminar
(C) A concert
(D) An auto show

160. Where can people get discount coupons for the auto show?

(A) On the Web site of the convention complex
(B) At the stores selling cars in the area
(C) At the ticketing booth of the convention complex
(D) At the headquarters of Dumas Company, Inc.

Questions 161-163 refer to the following letter.

Gantley Games Perth
4050 Hay Street
Perth, WA 6000

13 August

Peter Wen
381 Canterbury Lane
Dalkeith, WA 6001

Dear Mr. Wen:

I am pleased to offer you the position of Marketing Intern at the Perth branch of Gantley Games, LLC. If you accept, your internship period will begin on 1 September and end on 30 November. Your duties will mainly consist of assisting with research into and analysis of competitors, providing in-person support for local publicity events, and drafting texts for blogs, Web sites, and social media. — [1] —.

This is an unpaid internship, but we will provide a small monthly allowance. — [2] —. More importantly, we offer the opportunity to gain valuable experience in the field of marketing for electronic games, with the possibility of becoming a full-time employee when your internship ends.

The attached contract describes the terms of the internship in more detail, so please read over it carefully. — [3] —. If you decide to join us, as I hope you will, sign on the last page and return it by post in the enclosed envelope. — [4] —.

Sincerely,
Elizabeth Thompson
Assistant Manager of Marketing

161. What is NOT mentioned as one of the duties of the internship?

(A) Writing for online platforms
(B) Evaluating rival companies
(C) Communicating with distributors
(D) Attending promotional events

162. What must Mr. Wen do in order to accept the internship?

(A) Mail a document
(B) Make a phone call
(C) Visit Ms. Thompson's office
(D) Go to a Web site

163. In which of the positions marked [1], [2], [3], and [4] does the following sentence best belong?

"This is intended to help with your meal and transportation costs."

(A) [1]
(B) [2]
(C) [3]
(D) [4]

Questions 164-167 refer to the following advertisement.

Privacurity

Protect your family and your assets.
Protect yourself against fraud and identity theft with Privacurity.
Premier Bank's Privacurity program will help you protect your credit from identity theft and fraud for only $12.99 per month.

Privacurity includes unlimited access to online information from leading credit agencies, credit report alerts, comprehensive summaries, and 24-hour personal help in case of an emergency, and identity theft insurance up to $30,000.

If you enroll before January 1, you will get one month free. Don't wait, call us now for more information.

164. What is being advertised?

(A) House insurance
(B) An investment bank
(C) A home security system
(D) A financial security program

165. How much are the monthly payments?

(A) $12.99
(B) $22.99
(C) $32.99
(D) $42.99

166. What is included in the offer?

(A) Free trades
(B) Life insurance
(C) Credit reports
(D) A savings plan

167. What is the last day that customers can sign up to get the special?

(A) December 29
(B) December 30
(C) December 31
(D) January 1

Questions 168-171 refer to the following article.

From the Garden to the Plate

Chef Aziz Guerin is inviting locals to get involved in his kitchen in a project called *From the Garden*. He is not letting his patrons operate the stove of his downtown Toronto diner, Al-Khalad, though. What he wants is their produce. — [1] —.

To raise awareness for healthy eating, Mr. Guerin is asking residents to bring a fruit or vegetable that they've grown in their garden to his restaurant. — [2] —. While spending an afternoon with Mr. Guerin for this article, I saw him roast artichokes, puree carrots, and wilt spinach. It seems the chef can make a great meal out of any vegetable.

It is not his mission to produce gourmet cuisine that drives *From the Garden*, though. Mr. Guerin fears that Canadians are ignoring fresh, whole foods in favor of quick and cheap processed foods. — [3] —. "Sure, macaroni and cheese from a box is convenient and tastes fine, but it just doesn't contain the same nutritional value as a meal prepared from fresh ingredients," he said. He went on to say that the best way to get the freshest foods possible is to grow them yourself.

Judging by the line of customers stretching out Al-Khalad's door every night, the experiment has paid off. Diners are excited by the idea of contributing an ingredient to their meal. — [4] —. "He turned tomatoes from my garden into an incredible soup. It feels good to see a plant I've raised for months turned into a tasty meal," said Toronto native Gabriella Marquez.

"I'm glad I can show people that the food they grow can be turned into a delicious, gourmet and healthy meal," Mr. Guerin said. He will continue to enlighten his visitors through the end of November when *From the Garden* will conclude.

168. What is mentioned as a special ability of Mr. Guerin?

(A) Making gourmet dishes from fresh produce
(B) Marketing a line of frozen food
(C) Growing his own food for a restaurant
(D) Preparing meals with many courses.

169. What does Mr. Guerin say that packaged food lacks?

(A) Flavor
(B) Nutrients
(C) Creativity
(D) Affordability

170. What can be inferred about Al-Khalad?

(A) Its chef changes yearly.
(B) It is a temporary restaurant.
(C) Diners often must wait for a table.
(D) Outdoor seating is available.

171. In which of the positions marked [1], [2], [3], and [4] does the following sentence best belong?

"He then makes them a dish inspired by that ingredient."

(A) [1]
(B) [2]
(C) [3]
(D) [4]

GO ON TO THE NEXT PAGE

Questions 172-175 refer to the following online chat discussion.

Aaron Reuben 2:41 P.M.
OK, all. We have a big challenge. Our engineers just told me that the site we selected for the library is unable to support such a large building. I don't want to fall behind on our schedule, so we need to find another place to build it as soon as possible. Does anyone have any ideas?

Craig Wild 2:42 P.M.
The site can't support a large building? But the bus station is across the street, and it's huge …

Chris Calhoun 2:44 P.M.
That site was the last one on the list of prospective sites assembled by the planning committee. I'm not sure if there's anything else left in the city.

Sue Ping 2:45 P.M.
That list only included empty lots, Chris. I'm sure we can find some property with buildings that we can tear down.

Aaron Reuben 2:46 P.M.
They said it has something to do with different types of soil in the land that makes it safe to build on one side of the street, but unstable on the other. I didn't get it, either, but that's not the point anymore.

Sue Ping 2:46 P.M.
Right. We just need to quickly find a new spot to build on.

Sarah Green 2:47 P.M.
What about that abandoned gas station out on Smallville Lane, next to the mall? The owners have been trying to sell it forever.

Aaron Reuben 2:47 P.M.
I don't know that lot, Sarah. Can you send me some details?

Sarah Green 2:50 P.M.
Here's a link to the location's real estate page. You can see photos and other details there.

172. What is the main topic of the discussion?

(A) How to raise funds
(B) Where to construct a building
(C) Who to contact at a work site
(D) What type of business to launch

173. At 2:46 P.M., what does Mr. Reuben mean when he writes, "That's not the point anymore"?

(A) A committee misunderstood a topic.
(B) The location of a company changed.
(C) Some advertisers are using a new strategy.
(D) The writers should focus on finding a solution.

174. At 2:46 P.M., who is Mr. Reuben responding to?

(A) Craig Wild
(B) Chris Calhoun
(C) Sue Ping
(D) Sarah Green

175. What is indicated about an old gas station?

(A) Its owner wants to sell it.
(B) It is close to a bus station.
(C) It was built on unstable ground.
(D) It was reviewed by a planning committee.

GO ON TO THE NEXT PAGE

Questions 176-180 refer to the following form and e-mail.

Customer Request Form

Name: Patricia Easton

Phone number: 374-4892

e-mail: patty@wemail.com

Item: Louisiana Style Habanero Hot Sauce

Manufacturer: Mississippi River Food Company, New Orleans, Louisiana

Item description: Hot sauce made from habanero peppers. The box is black with a picture of a habanero pepper on fire.

Item UPC code (if known): not sure

Frequency of purchase: weekly/twice a month

Comments: My family loves this hot sauce. We use it more than ketchup. It is very popular in my hometown in Louisiana.

From: grocery_request@windhammarket.com
To: patty@wemail.com
Subject: Customer Request Form
Date: June 9, 4:03 P.M.

Dear Ms. Easton,

Thank you for your request for Louisiana Style Habanero Hot Sauce.

I am happy to inform you that we have found the product you are looking for and have placed an order. We will see how well it sells to determine whether or not we will keep this item in stock.

The product is scheduled to arrive on Wednesday night, so it should be on the shelves on Thursday morning.

Thank you for your patronage at Windham Market.

Sincerely,

Rob Housewell

Grocery Department
Assistant Manager

176. What product does Ms. Easton request?
    (A) Hot sauce
    (B) A fruit drink
    (C) Seasoning mix
    (D) A type of ketchup

177. What is true about Ms. Easton?
    (A) She is from Mississippi.
    (B) She enjoys spicy food seasoning.
    (C) She recently moved to Windham.
    (D) The product she requested is a new item.

178. What is true about the product?
    (A) It is similar to ketchup.
    (B) It comes in a red colored box.
    (C) It is manufactured in Louisiana.
    (D) It is made from jalapeno peppers.

179. What does Mr. Housewell mention about the product?
    (A) It was difficult to find.
    (B) It will be popular.
    (C) It has to be specially ordered.
    (D) The store will monitor its sales.

180. When is the earliest day Ms. Easton can purchase the product?
    (A) On Monday
    (B) On Tuesday
    (C) On Wednesday
    (D) On Thursday

GO ON TO THE NEXT PAGE

Questions 181-185 refer to the following permit and notice.

Parking Class
E

This permit must be displayed in the windshield of your vehicle. Failure to do so could result in a ticket. This permit is non-transferable and must feature the license plate number of the authorized vehicle.

Failure to park in the designated area shown on the permit could result in a ticket.

This permit expires on: August 9

License Plate: 820-HIZ

Employee No: 13-8573

This is to remind you that your parking permit will expire on Wednesday, August 9. Please remember that you must renew your parking permit before the expiration date to receive the employee discount price.

If you are not able to renew your permit before or on the expiration date, you must pay the full price of $300.

Please see me in the General Affairs if you have any questions. You can also reach me at extension 9374. You can also e-mail me at e_miller@coopercarry.com.

Thank you for your cooperation.

Best regards,

Emily Miller

181. What information is displayed on the permit?

(A) A driver's phone number
(B) A driver's license number
(C) A vehicle's license number
(D) A driver's national identification number

182. What is true about the permit?

(A) Its holder may park anywhere.
(B) It must be purchased monthly.
(C) It cannot be used by another person.
(D) It must be visible from the vehicle's rear.

183. What is the purpose of the notice?

(A) To announce new regulations
(B) To offer a special sale price
(C) To verify changes to a policy
(D) To confirm an expiration date

184. What can be inferred from the notice?

(A) The discounted parking rate is $300.
(B) Employees must pay for parking.
(C) The parking lot is for employees only.
(D) The public can get a special discount rate.

185. What is NOT a way to contact Ms. Miller?

(A) By sending an e-mail
(B) By sending a letter
(C) By calling her office
(D) By visiting her office

GO ON TO THE NEXT PAGE

Questions 186-190 refer to the following article, review, and letter.

SATURDAY Country music sensation Rita Skinner announced she will leave longtime record label Sound Pride. The split is shocking due to the extensive history between the two. Skinner started her career with Sound Pride more than a decade ago and together they released four double-platinum records under the Sound Pride label. Sound Pride discovered Skinner through her first album *All Turned Out*, which she published independently. In a press conference this morning, Ms. Skinner offered no reason for the split, but she was much more forthcoming with her plans for the future. "This is an opportunity for me to really grow as an artist," said Skinner. "I don't know what my next album will sound like, but I promise you it will be nothing like what you've heard from me before." She said she will self-publish that album by the end of the year, and it will be available via her personal Web site - www.ritaskinner.com.

On Beat Magazine   Issue 247

Rita Skinner has been in the news a lot lately, and it hasn't always been positive. So, it pleases me to share some good news on her latest album, *Fragile Heart*. In short, it is fantastic. The album manages to capture all the professional polish of a seasoned musician without sacrificing the emotional vulnerability of a newcomer to the spotlight. The album is sometimes autobiographical, like in *Fragile Heart's* single "Who Needs 'Em?," and sometimes whimsical, like in the closing track "Masquerade." What unifies the tracks on the album are their skillful composition and powerful lyrics. Overall, the album is so good that I say it challenges her very first album for the position of her best album yet. The clear crowd favorite from the record is her up tempo ballad "Rita's Waltz." The song is being reported as one of the most frequently requested songs on the radio. If Ms. Skinner's album is a preview of things to come from the artist's new persona, I am eager to hear more.

— *Carol Serelli*

Dear Ms. Skinner,

We at Authentic Music would like to congratulate you on the success of your album *Fragile Heart*. We have been longtime listeners and fans of yours, and we would like to propose representing you as an artist. To give you an idea of what we have in mind, we would like to put you on a twelve-country European tour and help you record three albums over the next 6 years. The first thing we would like to do is record a music video for your most popular track from *Fragile Heart*. It is important to capitalize on the song's popularity, so the sooner we can get you into the studio for recording, the better. If you are interested, we can discuss the finer points in person. Whatever you decide to do, we at Authentic Music are cheering for you and wish you luck in your career's exciting new direction.

Kind regards,

Daryl Stanowski
Producer, Authentic Music

---

186. According to the article, what is true about Sound Pride?

(A) It produced Ms. Skinner's first album.
(B) Its split with Ms. Skinner was surprising.
(C) Critics disapproved of how it treated Ms. Skinner.
(D) It merged with another record label.

187. In the review, the word "seasoned" in paragraph 1, line 3, is closest in meaning to

(A) flavored
(B) experienced
(C) fortunate
(D) temporary

188. What is the main purpose of the letter?

(A) To propose a business deal
(B) To seek a referral
(C) To request the use of a song
(D) To cancel a previous contract

189. What does Ms. Serelli suggest about *Fragile Heart*?

(A) It is as good as *All Turned Out*.
(B) It will be released in an anthology.
(C) It was produced by Sound Pride.
(D) It is made from live tour recordings.

190. For what song does Authentic Music want to make a video?

(A) "Fragile Heart"
(B) "Who Needs 'Em?"
(C) "Masquerade"
(D) "Rita's Waltz"

GO ON TO THE NEXT PAGE

Questions 191-195 refer to the following advertisement, Web page, and e-mail.

Are you interested in exercise? Do you enjoy working with others? Donahue's Health Club is looking for energetic Pilates instructors to join our team at our newest location in Murray.

We are looking for applicants who meet all of the following qualifications:
1. Accredited Pilates certificate
2. At least 3 years of experience as a fitness instructor
3. Available to teach in the morning
4. Great communicator who loves motivating people

Please send your résumé to careers@donahuehc.com.

---

www.donahuehc/groupclasses/schedule

Group Classes	Personal Training	Locations	Careers

Month: September
Location: Murray

Group exercise classes are free for all members. (Members are allowed to attend classes at other Donahue's Health Club locations.) The schedule lists the class, room, and instructor. We ask that health club members arrive five minutes prior to the start of each class.

	Monday (20)	**Tuesday (21)**	**Wednesday (22)**	**Thursday (23)**
6:00 A.M.	Pilates Core Room Kayla		Spinning Spin Room Theodore	Pilates Core Room Kayla
7:00 A.M.	Boxing Tough Room Airi	Pilates Core Room Kayla	Pilates Core Room Kayla	
8:00 P.M.				Spinning Spin Room Airi
9:00 P.M.		Dance Pop Room Jackson		

Please note the class schedule changes every month. No classes on Fridays, Saturdays, and Sundays. All classes, times, and instructors are subject to change and/or cancellation.

400

To: theodore@donahuehc.com
From: airi@donahuehc.com
Subject: Substitute Class
Date: September 23

Theodore,

I really appreciate you switching classes with me. My car was fixed, so hopefully I won't have any more car troubles. I heard the class went really well. I hope you enjoyed that one extra hour of sleep since you started one hour later than you normally do. Your class yesterday went well also. Everybody had a great workout. I told them you will be back next Wednesday. Thanks again, and enjoy your week!

Airi

191. In the advertisement, the word "meet" in paragraph 2, line 1, is closest in meaning to

(A) greet
(B) fulfill
(C) visit
(D) join

192. What most likely is true about Kayla?

(A) She teaches a spinning class in the morning.
(B) She will receive a degree in physical education.
(C) She has been an instructor for over three years.
(D) She does not teach at Donahue's on Fridays.

193. What is NOT indicated about Donahue's Health Club?

(A) It offers free personal training.
(B) It changes its exercise schedule monthly.
(C) It does not have weekend classes.
(D) It has multiple locations.

194. What is the purpose of the e-mail?

(A) To express gratitude
(B) To ask for a favor
(C) To describe a class
(D) To offer a service

195. In what room did Theodore teach his class this week?

(A) The Core Room
(B) The Pop Room
(C) The Spin Room
(D) The Tough Room

Questions 196-200 refer to the following article, advertisement, and note.

Shenandoah Valley's largest adventure tourism outfit, Shenandoah Xtreme, will expand its tour offerings this summer. The group, founded by Chris Harnsworth, a lifelong Shenandoah Valley resident, is well known for introducing tourists to the unique landscape of the region through real, memorable experiences. While many tourists find themselves visiting photography platforms on the side of the road, or museums with landscape dioramas, Shenandoah Xtreme puts its customers on the ground—or in the water. Since their opening over ten years ago, they have offered the same three tours with no reservations required: A hiking and camping trip, a mountain biking tour, and a rafting excursion. All three of these tours are immensely popular, and seem to address the most common demands of visitors. However, Mr. Harnsworth indicates that in the spring he will launch a new tour that he says is "for tourists who are seeking the ultimate thrill." Anyone interested in learning more about adventure tourism in the Shenandoah Valley should visit their Web site at www.shenxtreme.com

---

Come to Shenandoah Xtreme and discover why the Shenandoah Valley is called the Land of Splendor. It is home to giant mountains, sparkling lakes, and hundreds of kilometers of mountain biking and hiking trails. Outdoor lovers will be delighted with any of our tours that show you the extreme side of the great outdoors.

Three Peaks Trek
Climb to the top of Shenandoah's Blue Ridge Mountains during a two day hike that will take you to three different peaks in the mountain range. Tents and camping supplies are provided.

Wild Whitewater Rafting
This is the best trip an adventure lover can take. See the Valley from the bottom and get your heart rate up as you dare roaring rapids on the Shenandoah River.

Historical Mountain Bike Tours
Explore our area's past – from the saddle of a mountain bike! These tours will take you into the woods of Frederick County, where one of our knowledgeable guides will teach you the fascinating history of the region.

Sky High Airplane Tour
The only way to see everything Shenandoah County has to offer in an afternoon is from the air. Strap in to the passenger seat of one of our bi-wing planes, and you'll have a unique aviation experience plus a bird's-eye view of the Valley.

Thank you for a splendid tour!

I am writing this note to commend a remarkable tour guide of yours, Jerry Barns. Mr. Barns exceeded my expectations during our time together. From the beginning I could tell he was good at his job when he gave a thorough safety briefing that was actually fun and informative. He made sure that all of our riding helmets fit properly and that our tires were OK. Then, when he learned that we were biology students, he made sure to include an overview of the wildlife and vegetation in the Shenandoah Valley, in addition to its history, during our tour. The trip was fun, informative, and an experience I will surely recommend to my friends. Thanks again, to your company and Mr. Barns.

Best,
Malika Ahmed

---

196. What is true, according to the article?
(A) The Shenandoah Valley is only accessible by plane.
(B) A Shenandoah Valley local owns Shenandoah Xtreme.
(C) Shenandoah Xtreme focuses on environmental conservation.
(D) All of the Shenandoah Xtreme tours require advanced booking.

197. What can be inferred about the Sky High Airplane tour?
(A) It only operates in the summer.
(B) It requires special safety training.
(C) It is Shenandoah Xtreme's newest tour.
(D) It includes a historical information session.

198. In the advertisement, the word "rate" in paragraph 3, line 2, is closest in meaning to
(A) fee
(B) score
(C) speed
(D) emotion

199. What tour did Ms. Ahmed most likely take?
(A) The Three Peaks Trek tour
(B) The Wild Whitewater Rafting tour
(C) The Historical Mountain Bike tour
(D) The Sky High Airplane tour

200. Who is Mr. Barns?
(A) A tour guide
(B) An airplane pilot
(C) A tourist
(D) A journalist

NO TEST MATERIAL ON THIS PAGE